А.В. Вавулина, Л.П. Кл
О.И. Судиловская, В.Л.

Русский язык для юристов

Учебное пособие по русскому языку
для иностранных учащихся первого курса
юридических вузов и факультетов России

Под редакцией Л.П. Клобуковой

Третье издание, стереотипное

РУССКИЙ ЯЗЫК
КУРСЫ

Москва
2015

УДК 811.161.1
ББК 81.2 Рус-96
Р89

Р89 **Русский язык для юристов**: Учебное пособие по русскому языку для иностранных учащихся первого курса юридических вузов и факультетов России / А.В. Вавулина, Л.П. Клобукова, О.И. Судиловская, В.Л.Чекалина / Под редакцией Л.П. Клобуковой. — 3-е изд., стереотип. — М.: Русский язык. Курсы, 2015. — 360 с.

ISBN 978-5-88337-123-2

Данное учебное пособие адресовано иностранным учащимся, приступающим к обучению на юридических факультетах вузов России и владеющим русским языком в объёме I сертификационного уровня. Основной, глобальной целью обучения является достижение заданного уровня коммуникативной компетенции учащихся, что предполагает, в частности, целенаправленное формирование таких её основных компонентов, как речевая, языковая и предметная компетенция.

Пособие построено на материале текстов узкоспециального характера, актуальных для следующих дисциплин, читаемых на первом курсе юридических факультетов вузов России:

- «Теория государства и права»,
- «Всеобщая история государства и права»,
- «История отечественного государства и права».

ISBN 978-5-88337-123-2

ПРЕДИСЛОВИЕ

Данное учебное пособие адресовано иностранным учащимся, приступающим к обучению на юридических факультетах вузов России и владеющим русским языком в объёме I сертификационного уровня. Цели обучения определялись авторами на основе выявленных коммуникативных потребностей, возникающих у студентов первого курса юридических факультетов и вузов в учебно-научной сфере общения. Основной, глобальной целью обучения является **достижение заданного уровня коммуникативной компетенции** учащихся, что предполагает, в частности, целенаправленное формирование таких её основных компонентов, как **речевая, языковая и предметная компетенция**[1].

Программа достижения требуемого *уровня речевой компетенции* предполагает комплексное формирование навыков и развитие умений в четырёх основных видах речевой деятельности – чтении, письме, аудировании и говорении (в двух последних – устных – видах речевой деятельности внимание уделяется как монологической, так и диалогической речи).

Работа по данному пособию способствует развитию умений, необходимых учащимся для профессионально ориентированной коммуникации в учебно-научной сфере деятельности: для чтения литературы по специальности, конспектирования и аннотирования текстов, слушания лекций, участия в работе семинарских и практических занятий, для построения собственных монологических высказываний, а также для адекватного диалогического и полилогического общения.

Овладение специальностью предполагает достижение определённого *уровня языковой компетенции* в рамках отдельных функционально-стилистических подсистем. В данном пособии объектом изучения является языковой материал,

- характерный для научного стиля в целом (гуманитарный подстиль),
- специфичный для подъязыка юриспруденции,
- актуальный для устной научной речи как особой языковой подсистемы.

Главное внимание уделяется подъязыку юридических наук, в частности формированию терминологической базы учебно-профессионального общения.

При определении планируемого *уровня предметной компетенции* учащихся авторы опирались на программы[2], учебники и учебные пособия, рекомендованные студентам первого курса на юридическом факультете МГУ

---

[1] Государственный образовательный стандарт по русскому языку как иностранному: II сертификационный уровень. Профессиональный модуль. – М. – СПб.: Златоуст, 2000.

[2] Учебные программы по специальности «Юриспруденция». – М., 2001.

им. М.В. Ломоносова[1]. Пособие построено на материале текстов узкоспециального характера, актуальных для следующих дисциплин, читаемых на первом курсе юридических факультетов вузов России:

- «Теория государства и права»,
- «Всеобщая история государства и права»,
- «История отечественного государства и права».

Формой методического объединения материала в пособии является урок. Книга включает четыре урока (по два – на каждый семестр). В уроке выделяются три части, поскольку каждый урок содержит текстовый материал, актуальный для трёх вышеназванных курсов[2], при этом авторы стремились органично сопрягать тематику частей. Часть первая строится на материале текстов по курсу «Теория государства и права», часть вторая включает текстовой материал, актуальный для курса «Всеобщая история государства и права», часть третья – для курса «История отечественного государства и права».

В каждой части материал структурирован по темам. Темы разных частей (равно как и темы разных уроков) сопрягаются внутренней логикой изучаемых дисциплин, а также программой по формированию навыков и умений в различных видах речевой деятельности; соблюдается и методический принцип предъявления языкового и речевого материала с учётом возрастания трудностей.

В каждой части представлен текстовой материал, предназначенный для изучающего чтения и для аудирования монологических и диалогических текстов (тексты для устного восприятия отмечены в пособии знаком). Диалогические тексты записаны на диск, а монологические – рекомендуется озвучивать преподавателю для создания эффекта живой речи. Большое внимание уделяется формированию навыков говорения, развитию устной научной речи – как монологической, так и диалогической. Задания, направленные на развитие умений участвовать в диалоге, отмечены рубрикой «Работаем в парах». Задания, направленные на формирование и развитие навыков письменной научной речи, помечены знаком .

Тексты пособия имеют три функции:

- являются образцами определённого функционально-смыслового типа речи (способа изложения информации), представляя языковые средства, необходимые для построения данных типов текста;

---

[1] В качестве основных источников текстового материала использовались: Общая теория государства и права. Учебник для вузов. Академический курс в 3-х томах. // Под ред. М.Н. Марченко. – М., 2001; История отечественного государства и права в 2-х томах. Учебник. // Под ред. О.И. Чистякова. – М., 2000; История государства и права зарубежных стран. Учебник. // Под ред. Н.А. Крашенинниковой и О.И. Жидкова. – М., 2004; Юридическая энциклопедия. // Под ред. М.Ю. Тихомирова. – М., 2001.

[2] Исключением является первый – вводный – урок, который построен на материале текстов по курсу «Теория государства и права».

- служат источником информации для профессионально ориентированного общения на предложенную тему;
- являются основой для взаимосвязанного обучения четырём видам речевой деятельности.

Внутри каждой темы материал располагается следующим образом.

1. Тексту предшествуют предтекстовые задания, которые подготавливают учащихся к преодолению трудностей грамматического, лексического и понятийного характера. Учащиеся знакомятся с терминологической лексикой (вводятся рубрики «Работаем над терминами!», «Работаем над специальной лексикой!», «Многозначность термина»), языковым материалом, специфичным для данной языковой подсистемы (рубрика «Синонимы в научной речи»). Здесь же даются упражнения на развитие языковой догадки, на формирование потенциального словаря учащегося. Лексико-грамматический материал группируется в соответствии с функционально-семантическим подходом: представлены рубрики «Характеристика понятия», «Классификация понятий», «Сравнительная характеристика объектов» и др. Необходимый объём предтекстовой работы определяется преподавателем в зависимости от уровня языковой подготовки группы.

2. Притекстовые задания способствуют развитию умений анализировать формально-смысловую устроенность и коммуникативную направленность прочитанных или прослушанных узкоспециальных текстов различных функционально-семантических типов.

3. Послетекстовые задания формируют и развивают у учащихся навыки репродуктивных, репродуктивно-продуктивных и продуктивных видов речевой деятельности в соответствии с разработанной речевой программой пособия. Особое внимание уделяется развитию навыков письменной речи (рубрики «Учимся составлять план», «Учимся конспектировать», «Составляем аннотацию текста» и др.).

Как в предтекстовых, так и в послетекстовых заданиях особое внимание обращается на активное освоение лексики и грамматических структур, актуальных для данной темы: усвоение языковых единиц осуществляется в процессе использования их в речи – в реальных ситуациях общения учебно-научной сферы деятельности учащихся (в заданиях условно-речевого и собственно коммуникативного характера).

Каждый урок заканчивается рубрикой «Готовимся к зачёту». Выполнение заданий этой рубрики помогает учащимся проверить степень своей подготовленности к различным формам контроля, уровень сформированности предметного и языкового компонентов своей коммуникативной компетенции. Задания, снабжённые ключом, отмечены в пособии знаком .

Л.П. Клобукова

СОДЕРЖАНИЕ

Урок первый

Теория государства и права

- Теория государства и права в системе юридических наук
- Предмет и методы теории государства и права
- Различные подходы к определению понятия «государство»
- Происхождение государства
- Теории происхождения государства

Теория государства и права в системе юридических наук

Определение термина

Общая характеристика понятия

Вопрос	*Ответ*
Что такое ↘ государств**о**? **Что** представляет собой ↗	Государство ↗ это политическая организация общества. Государство → представляет собой политическ**ую** организаци**ю** обществ**а**. Государство ↘ является политическ**ой** организаци**ей** обществ**а.**

! **Обратите внимание,** что конструкция *Что является чем* обычно используется не в вопросе, а в ответе.

Задание 1. а) Используя модели, данные выше, и информацию в скобках, ответьте на вопросы.

1. Что такое государство?
(политическая организация общества)
2. Что является предметом изучения той или иной науки?
(определённый круг вопросов, которые изучает данная наука)
3. Что такое метод науки?
(способ, с помощью которого изучается предмет науки)
4. Что представляют собой социальные нормы?
(все общеобязательные правила поведения людей в обществе, которые распространяются на всех членов общества)
5. Что такое отрасль права?
(совокупность относительно обособленных юридических норм, регулирующих определённую область общественных отношений)
6. Что представляет собой право?
(установленные и охраняемые государством нормы и правила поведения людей в обществе)

б) Дайте определение понятиям теории государства и права: *государство*, *социальные нормы*, *право*, *отрасль права*.

Работаем над терминами!

Многозначность термина

Задание 2. а) Прочитайте три предложения. Обратите внимание, что термин *право* употребляется в этих предложениях в трёх значениях.

Пример	*Значение*
1. Право, как и государство, возникает на определённом этапе развития общества.	Право *(только в ед. ч.)* – установленные и охраняемые государством общеобязательные нормы и правила поведения людей в обществе.
2. Я изучал международное право в Берлинском университете.	Правом *(только в ед. ч.)* называется наука, изучающая нормы и правила поведения людей, установленные и охраняемые государством.
3. Конституция нашей страны гарантирует право частной собственности.	Право, права *(в ед. и мн. ч.)* представляет собой меру возможного поведения конкретного лица в обществе.

б) Закончите микродиалог: ответьте на вопрос преподавателя, дайте все возможные определения термина *право*. Запишите эти определения в свой словарь терминов.

Преподаватель (преп.): Что такое право?

Студент (студ.): Термин *право* употребляется в трёх значениях. Во-первых, …

Соотнесение определения понятия с термином

Вопрос	*Ответ*
Что называется государств**ом**?	Государств**ом** называется политическая организация общества.
Как называется политическ**ая** организац**ия** обществ**а**?	Политическая организация общества называется государств**ом**.
Что называют государств**ом**?	Государств**ом** называют политическ**ую** организац**ию** обществ**а**.
Как называют политическ**ую** организац**ию** обществ**а**?	Политическ**ую** организац**ию** обществ**а** называют государств**ом**.

! **Обратите внимание,** что место термина в предложении зависит от формы обращённого к вам вопроса. Информация, интересующая спрашивающего, помещается в конце вопроса. Ваш ответ должен с неё начинаться.

Задание 3. а) Ответьте на вопросы, используя конструкции *Что называется чем*, *Что называют чем*. Запишите новые юридические термины в свой словарь.

1. Как называется совокупность общеобязательных правил поведения, которые выражены в системе юридических норм? (объективное право)
2. Что называется субъективным правом? (право, которое принадлежит конкретному лицу)
3. Как называется право граждан на получение гарантированной работы? (право на труд)
4. Какое право называют рабовладельческим? (первый исторический тип эксплуататорского права)
5. Какое экономическое право гражданина Российской Федерации называется правом частной собственности? (право граждан владеть, пользоваться и распоряжаться своим имуществом)

б) Найдите в ***Задании 3. а)*** словосочетания, в которых термин *право* имеет значение:

- мера возможного поведения конкретного лица в обществе;
- установленные и охраняемые государством общеобязательные нормы и правила поведения людей в обществе.

Задание 4. Выразите данную мысль по-другому, используя слова для справок (обращайте внимание на возможные изменения предложно-падежной формы).

1. Государство и право имеют свои **специфические** закономерности.

2. Государство **воздействует** на развитие права.

3. Государство **возникло** вследствие развития общества, активизации его противоречий.

4. У Ф. Энгельса мы находим очень краткое **определение** государства.

5. Известный российский **государствовед** А. Паршин писал, что без понимания сущности государства невозможно квалифицированное им управление.

Слова для справок: дефиниция, особый, влиять (*на что?*), появляться, теоретик государства и права.

Задание 5. Назовите слова, однокоренные сложным прилагательным.

Пример: нормативно-правовой акт → норма, право

Общественно-политический строй, государственно-властные полномочия, государственно-правовой механизм, историко-юридический цикл наук, классово-экономический фактор.

Задание 6. а) Укажите слова, имеющие одинаковый корень со словами:

1. Суд… . 2. Правовед… . 3. Управлять… . 4. Законовед… .

Судоустройство, законодательство, правопорядок, закономерность, правитель, правосудие, правоведение, законность, узаконить, законодатель, правительство, законопроект, противоправный, противозаконный, правонарушитель, правительственный, судимость, судья, законоположение, правоспособность, самосуд, равноправие.

б) Найдите в ***Задании 6. а)*** слова, которые обозначают:

– совокупность законов,
– теоретика права, учёного-юриста,
– юриста, знатока закона,
– человека, который нарушает закон,
– структуру, организацию судебной системы,
– науку о праве,
– проект закона,
– человека, который устанавливает закон,
– объективно существующую связь между явлениями,
– положение закона,
– судебное решение, не имеющее юридической силы,
– способность иметь права и нести обязанности, закреплённый правовыми нормами порядок общественных отношений,
– высший орган исполнительной власти,
– деятельность судебных органов.

в) Ответьте на вопросы.

1. Как называется наука о праве?
2. Как называется высший орган исполнительной власти?
3. Что представляет собой судоустройство?
4. Как называют судебное решение, которое не имеет юридической силы?
5. Что такое законопроект?
6. Что представляет собой законодательство?
7. Как называют человека, который нарушает закон?
8. Кто такой правовед?
9. Кто является законодателем?
10. Как называют юриста, знатока закона?
11. Что такое законоположение?
12. Что называется правосудием?

Задание 7. а) Прочитайте первую часть микротекста и скажите, на какие циклы подразделяется комплекс юридических наук.

Теория государства и права в системе юридических наук

Весь комплекс юридических наук можно подразделить на следующие основные группы или циклы:

- историко-юридический цикл (всеобщая история государства и права, история государства и права России, римское право и др.);
- государственно-правовой цикл (государственное право, конституционное право, государственное право зарубежных стран, административное право и др.);
- хозяйственно-правовой цикл (хозяйственное право, земельное право, трудовое право и др.);
- гражданско-правовой цикл (гражданское право, семейное право, авторское право и др.);
- уголовно-правовой цикл (уголовное право, уголовно-исполнительное право и др.);
- процессуально-правовой цикл (судоустройство, гражданское процессуальное право, уголовное процессуальное право, административное процессуальное право и др.);
- международно-правовой цикл (международное публичное право, международное частное право, консульское право и др.).

б) Прочитайте микродиалог. Обратите внимание на функционирование конструкции *Что определяется чем*.

– Каким правом определяется название <u>международно-правового цикла?</u>

– Название международно-правового цикла определено международным правом.

Работаем в парах!

в) Примите участие в диалоге. Узнайте, каким правом определяется название следующих циклов юридических наук.

Гражданско-правовой цикл, уголовно-правовой цикл, хозяйственно-правовой цикл, государственно-правовой цикл.

Предмет и методы теории государства и права

Задание 8. Прочитайте вторую часть микротекста. Дайте определение *предмета теории государства и права.*

Каково же место теории государства и права в системе юридических наук?

Теория государства и права изучает явления, характерные для всего государственно-правового механизма. Иными словами, предметом изучения общей теории государства и права является вся государственно-правовая действительность, общие и специфические закономерности её развития. Таким образом, эта дисциплина охватывает весь комплекс юридических наук в целом, все его циклы.

Соотношение части (частей) и целого
Классификация явлений

Задание 9. а) Познакомьтесь с моделями, часто используемыми для выражения соотношения *части – целое* при классификации явлений.

Модель	*Конструкция*
Всеобщая история государства и права, история государства и права России, римское право входят в историко-юридический цикл дисциплин.	*Что (часть)* входит *во что (целое – В. п.)*
Историко-юридический цикл дисциплин включает всеобщую историю государства и права России, римское право и другие юридические науки.	*Что (целое)* включает в себя *что (части – В. п.)*
Историко-юридический цикл дисциплин состоит из всеобщей истории государства и права, истории государства и права России, римского права и других юридических наук.	*Что (целое)* состоит *из чего (части – Р. п.)*

б) Назовите слова, обозначающие целое и части в каждом предложении.

Работаем в парах!

в) Примите участие в диалоге, опираясь на материал текста (***Задание 8***). Задайте коллегам по группе вопросы о структуре всех известных вам циклов юридических наук и ответьте на вопросы коллег.

Образец:

Диалог 1

– Из каких дисциплин состоит хозяйственно-правовой цикл юридических наук?

– Хозяйственно-правовой цикл юридических наук включает хозяйственное право, земельное право, трудовое право и другие дисциплины.

Диалог 2

– Какие дисциплины (предметы) входят в хозяйственно-правовой цикл?

– В хозяйственно-правовой цикл юридических наук входят хозяйственное право, земельное право, трудовое право и другие дисциплины.

*Глагол **соответствовать** в научной речи*

Пример	***Конструкция***
Каждому историческому типу государства соответствует определённый тип права. Буржуазный тип государства соответствует буржуазному типу права.	*Что* соответствует *чему (Д. п.)*

Работаем в парах!

Задание 10. Примите участие в диалоге. Используя материал, данный ниже, спросите, какому типу государства соответствует тот или иной тип права. Ответьте на вопросы коллег.

Образец:

– Какому типу государства соответствует буржуазное право?

– Буржуазное право соответствует буржуазному государству.

рабовладельческое государство – рабовладельческое право
феодальное государство – феодальное право
тоталитарное государство – тоталитарное право
буржуазное государство – буржуазное право

Синонимичные конструкции, частотные в научной речи

Предметом изучения общественных наук является жизнь общества. ⟺ Общественные науки изучают жизнь общества.

Задание 11. Примите участие в диалоге. Используя материал, данный ниже, выясните, что является предметом изучения той или иной гуманитарной науки. Ответьте на вопросы коллег.

Образец:

– Что является предметом изучения психологии?

– Психология изучает законы развития психики человека.

естественные науки – законы развития природы
философия – законы развития мышления
теория государства и права – вся государственно-правовая действительность, общие и специфические закономерности её развития
психология – законы развития психики человека

Работаем над терминами!

Многозначность терминов

Задание 12. а) Прочитайте два предложения. Скажите, в каком предложении термин *гражданское право* обозначает *отрасль права*, а в каком – *науку, изучающую эту отрасль*.

1. Гражданским правом называется отрасль права, которая регулирует имущественные и связанные с ними неимущественные отношения.

2. Гражданским правом называется наука, изучающая гражданское право, его историю, систему норм и нормативных актов.

Работаем в парах!

б) Примите участие в диалоге. Используя информацию, данную ниже, спросите коллег по группе, как называется отрасль права и наука, которая изучает эту отрасль. Ответьте на вопросы коллег.

Образец:

– Как называется отрасль права, которая регулирует общественные отношения в сфере труда?

– Отрасль права, которая регулирует общественные отношения в сфере труда, называется трудовым правом.

– А как называется наука, которая изучает трудовое право?

– Наука, которая изучает трудовое право, тоже называется трудовым правом.

Семейное право →
а) отрасль права, которая регулирует юридические отношения между супругами, а также между родителями и детьми.
б) наука, которая изучает семейное право.

Уголовное право →
а) отрасль права, регулирующая общественные отношения, связанные с борьбой с преступностью.
б) наука, изучающая уголовное право, его историю, толкование уголовного закона.

Конституционное право →
а) отрасль права, которая регулирует основные общественные отношения, связанные с правами и свободами человека, устройством государства.
б) наука, изучающая государственно-правовые нормы и государственно-правовые отношения.

Задание 13. а) Познакомьтесь с глагольными словосочетаниями, часто встречающимися в юридических текстах.

Нарушать/нарушить *(что? – В. п.)*
Соблюдать/соблюсти *(что? – В. п.)*
} закон, (правовые) нормы, принципы (демократии, государства), общественный порядок, правила (дорожного движения)

Совершать/совершить *(что? – В. п.)* → преступление, убийство, мошенничество, (противоправные; официальные) действия; сделку

Исполнять/исполнить *(что? – В. п.)* →
а) обязанности, полномочия, (служебный, гражданский) долг
б) судебное решение, приказ

Осуществлять/осуществить *(что? – В. п.)* → (субъективные) права, обязанности, свободы, правосудие, (государственную, исполнительную, законодательную, судебную) власть, (исполнительную, распорядительную) деятельность, надзор/контроль (за работой судебных органов и др.), контроль (за соблюдением нормативно-правовых актов)

Управлять *(чем? – Т. п.)* → государством, страной; отраслью (экономики)

Регулировать *(что? – В. п.)* → (правовые, общественные) отношения; деятельность (государства)

Обеспечивать/обеспечить *(что? – В. п.)* → правопорядок, безопасность (граждан), оборону, охрану (здоровья, законов), права, свободы (человека, гражданина)

Принуждать/принудить *(к чему? – Д. п.)* → к уплате налогов; к службе в армии

Признавать/признать *(что? – В. п.)* → вину
→ независимость (государства)

Выяснять/выяснить *(что? – В. п.)* → личность (подозреваемого, преступника); состав, обстоятельства (преступления)

Толковать *(что? – В. п.)* → закон, нормы права

б) Используя словосочетания из ***Задания 13. а)***, расскажите о деятельности

- государства,
- правительства,
- суда,
- правоохранительных органов.

в) Используя словосочетания из ***Задания 13. а)***, письменно охарактеризуйте действия

- президента,
- судьи,
- гражданина,
- подсудимого.

Задание 14. а) Составьте и запишите все возможные словосочетания, используя существительные, приведённые справа.

определять раскрывать	термин «право» понятие государства сущность договорной теории происхождения государства цели законодателя содержание норм права назначение государственного аппарата

б) Расскажите о задачах теории государства и права, используя словосочетания из ***Задания 14. а).***

Задание 15. Познакомьтесь с наиболее частотными для языка юриспруденции глаголами, определите их значение по словарю. Запишите их в свои словари с необходимыми пометами и переводом. В соответствии с образцом образуйте от них существительные.

-енuj-

нарушать, соблюдать, совершать, принуждать, исполнять, управлять, осуществлять, изменять, определять, выделять, выяснять, появляться, отождествлять, обеспечить.

изуч(ать) → изучЕНИЕ
провести (ст/д) → проведЕНИЕ
допуск(ать) (ск/щ) → допущЕНИЕ

-нuj-

создать, признать, влиять, формировать существовать, функционировать, регулировать, планировать, толковать, избирать – избрать.

использов(ать) → использоваНИЕ

-тuj-

развить, раскрыть, принять.

откры(ть) → открыТИЕ

-uj-

действовать, взаимодействовать, содействовать, противодействовать, соответствовать, участвовать.

воздейств(овать) → воздействИЕ

Задание 16. а) Сравните правую и левую части таблицы. Вспомните, чем различаются безобъектный и объектный глаголы.

Безобъектный глагол	***Объектный глагол***
Государство существует. Право развивается.	Государство обеспечивает *(что?)* правопорядок. Преступник нарушил *(что?)* правовые нормы.

б) Познакомьтесь с материалом таблицы. Каким падежом управляют существительные, образованные от глаголов? Запишите свой ответ в виде правила, дополнив предложение в конце таблицы.

<table>
<tr><th>Предложение</th><th>Словосочетание</th></tr>
<tr><td>Государство <u>существует.</u>

Государство <u>обеспечивает</u> правопорядок.</td><td>существование (чего?)
существование государства
обеспечение (чего?)
обеспечение правопорядка</td></tr>
<tr><td colspan="2">Если существительное образовано от безобъектного или переходного глаголов, то оно управляет __________ падежом.</td></tr>
</table>

Задание 17. а) Прослушайте предложения. Образуйте на их основе именные словосочетания.

Образец: Методы используются → использоваНИЕ методОВ

1. Законы принимаются. 2. Права и свободы человека соблюдаются. 3. Общественные отношения регулируются. 4. Правотворческая деятельность планируется. 5. Общество функционирует. 6. Правонарушения существуют. 7. Различные формы собственности признаются.

б) Прослушайте фразы из лекции. Ответьте на вопрос: «О чём говорил лектор?»

Образец: <u>Существуют закономерности</u> смены исторических типов государства и права. → Лектор говорил о <u>существовании закономерностей</u> смены исторических типов государства и права.

1. Любой <u>нормативно-правовой акт действует</u> в течение определённого срока.

2. В объёмных законах <u>выделяются разделы и главы</u>.

3. Мы проанализировали, как <u>функционируют госорганы РФ.</u>

4. <u>Существует множество различных теорий</u>, объясняющих процесс возникновения и развития государства и права.

5. При изучении теории государства и права <u>используются специальные методы.</u>

6. <u>Государство появилось</u> в результате эволюции общества.

Задание 18. а) Познакомьтесь с материалом таблицы, сравните словосочетания, образованные от переходных и непереходных глаголов. Свой вывод об управлении отглагольных существительных запишите в виде правила.

Переходные глаголы	***Непереходные глаголы***
обеспечивать *(что?)* → обеспеч**ение** *(чего?)* обеспечивать правопорядок → обеспеч**ение** правопорядк**А**	воздействовать *(на что?)* → воздейств**ие** *(на что?)* воздействовать на право → воздейств**ие** на право
Если существительное образовано от переходного глагола, то оно управляет ... падежом.	*Если существительное образовано от непереходного глагола, то оно управляет ... падежом.*

б) Прослушайте глагольные словосочетания, образуйте от них именные.

1. Принуждать к уплате налогов, влиять на развитие правовой системы, избираться народом, взаимодействовать с другими отраслями права, участвовать в управлении государством, управлять общественным порядком.

2. Изучать теорию государства и права, формировать Администрацию Президента, совершить преступление, обеспечивать оборону и безопасность, осуществлять помилование, соблюдать Конституцию, принять Конституцию, формировать Совет безопасности, получить высшее образование, соблюдать законы РФ.

в) Используя материал ***Задания 18 а)***, ответьте на вопросы. В своих ответах используйте именные отглагольные существительные и все конструкции, данные ниже.

Образец: – Какие действия относятся к полномочиям президента?

1. – По моему мнению,
2. – Я полагаю, что
3. – Я считаю, что
4. – Я думаю, что

} к полномочиям президента относятся: …

г) Примите участие в диалогах. В ответе используйте существительные, образованные от выделенных глаголов.

Образец: Что, по мнению Фрейда, повлияло на процесс образования государства? (Человек всегда стремится к общению, власти, подчинению) → По мнению Фрейда, на процесс образования государства повлияло стремление человека к общению, власти и подчинению.

1. Чем характеризуется конституционно-правомерное поведение? (Граждане участвуют в выборах).

2. Что представляет собой анализ как метод теории государства и права? (При анализе сложный теоретический материал о государстве и праве разделяется на части и изучается по частям).

3. Что является основным недостатком органической теории возникновения государства? (Авторы органической теории отождествляли государство с биологическим организмом).

4. Что является главным недостатком патриархальной теории происхождения государства? (Авторы патриархальной теории отождествляют государство с семьёй).

5. Что называют толкованием права? (Интерпретатор права разъясняет значение нормативно-правовых актов).

Задание 19. а) Объясните значение существительного, исходя из значения его частей.

Например: взаимопонимание → понимание друг друга.

Самоуправление, равноправие, единовластие, взаимодействие, местожительство, взаимоотношения, соучастие.

б) Объясните значение прилагательного синонимическими средствами.

Например: общеобязательное правило → обязательное для всех правило.

Всенародное голосование, однопалатный парламент, взаимовыгодное решение, всеобщая безопасность, кровнородственная связь, разнообразные связи в обществе.

Задание 20. а) Образуйте и запишите слова с элементом *взаимо-* от следующих существительных, объясните их значение:

Например: 1. Связь → *взаимо*связь → «связь друг с другом, двусторонняя связь».

2. Действие → *взаимо*действие → «совместное действие».

Взаимо→понимание, влияние, зависимость, отношения, заменяемость, действие.

б) Дополните микродиалоги. Начните свой ответ словами: *Я думаю; Мне кажется, что; Можно предположить, что… .*

1. – Что такое взаимопомощь?

– …

– Можете ли вы привести примеры подобных взаимоотношений между странами?

– …

2. – А что имеют в виду учёные, когда говорят о взаимосвязи теории государства и права с другими гуманитарными науками?

– …

– С какими науками, по вашему мнению, больше всего общего имеет теория государства и права?

– …

3. – Как вы понимаете слово «взаимопонимание»?

– …

– Всегда ли вы достигаете взаимопонимания при общении с другими людьми?

– …

Задание 21. а) Образуйте сложные прилагательные с элементом *обще-* и запишите их.

Например: научный → *обще*научный (метод).

Обще→ доступный, принятый, известный, признанный, человеческий.

б) Составьте с образованными прилагательными (***Задание 21. а***) все возможные словосочетания, используя слова:

факт, метод, информация, представление, лидер, авторитет, закон, ценности.

Задание 22. а) Прочитайте два предложения. Обратите внимание на значение выделенных юридических терминов.

1. При *общедозволительном типе* правового регулирования человеку разрешается всё, что не запрещает закон.

2. *Общеобязательный характер* закона заключается в том, что закон обязателен для всех граждан.

б) Дополните предложения, используя прилагательные с элементом *обще-*.

1. От остальных правовых актов закон отличается тем, что он носит … характер.

2. Мораль старше права, нормы морали в отличие от норм права выработаны самим обществом (не государством) на основе … представлений о добре и зле.

3. При регулировании прав и свобод человека применяется … тип правового регулирования, другими словами, человеку разрешается всё, что не запрещает закон.

4. … факт, что одно и то же лицо может быть избрано на должность президента не больше двух раз.

5. Анализ является … методом.

в) Ответьте на вопросы.

1. Что представляет собой общедозволительный тип правового регулирования?

2. Кто является, по вашему мнению, общепризнанным авторитетом в юриспруденции?

3. Какие события из истории вашей страны считаются общеизвестными историческими фактами? А из истории России?

4. Какие общепринятые правила поведения в транспорте вам известны?

5. Что вы можете назвать общечеловеческими ценностями?

Задание 23. а) Подготовьтесь к слушанию микротекста. Прослушайте и запишите слова и словосочетания, которые помогут вам понять содержание текста.

Изучать общие и специфические закономерности; соответствовать рабовладельческому, феодальному или буржуазному государству; рабовладельческий тип права;

неразрывно связаны друг с другом; воздействовать друг на друга; органы; создавать; охранять и гарантировать соблюдение норм; ограничивать государственные органы конституционными нормами; регулировать работу государственных органов; взаимосвязь и взаимозависимость.

б) Повторите вслед за преподавателем записанные слова и словосочетания. Следите за правильным ударением и произношением.

Задание 24. а) Прослушайте текст. Скажите, существует ли связь между государством и правом?

Друзья!

С первых дней учёбы на юридическом факультете вы слушаете лекции по теории государства и права. Вы уже знаете, что эта наука, теория государства и права, изучает общие и специфические закономерности развития государственно-правовой деятельности. Понятия «государство» и «право» неразрывно связаны. Каким по своей сущности является государство, таково и право. Рабовладельческому государству соответствовал рабовладельческий тип права, феодальному государству – феодальный тип права, буржуазному государству – буржуазный тип права.

Но государство и право не просто неразрывно связаны друг с другом, они воздействуют, влияют друг на друга. Государство (в лице особых, уполномоченных на то органов) создаёт правовые нормы, охраняет их и гарантирует их соблюдение. Иными словами, государство прямо воздействует на право. В свою очередь, право оказывает обратное воздействие на государство. Право ограничивает государственные органы конституционными и другими нормами, регулирует работу этих органов.

Эту взаимосвязь и взаимозависимость государства и права вы можете проследить на любом этапе развития социальных отношений.

б) Проверьте, как вы поняли содержание прозвучавшего текста.

1. Предметом изучения теории государства и права является … .	А. всеобщая история государства и права Б. международное публичное право В. государственно-правовая деятельность
2. Основная идея текста состоит в том, что … .	А. право влияет на государство Б. государство воздействует на право В. государство и право взаимосвязаны и взаимозависимы
3. Взаимосвязь государства и права проявляется в том, что … .	А. чем больше государство, тем обширнее право Б. по мере развития государства развивается и право В. типу государственной формации соответствует тип права
4. Государство и право находятся в отношениях … .	А. взаимосвязи и взаимозависимости Б. взаимопомощи и взаимозаинтересованности В. взаимовыгодного сотрудничества

Задание 25. а) Прочитайте микротекст, выпишите незнакомые слова.

Методы теории государства и права

Как и каждая учебная дисциплина, теория государства и права имеет не только свой предмет, но и метод. **Предметом теории государства и права** является государственно-правовая деятельность, общие и специфические закономерности её развития. Метод же указывает на то, как, каким образом теория государства и права изучает свой предмет. То есть **метод** – это способ, с помощью которого изучается предмет науки.

Теории государства и права, как и многим наукам, требуется не один, а множество методов, чтобы изучить свой предмет. В научной литературе эти методы принято делить на следующие группы: общие методы, специальные и частные.

Общие методы – это методы, которые используются не только в теории государства и права, но и в других науках. Основными общими методами являются методы сравнения, анализа, синтеза и другие. Наиболее часто используются в повседневной научной жизни методы анализа и синтеза. Применительно к теории государства и права ***анализ*** – это разделение теоретического материала о государстве и праве на части и исследование его по частям, ***синтез*** же – это объединение теоретического материала в единую систему и изучение этого материала как единого целого.

Специальные методы – это методы, которые разрабатываются в рамках других (не юридических) наук, но широко используются при изучении государства и права. К специальным методам относятся математические, психологические, конкретно-социологические и другие методы.

Последняя группа методов – это частные методы, которые иногда называются частноправовыми. **Частные методы** – это методы, которые вырабатывают и используют только юридические науки. Примером частных методов являются различные методы толкования норм права.

Методы толкования права – это особые приёмы разъяснения смысла норм права, их сущности. В свою очередь, среди методов толкования права выделяются грамматическое (текстовое), систематическое и историко-политическое толкование.

Все методы познания государства и права в совокупности позволяют создать максимально глубокое и разностороннее представление о государстве и праве.

б) Запишите определение понятий:

- предмет теории государства и права;
- метод теории государства и права;
- общие методы;
  - – анализ;
  - – синтез;
- специальные методы;
- частные методы;
- методы толкования нормы права.

Задание 26. а) Прослушайте начало лекции. Как вы думаете, о чём будет лекция? Как она называется? Начните свой ответ так: *Я думаю*; *мне кажется, что…*; *можно предположить, что…* .

Дорогие коллеги!

Как вы помните, на предыдущей лекции речь шла о предмете теории государства и права. Но мы знаем, что каждая наука имеет не только свой предмет, но и метод. Теория государства и права не является исключением. Она тоже имеет и свой предмет, и свой метод. Давайте вспомним: предмет теории государства и права отвечает на вопрос, что, какую область общественно-политической и правовой жизни изучает данная наука? А метод? Метод указывает на то, как, каким образом она это делает, т. е. метод указывает на то, как наука изучает свой предмет. У науки может быть не один, а несколько методов. Например, теории государства и права, чтобы изучить свой предмет, требуются методы, а не метод. Итак, что же называют методами теории государства и права? Методами теории государства и права является совокупность приёмов и способов, с помощью которых изучается предмет науки.

В научной и учебной литературе методы изучения государства и права делятся на три группы. Первую группу составляют общие методы, их иногда называют общенаучными. Вторая группа – это специальные методы. А в третью группу входят частные методы.

Таким образом, выделяются следующие три группы методов: общие (или общенаучные), специальные и частные. Что же представляет собой каждая из названных нами групп методов?

б) Проверьте, правильно ли вы поняли содержание первой части лекции, выбрав один из предложенных вариантов ответа к каждому заданию.

1. В лекции говорилось о …	А. методах теории государства и права. Б. взаимосвязи государства и права. В. предмете теории государства и права.
2. Предмет теории государства и права отвечает на вопрос: …	А. «Какую область общественно-политической и правовой жизни изучает данная наука?» Б. «Каким образом изучает государственно-правовую деятельность данная наука?» В. «Какие исторические процессы, повлиявшие на развитие государственно-правовых институтов, изучает данная наука?»

3. Методы теории государства и права представляют собой … .	А. совокупность взглядов, выражающих отношение людей к праву Б. совокупность приёмов и способов, с помощью которых изучается предмет данной науки В. систему основных понятий юриспруденции

Задание 27. а) Познакомьтесь с информацией.

> В лекции часто используются всевозможные ***скрепы,*** которые помогают автору:
>
> - напомнить материал предыдущего занятия (*Как вы помните* ...; *Давайте вспомним* ...);
> - привлечь внимание слушающего к тому или иному предмету обсуждения (риторические вопросы: *Что такое метод?*, выражения типа *Рассмотрим теперь*...);
> - ввести иллюстрацию, примеры (*например*);
> - акцентировать последовательность мыслей, подведение итогов (*прежде всего, во-первых, наконец* и др.).

б) Прочитайте первую часть лекции (***Задание 26. а***). Назовите и подчеркните в тексте скрепы, которые использовал лектор.

Задание 28. Ознакомьтесь со схемой «Классификация методов теории государства и права». Используя схему,

- дайте определение термина *методы;*
- классифицируйте *методы теории государства и права;*
- дайте определение *общенаучным, специальным и частным методам.*

В своём ответе используйте конструкции:

что представляет собой что;
что называется чем;
что принято называть чем;
что относится к чему;
что делится на что;
что включает в себя что.

Классификация методов теории государства и права

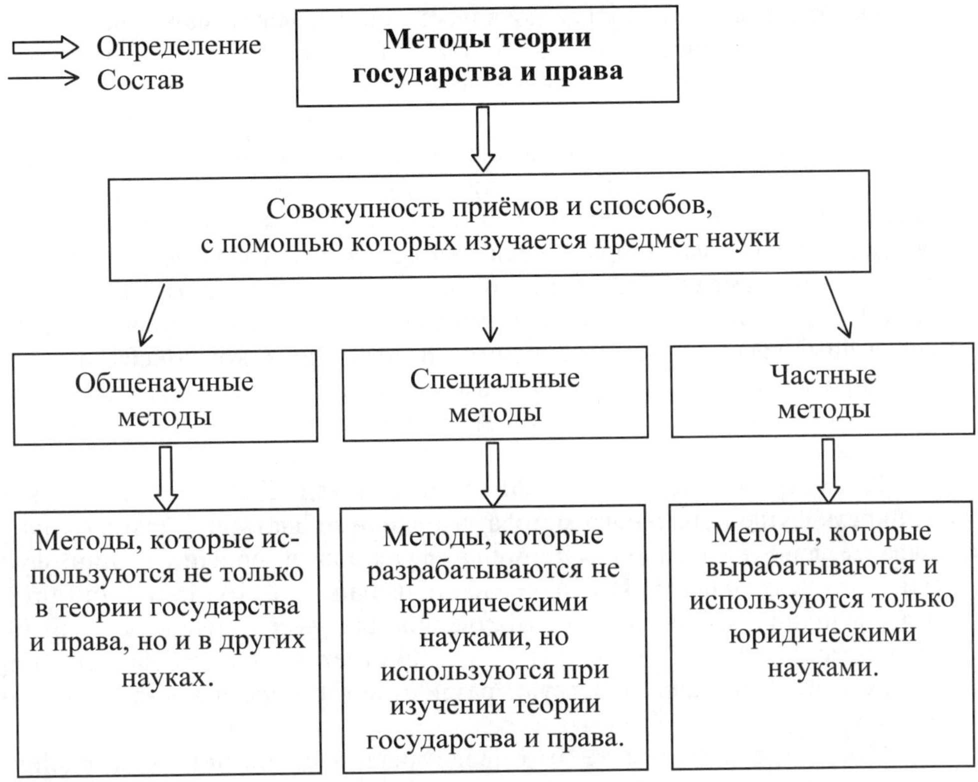

Задание 29. а) Прослушайте фрагмент главной части лекции «Методы теории государства и права».

Общенаучные методы используются не только в теории государства и права, но и в других науках. Основными общенаучными методами являются методы сравнения, анализа и синтеза, системного и функционального подходов, включение менее общего понятия в более общее и некоторые другие.

Разумеется, не все методы применяются одинаково часто и эффективно. Например, методы анализа и синтеза используются в повседневной научной работе гораздо чаще, чем другие. Остановимся подробнее на том, как понимаются эти методы общей теории государства и права. ***Анализ*** – это разделение сложного теоретического материала о государстве и праве на части и исследование его по частям. ***Синтез***, наоборот, помогает изучать государственно-правовые вопросы как единое целое. Другими словами, синтез – это объединение государственно-правовых вопросов в единую систему. Таким образом, анализ – это разделение материала исследования на части и изучение его по частям, а синтез – объединение материала исследования в единое целое, систему и изучение этого материала как единого целого.

Обратите внимание, у нас появилось понятие «система». Как вы знаете, система – это единство элементов, которые находятся в сложных взаимосвязях друг с другом. «Система» – важнейшее понятие, которое связывает метод синтеза и системный метод, третий основной общенаучный метод. В чём же сущность системного метода? Ответ на этот вопрос заключается в самом слове «система». (Ведь, прилагательное «системный» образовано от существительного «система».) Если метод синтеза, как вы знаете, помогает объединить сложный теоретический материал о государстве и праве в систему, то **системный метод** позволяет изучать государство и право как систему. Другими словами, с помощью системного метода изучаются все взаимосвязи и взаимозависимости отдельных компонентов теории государства и права. Таким образом, системный метод – это восприятие изучаемого материала как системы, изучение всех связей в исследуемой системе.

Рассмотрим теперь **функциональный метод**. Для того чтобы понять сущность функционального метода, необходимо знать, что такое функция. Давайте вспомним синоним термина «функция» в юриспруденции: функция – это деятельность. Именно функциональный подход помогает определить функции различных государственно-правовых явлений, механизмов, их взаимодействие. То есть этот метод помогает понять, как функционируют, действуют и взаимодействуют различные государственно-правовые механизмы.

Итак, теперь вы знаете, что представляют собой четыре важнейших общенаучных метода. Вы понимаете, какие возможности предоставляют эти методы научного исследования правоведам: метод анализа позволяет изучать материал по частям, синтез даёт возможность исследовать государственно-правовые вопросы как единое целое. Системный метод позволяет изучать государственно-правовой материал как систему, т. е. изучать взаимосвязи и взаимозависимости компонентов этой системы. И наконец, функциональный метод помогает изучить функционирование различных государственно-правовых явлений и механизмов.

б) Проверьте, правильно ли вы поняли содержание второй части лекции, выбрав один из предложенных вариантов ответа к каждому заданию.

1. Общенаучные методы – это … .	А. методы, которые используются только в юридических науках Б. методы, которые используются во всех гуманитарных науках В. методы, которые используются во всех науках

2. Метод анализа – это … .	А. соединение отдельных элементов исследования в единое целое, в систему Б. расчленение объекта исследования на отдельные элементы В. выделение главных свойств объекта исследования
3. Метод синтеза – это … .	А. движение исследования от общего к частному Б. объединение материала исследования в единое целое В. разделение материала исследования на части
4. Системный метод – это … .	А. восприятие объекта исследования как системы, изучение всех связей, существующих внутри этой системы Б. обобщение главных, самых вероятных характеристик исследования В. объединение различных элементов объекта исследования в единую систему
5. Функциональный метод – это … .	А. выведение общей информации из частных фактов Б. изучение основных направлений деятельности государства В. изучение функционирования различных элементов системы

Характеристика сущности понятия, явления

Сущность системного метода < состоит / заключается > в изучении объекта как системы.

Сущность (чего?) метода/работы < состоит / заключается > (в чём?) в разделении / в изучении / в исследовании.

! **Обратите внимание,** что в предложном падеже часто используются отглагольные существительные.

Задание 30. Используя данную выше модель, охарактеризуйте методы анализа, синтеза, системный метод, функциональный метод.

Задание 31. Прочитайте вторую часть лекции (***Задание 29. а***), закончите схему.

- дайте определение общенаучных методов;
- дайте классификацию общенаучных методов;
- письменно охарактеризуйте сущность каждого метода (используйте отглагольные существительные).

Задание 32. а) Прослушайте третью часть лекции. Дайте определение специальных методов.

Следующая группа методов, о которой мы поговорим сегодня, – **специальные методы**. Эти методы разрабатываются в рамках других (не юридических наук), но широко используются при изучении государства и права. К специальным методам обычно относят математические, психологические, кибернетические, конкретно-социологические и многие другие методы, которые разработаны неюридическими науками.

Приведу пример того, как используются эти методы теорией государства и права. Например, правоведы могут выяснить мнение общества по вопросам государства и права с помощью тестирования, интервьюирования, то есть с помощью социологических методов. Иными словами, юристы могут воспользоваться ***конкретно-социологическим методом***, методом, который разработали социологи. ***Кибернетический*** же ***метод*** даёт возможность юристам использовать современные компьютерные программы, математические модели и другие достижения кибернетики при изучении государства и права. В своих исследованиях правоведы часто используют также методы, которые разработали психологи и математики. О них вы узнаете более подробно на семинаре.

б) Проверьте, правильно ли вы поняли содержание третьей части лекции, выбрав один из предложенных вариантов ответа к каждому заданию:

1. Специальные методы – это методы, которые вырабатываются … .	А. юридическими науками Б. всеми науками В. неюридическими науками
2. Конкретно-социологический метод – это … .	А. исследование вопросов государства и права с точки зрения количественных результатов статистической информации Б. выяснение мнения граждан по вопросам государства и права с помощью интервьюирования и других видов опроса В. сопоставление нормативно-правовых актов, правовых систем в целом
3. Кибернетический метод – это … .	А. изучение государственно-правовых вопросов с помощью технических достижений в области компьютерных технологий Б. изучение государственно-правовых вопросов с помощью достижений в области психологии В. изучение основных понятий юриспруденции, их классификации

Задание 33. Прочитайте третью часть лекции (***Задание 32. а***), закончите схему.

- дайте определение специальных методов;
- дайте классификацию специальных методов;
- охарактеризуйте сущность каждого метода.

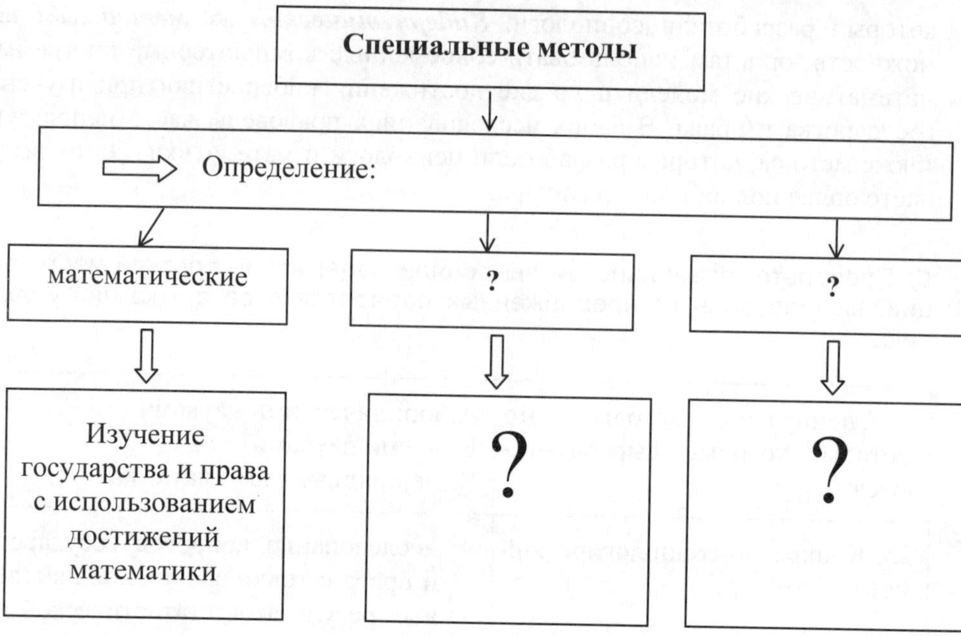

Задание 34. а) Прослушайте четвёртую часть лекции.

И наконец, перейдём к последней группе методов, которая нас интересует. Это группа **частных методов,** некоторые учёные называют их частноправовыми. Мы будем пользоваться термином «частные методы». К частным методам относятся те методы, которые вырабатывают и используют только юридические науки. Частных методов достаточно много, и все они необходимы правоведам. Однако сегодня мы поговорим только о некоторых из этих методов, потому что вы будете серьёзно изучать важнейшие частные методы на протяжении всего учебного года.

Я начну с ***методов толкования норм права***. «Толковать» в юриспруденции означает «разъяснять смысл», «объяснять». Значит, толкование норм права – это разъяснение смысла, сущности норм права. Поэтому очевидно, что методы толкования правовых норм представляют собой особые приёмы разъяснения смысла норм права, их сущности.

Особо хочу остановиться на ***формально-юридическом методе***, которым вы будете часто пользоваться при изучении новых понятий юриспруденции. С помощью этого метода правоведы вырабатывают определения главных понятий юриспруденции, исследуют эти понятия, классифицируют их, выделяют основные признаки понятий.

Среди главных частных методов следует выделить ***сравнительно-правовой метод***. Метод сравнения давно и активно используют в разных науках. Но сравнительно-правовой метод учёные-юристы стали использовать не так давно, а именно, в 50-е годы XX века. Почему? После

Второй мировой войны, в конце 40-х, начали укрепляться связи между разными странами. Поэтому появилась необходимость исследовать взаимосвязи и взаимодействие разных государственно-правовых систем. Иными словами, учёные начали изучать разные государственно-правовые системы в сравнении. Известный французский учёный Р. Давид писал, что правоведение нельзя изучать «только в национальном плане». Сравнительно-правовой метод даёт возможность сравнить законы, другие правовые акты разных стран и найти общие особенности и различия. При этом опыт юридических наук разных стран помогает учёным по-новому, более глубоко, изучать государственно-правовые системы своих стран, лучше видеть их достоинства и недостатки.

б) Проверьте, правильно ли вы поняли содержание четвёртой части лекции, выбрав один из предложенных вариантов ответа к каждому заданию.

1. Частные методы … .	А. разрабатываются и используются неюридическими науками Б. разрабатываются и используются теорией государства и права В. разрабатываются и используются юридическими науками
2. Толкование норм права – это … .	А. разъяснение смысла основных понятий юриспруденции Б. разъяснение смысла юридических норм права В. разъяснение содержания функций государства
3. С помощью формально-юридического метода правоведы вырабатывают … .	А. нормы права Б. определения основных понятий юриспруденции, их классификацию В. правовые решения
4. Сравнительно-правовой метод – это … .	А. метод, использующийся для изучения правовых систем разных государств путём их сопоставления Б. метод, помогающий выявить с помощью сравнения общее и различное в истории государственно-правовых явлений В. метод, использующийся для установления общего в языках, их родства

Задание 35. а) Познакомьтесь с информацией.

> ***Дополнительная*** информация, как правило, следует за основной и имеет *дополняющий, конкретизирующий и иллюстрирующий характер.*
>
> ***Дополнительная*** информация расширяет и углубляет *главную.* Она содержится в предложениях текста, где автор
>
> - приводит конкретные примеры, подтверждающие или объясняющие высказанную мысль;
> - подтверждает, иллюстрирует свою мысль, приводит цитаты, высказывания других учёных.
>
> Такого рода информация может вводиться словами: *например, так, таковы, приведу пример* и др.

> **!** **Обратите внимание** на то, что главная информация есть в каждой смысловой части текста, а дополнительная может отсутствовать.

б) Прочитайте четвёртый фрагмент лекции. Разделите его на смысловые части. Найдите в них главную и дополнительную информацию (там, где она есть).

Задание 36. а) Представьте материал текста (***Задание 34. а***) в виде схемы.

б) Опираясь на схему, расскажите о группе частных методов.

Задание 37. Расскажите, опираясь на схемы из ***Заданий 28, 31, 33***, об одной из существующих групп методов теории государства и права.

Задание 38. а) Прочитайте текст лекции «Классификация методов теории государства и права». Разделите текст на смысловые части, озаглавьте их.

Классификация методов теории государства и права

Дорогие коллеги!

Как вы помните, на предыдущей лекции речь шла о предмете теории государства и права. Но мы знаем, что каждая наука имеет не только свой предмет, но и свой метод. Теория государства и права не является исключением. Она тоже имеет и свой предмет, и свой метод. Давайте вспомним: предмет теории государства и права отвечает на вопрос, что, какую область общественно-политической и правовой жизни изучает данная наука? А метод? **Метод** указывает на то, как, каким образом она это делает, то есть метод указывает на то, как наука изучает свой предмет. У науки может быть не один, а несколько методов. Например, теории государства и права, чтобы изучить свой предмет, требуются методы, а не метод.

Итак, что же называют методами теории государства и права? Методами теории государства и права является совокупность приёмов и способов, с помощью которых изучается предмет науки.

В научной и учебной литературе методы изучения государства и права делятся на три группы. Первую группу составляют общие методы, их иногда называют общенаучными. Вторая группа – это специальные методы. А в третью группу входят частные методы.

Таким образом, выделяются следующие три группы методов: общие (или общенаучные), специальные и частные.

Общенаучные методы используются не только в теории государства и права, но и в других науках. Основными общенаучными методами являются методы сравнения, анализа и синтеза, системного и функционального подходов, включение менее общего понятия в более общее и некоторые другие.

Разумеется, не все методы применяются одинаково часто и эффективно. Например, методы анализа и синтеза используются в повседневной научной работе гораздо чаще, чем другие. Остановимся подробнее на том, как понимаются эти методы общей теории государства и права. ***Анализ*** – это разделение сложного теоретического материала о государстве и праве на части и исследование его по частям. ***Синтез***, наоборот, помогает изучать государственно-правовые вопросы как единое целое. Другими словами, синтез – это объединение государственно-правовых вопросов в единую систему. Таким образом, анализ – это разделение материала исследования на части и изучение его по частям, а синтез – объединение материала исследования в единое целое, систему и изучение этого материала как единого целого.

Обратите внимание, у нас появилось понятие «система». Как вы знаете, система – это единство элементов, которые находятся в сложных взаимосвязях друг с другом. «Система» – важнейшее понятие, которое связывает метод синтеза и системный метод, третий основной общенаучный метод. В чём же сущность системного метода? Ответ на этот вопрос заключается в самом слове «система». (Ведь, прилагательное «системный» образовано от существительного «система».) Как вы знаете, метод синтеза помогает объединить сложный теоретический материал о государстве и праве в систему. ***Системный*** же ***метод*** позволяет изучать государство и право как систему. Другими словами, с помощью системного метода изучаются все взаимосвязи и взаимозависимости отдельных компонентов теории государства и права. Таким образом, системный метод – это восприятие изучаемого материала как системы, изучение всех связей в исследуемой системе.

Рассмотрим теперь ***функциональный метод***. Для того чтобы понять сущность функционального метода, необходимо знать, что такое функция. Давайте вспомним синоним термина «функция» в юриспруденции: функция – это деятельность. Именно функциональный подход помогает определить функции различных государственно-правовых явлений, механизмов, их взаимодействие. То есть этот метод помогает понять, как функционируют, действуют и взаимодействуют различные государственно-правовые механизмы.

Итак, теперь вы знаете, что представляют собой четыре важнейших общенаучных метода. Вы понимаете, какие возможности дают эти методы научного исследования правоведам: метод анализа позволяет изучать материал по частям, синтез даёт возможность исследовать государственно-правовые вопросы как единое целое. Системный метод позволяет изучать государственно-правовой материал как систему, то есть изучать взаимосвязи и взаимозависимости компонентов этой системы. И наконец, функциональный метод помогает изучить функционирование различных государственно-правовых явлений и механизмов.

Следующая группа методов, о которой мы поговорим сегодня, – **специальные методы**. Эти методы разрабатываются в рамках других (неюридических наук), но широко используются при изучении государства и права. К специальным методам обычно относят математические, психологические, кибернетические, конкретно-социологические и многие другие методы, которые разработаны неюридическими науками.

Приведу пример того, как используются эти методы теорией государства и права. Например, правоведы могут выяснить мнение общества по вопросам государства и права с помощью тестирования, интервьюирования. Иными словами, юристы могут воспользоваться ***конкретно-социологическим методом***, который разработали социологи. ***Кибернетический*** же ***метод*** даёт возможность юристам использовать современные компьютерные программы, математические модели и другие достижения кибернетики при изучении государства и права. Правоведы также часто используют в своих исследованиях методы, которые разработали психологи и математики. О них вы узнаете более подробно на семинаре.

И наконец, перейдём к последней группе методов, которая нас интересует. Это группа **частных методов,** некоторые учёные называют их частно-правовыми. Мы будем пользоваться термином «частные методы». К частным методам относятся те методы, которые вырабатывают и используют только юридические науки. Частных методов достаточно много, и все они необходимы правоведам. Однако сегодня мы поговорим только о некоторых из этих методов, потому что вы будете серьёзно изучать важнейшие частные методы на протяжении всего учебного года.

Я начну с ***методов толкования норм права***. «Толковать» в юриспруденции означает «разъяснять смысл», «объяснять». Значит, толкование норм права – это разъяснение смысла, сущности норм права. Поэтому очевидно, что методы толкования правовых норм представляют собой особые приёмы разъяснения смысла норм права, их сущности.

Особо хочу остановиться на ***формально-юридическом методе***, которым вы будете часто пользоваться при изучении новых понятий юриспруденции. С помощью этого метода правоведы вырабатывают определения главных понятий юриспруденции, исследуют эти понятия, классифицируют их, выделяют основные признаки понятий.

Среди главных частных методов следует выделить ***сравнительно-правовой метод***. Метод сравнения давно и активно используют в разных науках. Но сравнительно-правовой метод учёные-юристы стали использовать не так давно, а именно, в 50-е годы XX века. Почему? После Второй мировой войны, в конце 40-х, начали укрепляться связи между разными странами. Поэтому появилась необходимость исследовать взаимосвязи и взаимодействие разных государственно-правовых систем. Иными словами, учёные начали изучать разные государственно-правовые системы в сравнении. Известный французский учёный Р. Давид писал, что правоведение нельзя изучать «только в национальном плане». Сравнительно-правовой метод даёт возможность сравнить законы, другие правовые акты разных стран и найти общие особенности и различия. При этом опыт юридических наук разных стран помогает учёным по-новому, более глубоко, изучать государственно-правовые системы своих стран, лучше видеть их достоинства и недостатки.

б) Проанализируем структуру текста лекции. Он представляет собой текст типа «описание-классификация».

Анализируем структуру научного текста типа «описание-классификация»

Научный текст, как правило, имеет следующие структурные компоненты:

- заглавие;
- введение;
- основная часть;
- заключение.

Введение и заключение могут отсутствовать.

1. Что является предметом описания в лекции? Какие элементы структуры помогли вам это понять?

В ***заглавии*** называется тема текста.

Во ***введении*** может содержаться следующая информация:

- указывается и кратко характеризуется предмет описания/классификации;
- определяется его место среди аналогичных предметов;
- даётся краткая историческая справка (например, информация о происхождении термина);
- вводятся понятия и термины, используемые в тексте;
- ставится проблема, которая будет рассмотрена в основной части, обосновывается её актуальность.

2. Какой фрагмент лекции является введением? Какие предметы описания называются и определяются во введении?

> ***Основная часть*** текста, как правило, делится на несколько ***смысловых частей.***
>
> Отдельная смысловая часть представляет ***один предмет описания*** или ***рассуждения.***
>
> Смысловая часть может состоять из одного или нескольких абзацев.

3. Какой фрагмент лекции является основной частью? Сколько смысловых частей можно выделить в основной части? (Пронумеруйте их.) Какие предметы описания можно в ней выделить?

Сколько предметов описания в первой смысловой части? Назовите их.

В какой смысловой части автор даёт определение общенаучных методов теории государства и права?

В какой смысловой части даётся определение специальных методов?

В какой смысловой части автор даёт определение частных методов?

4. Как вы думаете, какой структурной частью является фрагмент, данный ниже?

Таким образом, мы рассмотрели с вами основные группы методов, которые используются теорией государства и права. Мы проанализировали их специфику, отличия друг от друга. Конечно, мы рассмотрели не все методы, использующиеся при исследовании теории государства и права. Вы сможете расширить свои знания об этом важном понятии нашей науки самостоятельно. Список обязательной литературы вы найдёте в программе. Желаем успехов!

> В ***заключение:***
>
> - обобщается основная информация текста;
> - делаются выводы;
> - намечаются перспективы исследования предмета.
>
> При этом могут использоваться особые языковые средства: *итак, таким образом, подведём итоги, обобщим сказанное, всё это позволяет сделать вывод и др.*

Задание 39. а) Познакомьтесь с содержанием термина *классификация.*

Классификация – это система соподчинённых понятий.

Классификация обычно включает в себя

1) определение сложного объекта (явления);

2) анализ его структуры.

б) Ответьте на вопросы.

1. Какие объекты классификации вы обнаружили в тексте «Классификация методов теории государства и права»?

2. Где даётся определение основного объекта классификации?

3. В какой смысловой части текста анализируется структура объекта классификации (называются компоненты его структуры)?

4. Какой компонент структуры становится объектом анализа во второй смысловой части текста? В какой смысловой части даётся классификация специальных методов?

5. В какой смысловой части текста объектом анализа являются частные методы?

Учимся составлять план!

Задание 40. а) Познакомьтесь с назывной формой плана первой части текста.

1. Определение понятия «методы теории государства и права».
2. Классификация методов теории государства и права.

> ***Назывной план*** включает предложения, главный член которых – существительное в ***и. п.,*** одиночное или в сочетании с зависимыми словами.
>
> Это компактная, сжатая форма плана, поэтому его часто предлагают на лекциях, им удобно пользоваться при подготовке к ответу на семинаре.

Чтобы составить план, нужно:

а) разделить текст на смысловые части;

б) выделить в каждой части основную информацию;

в) трансформировать предложения, содержащие основную информацию, в назывные.

б) Дополните назывной план всей лекции (***Задание 38. а***) недостающими пунктами.

1. Определение понятия «методы теории государства и права».
2. Классификация методов теории государства и права.
3. …
4. …
5. …

Задание 41. а) Познакомьтесь со сложным номинативным планом.

> ***Номинативный сложный план*** текста составляется следующим образом: каждый пункт плана выражает главную мысль, главную информацию смысловой части, а каждый подпункт плана выражает информацию, детализирующую главную. Информация, которая может быть исключена при сокращённом изложении текста, в план не вносится.

б) Дополните сложный номинативный план лекции «Общее понятие методов теории государства и права и их классификация» недостающими пунктами и подпунктами.

1. Определение понятия «методы теории государства и права».
2. Классификация методов теории государства и права.
3. Общенаучные методы:
   а) анализ;
   б) …
   в) …
   г) функциональный подход.
4. …
   а) конкретно-социологический метод;
   б) …
5. …
   а) …
   б) …
   в) …

в) Используя сложный назывной план, подготовьте сообщение на тему «Классификация методов теории государства и права».

Различные подходы к определению понятия «государство»

Задание 42. а) Прочитайте текст «Что такое государство?». Уточните значение вынесенных на поля слов по словарю. Запишите термины и сочетания, характерные для языка юриспруденции, в свой словарь.

Что такое государство?

Государство – весьма противоречивое общественно-политическое явление. Государство зародилось вследствие развития общества, обострения его противоречий. Вне противоречий государство не существует. Поэтому вопрос о том, что такое государство, является весьма сложным и дискуссионным. С одной стороны, это объясняется сложностью и многогранностью самого государства как общественно-политического явления. С другой – разные люди по-разному воспринимают одни	противоречить нормам права, противоречивый противоречие дискуссия, дискуссионный вопрос

и те же государственно-правовые явления, что также обуславливает существование множества определений понятия «государство». «Сколько существует государствоведов и философов, столько существует и определений государства», – писал известный австрийский правовед Л. Гумпилович.

Обратимся к некоторым определениям понятия «государство», которые были сформулированы на протяжении всей истории нашей цивилизации, и убедимся, что они различны и по форме, и по содержанию.

цивилизация

Марк Тулий Цицерон, древнеримский философ, оратор и политический деятель, дал определение этому понятию в форме вопроса: «Да и что такое государство, как не общий порядок?» То есть Цицерон считал, что государство – это общий порядок.

Идеи Цицерона развивали и в XIX веке. Известный русский правовед Н. Коркунов (1853–1904) придерживался приблизительно той же позиции, хотя по форме его определение понятия «государство» отличается от определения Цицерона. Он полагал, что государство – это общественный союз свободных людей с принудительно установленным порядком, в котором только государственные органы обладают правом принуждения. И другие учёные-правоведы рассматривали государство как систему организации правопорядка.

придерживаться точки зрения, позиции

принуждать (население к уплате налогов/к службе в армии)

обладать (суверенитетом/правом/полномочиями)

Существует ряд определений понятия «государство», представляющих собой перечисление его главных признаков. Ведь государство как организация, как институт власти отличается от догосударственных и негосударственных организаций и институтов особыми признаками.

устанавливать (закон/правовые нормы/порядок выборов)

государственные органы;

догосударственные, **не**государственные (организации / институты)

Известный французский теоретик государства и права Л. Дюги (1895–1928), определял государство, называя его четыре основных признака: совокупность человеческих индивидов (народ, нация), определённая территория, суверенитет, публичная власть (правительство).

территория, суверенитет

Приблизительно в то же время российский теоретик права Г. Шершневич писал: «Под именем государства понимается союз людей, живущих

в известных границах и подчинённых одной власти».	подчиняться (административной власти/ требованиям закона)
В России в XIX веке государство зачастую определялось с узкоклассовых позиций. Так, например, у Ленина в послереволюционный период (после 1917 года) мы находим следующее определение государства: «Государство есть машина для поддержания господства одного класса над другим».	поддерживать (правопорядок)
Сейчас в российской политике и идеологии на смену узкоклассовым подходам к определению понятия «государство» пришли общечеловеческие ценности. В определениях государства узкоклассовый подход сменился социальным.	узкоклассовый (научный) подход
В современной теоретической литературе даётся следующее определение понятия «государство». Государство – это политическая организация общества:	
– **обеспечивающая** его единство и цельность;	обеспечивать (потребности/безопасность/право на что-либо)
– **осуществляющая** посредством государственного механизма управление делами общества и суверенную публичную власть;	осуществлять (политическую власть / правосудие)
– **придающая** праву общеобязательное значение;	
– **гарантирующая** законность, правопорядок, а также права и свободы граждан.	гарантировать (права и свободы/ безопасность)

б) Разделите текст на смысловые части.

в) Ответьте на вопросы.

1. Отражается ли в заголовке тема текста (о чём этот текст)?
2. В какой смысловой части называются причины существования различных определений понятия «государство»?
3. Сколько смысловых частей можно выделить в главной части?
4. В какой смысловой части государство определяется как система организации правопорядка?
5. Что является предметом описания в других смысловых частях текста?
6. В какой части текста даётся определение государства, отражающее узкоклассовый подход к определению данного понятия?
7. Есть ли в тексте заключение?

Задание 43. а) Составьте назывной план текста «Что такое государство?».

б) Сравните составленный вами план с планом, данным ниже. Обратите внимание на варианты функционирования слова *определение* в научной речи.

1. Причины появления государства и сложность определения понятия «государство».
2. Определение государства Цицероном и развитие его теории в XIX веке в России.
3. Определение государства через перечисление его признаков.
4. Определение государства с узкоклассовых позиций.
5. Социальный подход к определению государства: определение понятия государства на основе общечеловеческих ценностей.

в) Слушайте начало диалога. Примите участие в обсуждении научной проблемы (в своих ответах используйте конструкции из ***Задания б).***

Диалог 1

Преп.: Как определял Марк Тулий Цицерон государство?

Студ.: Цицерон считал, что государство – это общий порядок.

Преп.: А как развивались идеи Цицерона позже, в XIX веке например?

Студ.: …

Диалог 2

Преп.: Скажите, пожалуйста, какой подход к определению государства распространён, кроме определения государства как системы организации правопорядка?

Студ.: Существует также множество определений понятия государства, которые представляют собой перечисление его главных признаков.

Преп.: Спасибо. А как вы думаете, почему появилось такое определение государства?

Студ.: …

Диалог 3

Преп.: А как определялось государство в России в послереволюционный период?

Студ.: В России после 1917 года государство зачастую определялось с узкоклассовых позиций.

Преп: А как сейчас изменилось определение государства в российской политике?

Студ: …

Правительство обеспечивает / гарантирует оборону и безопасность государства.

> **Обратите внимание,** что оба глагола имеют значение «сделать выполнение, осуществление чего-либо возможным». Но глагол *гарантировать* подчёркивает обязательность осуществления, выполнения чего-либо.
>
> В научной речи эти глаголы часто являются полными синонимами. В разговорной речи их различие более очевидно: *Диплом юриста* ***обеспечивает*** *возможность работать по специальности, но не* ***гарантирует*** *получение рабочего места.*

Задание 44. Скажите, что гарантирует государство, а что обеспечивает? (Используйте конструкции *Что обеспечивает что; Что гарантирует что.*)

1. Государство… свободы человека с помощью механизма их защиты.
2. Государство… правопорядок с помощью прокуратуры, милиции и судов.
3. Государство существует во имя человека, … его интересы и потребности.

Задание 45. Выберите предложения, соответствующие по смыслу данным.

1. Правовое государство обеспечивает права и свободы граждан.	А. Правовое государство защищает права и свободы граждан. Б. Правовое государство гарантирует права и свободы граждан. В. Правовое государство устанавливает права и свободы граждан.
2. Все граждане должны подчиняться предписаниям правовых норм.	А. Правовые нормы не являются общеобязательными. Б. Правовые нормы близки и понятны народу. В. Государство принуждает граждан к исполнению предписаний правовых норм.
3. Президент управляет государством.	А. Президент осуществляет верховную власть в государстве. Б. Президент защищает государство. В. Президент гарантирует безопасность государства.

4. Государство устанавливает правопорядок.	А. Государство обеспечивает правопорядок. Б. Государство вводит правопорядок. В. Государство поддерживает правопорядок.

Задание 46. Дополните микротекст, используя глаголы: ***управлять*** *(чем?)*, ***обеспечивать*** *(что?)*, ***устанавливать*** *(что?)*, ***подчиняться*** *(чему?)*.

Государство и право находятся в отношениях взаимосвязи и взаимозависимости.

Государство в лице уполномоченных органов … правовые нормы, охраняет их и … их соблюдение. В свою очередь, устройство и жизнь государства … этим нормам. Право связывает государственные органы конституционными и иными нормами, … деятельностью этих органов.

Синонимичные конструкции в научной речи

Характеризуя точку зрения, научную позицию, мнение учёного по какому-либо вопросу, можно использовать следующие синонимичные конструкции:

Цицерон считал, / писал, / полагал, **что** государство – это общий правопорядок.

Цицерон определял / рассматривал государство **как** общий правопорядок.

Задание 47. Выразите смысл предложений синонимичными средствами. (Используйте конструкции, данные выше.)

1. Ленин писал, что «государство – это машина для поддержания господства одного класса над другим.

2. Шершневич считал, что государство – это «союз людей, живущих в известных границах и подчинённых одной власти».

3. Современные правоведы часто определяют государство как политическую организацию общества.

4. Коркунов полагал, что государство – общественный союз свободных людей с принудительно установленным порядком, в котором только госорганы обладают правом принуждения.

Задание 48. Прослушайте микродиалоги преподавателя и студента на семинарском занятии. Реагируйте на последнюю реплику преподавателя. Используйте конструкции таблицы, данной выше.

Диалог 1

Преп.: Помните ли вы, кто из известных правоведов рассматривал государство как систему организации правопорядка?

Студ.: Как систему организации правопорядка государство рассматривал древнеримский философ Цицерон, известный русский правовед Коркунов и другие правоведы.

Преп.: Правильно. Не могли бы вы вспомнить определение Цицерона и Коркунова?

Студ.: …

Диалог 2

Преп.: Скажите, пожалуйста, как определяли государство сторонники марксистско-ленинской идеологии?

Студ.: Сторонники марксистско-ленинской идеологии давали определение государства в узкоклассовом смысле.

Преп.: Что вы имеете в виду? Поясните свою мысль примером.

Студ.: …

Диалог 3

Преп.: Знаете ли вы, какой подход к определению государства принят в современной науке?

Студ.: Я думаю, что сейчас в теоретической литературе наиболее популярен социальный подход к определению государства.

Преп.: И как определяется государство в рамках социального подхода?

Студ.: …

Происхождение государства

Задание 49. а) Прочитайте текст «Разложение первобытно-общинного строя и появление государства».

Выпишите незнакомые слова на поля, определите их значение по словарю.

Разложение первобытно-общинного строя и появление государства

В период неолита (VIII–III век до н. э.) появились каменные орудия труда. Использование древним человеком принципиально новых орудий труда повлекло за собой серьёзные последствия. 10 тысяч лет назад начался переход от присваивающего хозяйства (охота, рыболовство, собирание плодов) к производящему – скотоводству, земледелию. Постепенно произошло разделение труда: скотоводство отделилось от земледелия, земледелие – от ремесла, появилась торговля.

Земледелие и скотоводство давали избыток продуктов, чего не было при присваивающем хозяйстве. На этой основе возник регулярный обмен между племенами и появилась возможность привлечения дополнительной рабочей силы, необходимой для содержания скота и обработки полей. Члены рода стали заставлять работать на себя военнопленных, которых раньше убивали или принимали на равных в род. Производимый ими прибавочный (избыточный) продукт присваивали. Так, в обществе сначала наметилось, а затем (по мере разделения труда) быстро усилилось имущественное расслоение. Появились богатые и бедные. Чтобы получать достаточно избыточного продукта, стал широко использоваться труд сородичей. Таким образом, производящее хозяйство привело к общественному разделению труда и имущественному расслоению населения.

Имущественное расслоение повлекло за собой переход от родовой общины к соседской (крестьянской), превращение общей собственности рода в частную собственность семьи. Заниматься скотоводством и земледелием можно было уже не всем родом, а отдельными семьями, состоящими из двух-трёх поколений. Общественная собственность рода становится частной собственностью отдельных семей. Основной работник (пастух и пахарь) становится собственником основных средств и продуктов производства. В большой семье-общине старшему из мужчин принадлежит господство в доме, вплоть до полной власти над женщинами и детьми. Имущество и власть передаются по мужской линии, от отца – к старшему сыну. Таким образом, прочно закрепляется новая форма собственности, частная собственность патриархальной семьи-общины и неравенство её членов. Появляются и другие признаки разложения первобытно-общинного строя.

Родовая община была основана на личностной кровнородственной связи. Проживать на территории рода могли только его члены. С развитием производящего хозяйства и обмена на территории рода или племени активно действуют купцы, ремесленники, мореплаватели и другие «гости», участвующие в хозяйственном обороте. Многие из них становятся постоянными жителями городов. На одной и той же территории проживают разноплеменные группы населения, отношения между которыми не могли регулироваться обычаями родового строя. Новые отношения требовали и новой территориальной организации, регулирующей права и обязанности всего населения и даже временных «гостей». Подразделение членов общества не по кровнородственному признаку, а по административно-территориальному свидетельствует о разложении первобытнообщинного строя и соответствующей ему родоплеменной организации, которая начинает вытесняться государственной организацией.

Одним из важных факторов, ускоривших переход от родового строя к государству, было возросшее значение войн и военной организации племён. Войны между племенами стали вестись с целью грабежа и сделались средством постоянного обогащения за счёт захвата стад и рабов. В рассматриваемый период активно шёл процесс переселения народов. Племена искали и завоёвывали лучшие территории. Власть военного вождя становится доминирующей, собрание племени превращается в собрание войска. Таким образом, аппарат управления первобытного общества (когда управленческий труд сочетается с производительным трудом) стал постепенно превращаться в государственный аппарат.

Существенное влияние на процесс государствообразования оказала религия, объединив отдельные роды и племена в единые народы.

б) Разделите текст на смысловые части.

в) Дополните пункты назывного плана текста «Разложение первобытно-общинного строя и появление государства».

1. Последствия появления каменных орудий труда:
   а) возникновение производящего …;

б) … труда, то есть:

– отделение … от земледелия;

– отделение земледелия от …;

– появление торговли.

2. Возникновение имущественного … .

3. …

4. Территориальная организация общества.

5. Превращение аппарата управления первобытного общества в … .

6. Влияние религии на … .

г) Используя план текста, ответьте на вопросы.

1. Отражается ли в заголовке тема текста (о чём этот текст)?
2. В какой смысловой части называются причины появления производящего хозяйства?
3. Чему посвящается вторая смысловая часть?
4. Меняется ли предмет описания в третьей смысловой части?
5. В какой части предметом анализа становится территориальная организация общества?
6. Чему посвящена пятая смысловая часть?
7. Является ли шестая смысловая часть текста заключением? Чему она посвящена?

Задание 50. Расположите данные предложения в логической последовательности. Какой пункт плана они помогают раскрыть?

1. Собственником основных средств производства становится основной работник (пахарь, пастух), один из членов семьи-общины.
2. Важным последствием перехода к производящему хозяйству было появление соседской общины.
3. Так общественная собственность рода становится частной собственностью семей.
4. Таким образом, прочно закрепляются частная собственность семьи-общины и неравенство её членов.
5. После смерти главы дома имущество и власть наследуются по мужской линии, от отца – к сыну.
6. В большой семье господство в доме, вплоть до полной власти над членами семьи, принадлежит старшему из мужчин.
7. Заниматься производящим хозяйством (скотоводством и земледелием) можно было уже не всем родом, а отдельными семьями.

Задание 51. а) Познакомьтесь с таблицей.

История развития явлений, отношений и др.

Стадия развития	*Пример*	*Конструкции (языковые структуры)*
1. Возникновение явления	Частная собственность появляется → возникает в период разложения первобытного строя.	Что появляется → возникает *(когда? где?)*
а) Что-либо появляется впервые	Каменные орудия труда появились в период неолита.	
б) Что-либо приходит на смену ранее существовавшему	Частная собственность приходит на смену → общинной собственности. сменяет, вытесняет → общинную собственность. Каменные орудия труда приходят на смену → деревянным орудиям труда. сменяют, вытесняют → деревянные орудия труда. Частная собственность зарождается в недрах первобытного строя.	Что приходит на смену *(чему?)* сменяет, вытесняет *(что?)* Что зарождается внутри *(чего?)*

! **Обратите внимание** на то, что в предложениях с предикатами **возникать, зарождаться** в качестве субъекта **не** используются конкретные существительные.

2. Становление, развитие, изменение явления	Рабовладельческое государство развивается → проходит различные этапы развития. В недрах первобытного строя формируется государственный аппарат. Аппарат управления родовой общины становится основой государственного аппарата в рабовладельческом обществе.	Что → развивается, проходит различные этапы развития, → формируется; → становится, превращается *(во что?)*, → трансформируется *(во что?)*.

	Основной работник становится собственником / превращается в собственника средств производства. Рабовладельческое государство ↓ трансформируется ↓ в феодальное государство.	
Факторы, влияющие на процесс развития явления	Религия ускорила процесс / повлияла на процесс / способствовала процессу государствообразования.	Что → ускоряет *(что?)*, влияет *(на что?)*, способствует *(чему?)*

! **Обратите внимание** на то, что

- в предложениях с предикатом **формироваться** в роли субъекта часто выступают существительные *структура, аппарат (чего?)*, *порядок (чего?)*, *форма (чего?)*, **отношения**;
- в предложениях, где субъект – лицо, в качестве предиката **не** используется глагол **трансформироваться.**

3. Завершение формирования явления	Новая форма собственности сформировалась. закрепилась.	Что → сформировалось? закрепилось?

! **Обратите внимание** на то, что

- в предложениях с предикатом **сформироваться** в роли субъекта выступают существительные: ***структура*** *(чего?),* ***аппарат*** *(чего?),* ***порядок*** *(чего?),* ***форма*** *(чего?);*
- в предложениях с предикатом **закрепиться** в качестве субъекта выступают существительные: ***форма*** *(чего?),* ***структура*** *(чего?)*.

4. Последствия и причины, условия возникновения явления	Появление каменных орудий труда повлекло за собой разделение труда. / привело к разделению труда. / обусловило разделение труда.	Что → повлекло за собой *(что?)* привело *(к чему?)* обусловило *(что?)*

! **Обратите внимание** на то, что в роли субъекта в данных конструкциях выступают отглагольные существительные.

5. Упадок	Рабовладельческое государство приходит в упадок. Первобытно-общинный строй разлагается. Рабовладельческое государство ↙ ↘ сменяется феодальным. / уступает место феодальному. Деревянные орудия уступают место каменным.	Что ↙ ↘ приходит в упадок? / разлагается? Что ↙ ↘ сменяется *(чем?)* / уступает место *(чему?)*

> **!**
> **Обратите внимание,** что
> - в предложениях с предикатом **разлагаться** в качестве субъекта выступает существительное ***строй***;
> - в предложениях с предикатами **приходить в упадок, сменяться** ***не*** используются конкретные существительные.

б) Найдите перечисленные языковые конструкции в тексте, замените их синонимичными, если возможно.

Задание 52. На основе данной ниже информации расскажите о появлении частной собственности. В своём рассказе опишите возникновение, становление, завершение формирования явлений, отношений, процессов, которые к этому привели. Используйте все возможные варианты конструкций.

В период неолита… каменные орудия труда.

Появление каменных орудий труда → переход к производящему хозяйству
Появление каменных орудий труда → разделение труда: (земледелие … от скотоводства и ремёсел) ⟶ появление торговли.

Так присваивающее хозяйство ⟶ производящее хозяйство.
Переход к производящему хозяйству ⟶ появление избытка продуктов.
Появление избытка продуктов ⟶ имущественное расслоение.
Имущественное расслоение ⟶ появление частной собственности.
Теперь основной работник ⟶ собственник средств производства.
Так общая собственность рода ⟶ частная собственность семьи.
Таким образом, … новая форма собственности, частная собственность семьи-общины.

Задание 53. а) Познакомьтесь со структурами, используемыми в научной речи для обозначения перехода от одного явления к другому. В каких конструкциях субъект обозначает предшествующее (старое) явление, а в каких – последующее (новое)?

Выражение перехода от одного явления к другому

1. Присваивающее хозяйство уступает / предшествует производящему.	*Что* уступает / предшествует *чему*?
2. Присваивающее хозяйство сменилось / вытеснилось производящим.	*Что* сменилось / вытеснилось *чем*?
3. Производящее хозяйство сменяет / вытесняет присваивающее.	*Что* сменяет/сменило / вытесняет/вытеснило *что*?
4. Производящее хозяйство пришло на смену присваивающему.	*Что* приходит/пришло на смену *чему*?

!

Обратите внимание, что

- конструкции 1, 2 и 3, 4 являются синонимичными;
- в конструкциях 1, 2 субъект обозначает предшествующее (старое) явление;
- в конструкциях 3, 4 субъект обозначает последующее (новое) явление.

б) Сообщите о переходе от одного исторического периода к другому, используя конструкции из таблицы (***Задание 53. а***).

1. Феодальный тип государства – рабовладельческий тип государства.
2. Соседская община – родовая община.
3. Феодальный способ производства – рабовладельческий способ производства.
4. Рабовладельческий способ производства – буржуазный способ производства.
5. Первобытное общество – рабовладельческое общество.

Задание 54. а) Познакомьтесь со структурами, используемыми в научной речи для выражения влияния одного явления на другое. Обратите внимание на то, что в этих конструкциях используются глаголы и отглагольные существительные со значением *появление, изменение.*

Выражение влияния одного явления на другое

Развитие человеческого общества привело к возникновению государства.	*Что*? приводит/привело к *чему*?
Возникновение общественного неравенства обусловило рост социальных конфликтов.	*Что*? обусловливает/обусловило *что*?
С появлением разделения труда усилилось имущественное расслоение.	С появлением/улучшением/изменением *чего*? усиливается/ появляется/изменяется *что*?
В результате улучшения орудий труда повысилась производительность труда.	В результате улучшения/появления/изменения *чего*? появляется/повышается/усиливается/ изменяется *что*?

б) Прочитайте микротекст, найдите в нём конструкции со значением *влияние одного явления на другое.* Выразите эту мысль по-другому (используйте синонимичные конструкции).

10–15 тысяч лет назад появились каменные орудия труда. В результате появления принципиально новых орудий труда на смену присваивающему хозяйству (собирательству, охоте, рыболовству) пришло производящее хозяйство (земледелие и скотоводство). Постепенно произошло полное разделение труда: скотоводство отделилось от земледелия, земледелие – от ремесла, появилась торговля. С улучшением средств производства и разделением труда повысилась производительность труда. Высокая производительность труда привела к появлению избыточного продукта. Родовая знать (жрецы, вожди) распределяла общественный продукт, присваивая большую часть себе. Присвоение чужого труда родовой знатью обусловило возникновение имущественного расслоения и частной собственности.

в) Скажите, как повлияло одно историческое явление на другое (используйте конструкции из ***Задания 54 а***). При необходимости образуйте отглагольные существительные.

Образец: Происходит разделение труда. Возрастает производительность труда. →

А. Разделение труда ведёт к росту производительности труда.
Б. Разделение труда обусловило рост производительности труда.

В. С разделением труда возрастает производительность труда.

Г. В результате разделения труда возрастает производительность труда.

1. Совершенствуются средства производства. Начинается разделение труда.

2. Происходит расслоение общества. Выделяется родовая знать.

3. Появляется избыточный продукт. Усиливается имущественное расслоение.

4. Появляется частная собственность. Возникает социальное неравенство.

5. Происходят изменения в социальной и экономической сферах. Начинается разложение первобытно-общинного строя.

Задание 55. Сообщите о влиянии одного явления на другое (укажите все возможные варианты, при необходимости используйте отглагольные существительные).

Образец: новые орудия труда → избыточный продукт.

А. Использование новых орудий труда способствует получению избыточного продукта.

Б. Использование новых орудий труда приводит к получению избыточного продукта.

В. С использованием новых орудий труда появляется избыточный продукт.

Г. В результате использования новых орудий труда появляется избыточный продукт.

1. Присваивающее хозяйство → производящее хозяйство

2. Избыток продуктов < регулярный обмен между племенами; дополнительная рабочая сила

3. Производящее хозяйство → общественное разделение труда

4. Частная собственность → общественная собственность

5. Родовая община → крестьянская община

Задание 56. Продолжите ряд прилагательных, которые сочетаются с существительными, приведёнными ниже. При необходимости используйте слова для справок.

родовая
… → община
…

научный
…
…
фактор

научный
…
…
подход

профессиональный
…
…
взгляд

Слова для справок: субъективный, объективный, важный, личностный, соседский, крестьянский, функциональный, системный, основной, патриархальный.

Теории происхождения государства

Задание 57. а) Прочитайте и прослушайте слова и словосочетания, которые помогут вам понять содержание лекции.

Теории происхождения государства, процесс развития человеческого общества, достоверные сведения, научные факты, объективно судить об особенностях государства;

высказывать сотни мнений; делать множество предположений; объективные причины; субъективная причина; субъективный фактор; историческая удалённость во времени; личностные и профессиональные взгляды, различные мироощущения;

господствовала теократическая теория; воля Бога; в ряде исламских государств; носить официальный характер; иметь достоинства и недостатки; усиление духовности; препятствовать любым видам насилия;

патриархальная теория; основатель теории; разрастание семьи; из семей складывается род; продолжение отцовской власти; плюсы и минусы; идеализировать роль правителя;

естественно-правовая теория; договор; заключить общественный договор; учреждение и изобретение людей; прогрессивное значение; теория демократична;

выдвинуть теорию насилия; преувеличить роль экономических факторов;

классовая или экономическая теория; классовая борьба; разделяется на классы; классовые противоречия; примирить объективно;

органическая и психологическая теории; родовая община; собирательство, охота; коллективная собственность; родовой строй; переход от родовой общины к земледелию.

б) Повторите за преподавателем записанные вами слова и словосочетания, следите за произношением и ударением.

Задание 58. а) Прослушайте и запишите предложения-скрепы, которые используются преподавателем при чтении лекции. Эти предложения нацеливают внимание слушателя на тот или иной предмет описания, они помогают следить за развитием мысли лектора.

1. Какие же это теории?
2. Но заметьте, когда речь заходит о причинах …
3. Назовём три главные причины возникновения многочисленных теорий.
4. Остановимся более подробно на объективных причинах.
5. Назовём главные достоинства и недостатки патриархальной теории.
6. В чём же суть экономической теории?
7. Как я уже говорила, …

б) Прослушайте предложения-скрепы и повторите их за преподавателем.

Задание 59. а) Слушайте первый фрагмент лекции, ориентируясь на слова и словосочетания, записанные в вашей тетради. Прослушав, выполните ***Задание б), 1-2.***

Теории происхождения государства

Уважаемые коллеги!

Сегодня мы поговорим о различных теориях происхождения государства. Сегодня наука предлагает нам более или менее достоверные сведения о времени и месте появления первых государств. Первые государства появились от шести до двух тысяч лет назад в южных районах, около больших рек. Так возникли Египет, Китай, Индия. Научные факты позволяют нам достаточно объективно судить об особенностях того или иного государства, о причинах его расцвета, упадка и о причинах его исчезновения.

Но заметьте, когда речь заходит о причинах происхождения государства, начинаются научные споры, дискуссии. Теоретики государства высказывают сотни мнений, делают множество предположений, почему и как появились первые государства. Как я уже сказала, существуют десятки теорий происхождения государства. Почему? В чём причины происхождения государства? Их много. Сегодня я назову только три главные причины возникновения многочисленных теорий. Две из этих причин принято называть объективными причинами, одну – субъективной причиной. Остановимся более подробно на объективных причинах. Начнём с первой объективной причины. Она заключается в том, что процесс появления государства был очень сложным. Поэтому его трудно объяснить с помощью одной теории. Теперь перейдём ко второй объективной причине. Процесс появления и развития государства происходил очень давно, несколько тысячелетий назад. Поэтому его трудно изучать в силу его исторической удалённости. Наконец, нельзя забывать о третьей – субъективной причине, её также называют субъективным фактором. Что же это такое – субъективный фактор? Субъективным фактором учёные называют личностные или профессиональные взгляды, мироощущения авторов различных теорий. Безусловно, различные государствоведы оценивают процесс происхождения государства по-разному, ведь различны их личностные и профессиональные взгляды. Теперь, я думаю, вам понятно, почему существует так много теорий происхождения государства. Однако среди этих многочисленных теорий только несколько принято относить к основным. Какие же это теории?

б) Выберите правильный вариант ответа.

1. Теоретики государства и права спорят о том, …	А. когда появились первые государства. Б. где появились первые государства. В. почему появились первые государства.
2. Суть субъективной причины существования разных теорий происхождения государства состоит в том, что …	А. процесс возникновения государства был очень сложным. Б. у авторов теорий существуют различные профессиональные и личностные взгляды. В. процесс возникновения государства происходил несколько тысячелетий назад.

Задание 60. а) Слушайте второй фрагмент лекции, ориентируясь на опорные слова и словосочетания. Прослушав, выполните ***Задание б).***

Самая древняя теория происхождения государства – **теократическая** теория. Уже название теории помогает понять её суть. В переводе с греческого theos – Бог, а kratos – власть. Действительно, теократическая теория утверждает, что всякая власть даётся Богом. Иными словами, государство возникает по воле Бога, а потому оно зависимо только от Божьей воли – такова суть теократической теории. Иногда её ещё называют религиозной теорией. Эта теория господствовала в Средние века в Европе. Она жива и сейчас. В Европе в настоящее время она распространяется наравне с другими теориями. А на Ближнем Востоке в ряде исламских государств, таких как Иран, Саудовская Аравия, носит официальный характер.

Отметим, что у этой теории есть как достоинства, так и недостатки. Главный недостаток теократической теории в том, что она не научна, то есть основана не на научном знании, а на вере. Но, несомненно, у неё есть и свои достоинства. Важнейшими из них являются следующие: во-первых, религиозная теория способствует усилению духовности в обществе; во-вторых, она препятствует любым видам насилия, войнам, терроризму, революциям.

б) Выберите правильный вариант ответа.

Согласно теократической теории, … .	А. власть отца превращается во власть монарха Б. всякая власть имеет божественное происхождение В. власть принадлежит народу

Задание 61. а) Слушайте третий фрагмент лекции, ориентируясь на опорные слова и словосочетания. Прослушав, выполните ***Задание б)***.

Теперь перейдём к анализу не менее древней теории происхождения государства – **патриархальной** теории. Она появилась в III веке до н. э. Основателем, автором патриархальной теории считается древнегреческий философ Аристотель. С точки зрения Аристотеля, государство возникает в результате появления и разрастания семьи. Как же это происходит? Из нескольких семей складывается род, а из нескольких родов образуется государство. То есть государство – своеобразная «большая семья», состоящая из множества обычных семей. Следовательно, власть правителя (монарха) является продолжением отцовской власти в семье. Таким образом, суть патриархальной теории состоит в том, что государство – это своеобразная «большая семья», в которой правитель (монарх) является отцом народа.

У патриархальной теории есть свои плюсы и минусы, как и у других теорий. Назовём главные достоинства и недостатки. Важное достоинство, несомненный плюс патриархальной теории – это уважение к власти. Очевидным минусом этой теории является то, что роль правителя явно идеализируется.

б) Выберите правильный вариант ответа.

Патриархальная теория утверждает, что государство – это … .	А. живой организм, который развивается по законам природы Б. создание Бога, которое подвластно только ему В. «большая семья», в которой правитель является отцом народа

Задание 62. а) Слушайте четвёртый фрагмент лекции, ориентируясь на опорные слова и словосочетания. Прослушав, выполните ***Задание б.***

Несомненно, наиболее известной и самой распространённой из всех теорий является **естественно-правовая** теория происхождения государства. В научной литературе она часто называется договорной теорией. Договорная теория появилась в Европе в XVII – XVIII веках. Эту теорию в разное время излагали английские, французские, голландские и даже русские правоведы и философы. Самым ярким и талантливым автором теории считается известный французский философ и писатель Жан-Жак Руссо. Он объясняет суть договорной теории в своём известном труде «Об общественном договоре». Итак, в чём же суть договорной, или естественно-правовой, теории возникновения государства? Руссо считал, что переход общества от родового строя к государству осуществляется по договору между людьми, то есть люди сами заключили «общественный договор» и объединились в государство. Другими словами, государство является учреждением и изобретением людей.

Теория общественного договора имела огромное прогрессивное значение. Её главное достоинство в том, что она демократична по сути. Что это значит? Теория утверждает, что народ может влиять на власть, более того, власть должна служить народу, зависеть от него. Главным недостатком теории является её идеалистичность. К сожалению, действительность далека от идеала. Часто государство возникает совсем другими путями – оно появляется как следствие войн и насилия.

б) Выберите правильный вариант ответа.

Согласно естественно-правовой теории, государство – это … .	А. учреждение и изобретение человека Б. результат действия сил природы В. имеет божественное происхождение

Задание 63. а) Слушайте пятый и шестой фрагменты лекции, ориентируясь на опорные слова и словосочетания. Прослушав, выполните ***Задание б).***

Насилие является важным фактором жизни государства. Существует даже теория, согласно которой насилие – это главная причина возникновения государства. Эта теория так и называется – теория **насилия**. Ей более двух тысяч лет. Одним из первых выдвинул данную теорию в III веке до н. э. китайский политик Шан Ян. У этой теории и сейчас есть сторонники.

К счастью, на возникновение государства влияют и другие факторы, такие как экономические, национальные и многие другие. Хотя, нужно сказать, что иногда и их роль бывает преувеличена.

В России долгое время только одна теория рассматривалась как единственно верная. Это была **экономическая,** или **классовая,** теория. Её авторами являются Маркс, Энгельс и Ленин. В чём же суть экономической теории? По мнению авторов, государство появилось в результате возникновения классовой борьбы. Государство, как писал Энгельс, существует не вечно. Оно появляется только в определённый момент экономического развития, когда общество разделяется на классы. То есть появление государства становится необходимо именно по причине разделения общества на классы. Государство появляется тогда, когда классовые противоречия невозможно примирить объективно, то есть в результате возникновения классовой борьбы. Согласно классовой теории, государство является машиной для подавления одного класса другим, машиной для укрепления власти одного класса над другим. Более подробно мы поговорим об этой теории на семинаре.

б) Выберите правильный вариант ответа.

1. Суть теории насилия состоит в том, что государство появилось в результате … .	А. стремления человека к власти Б. общего решения людей В. классовой борьбы
2. Согласно классовой теории, государство является … .	А. машиной для подавления одного класса другим Б. системой организации правопорядка В. политической организацией общества

Задание 64. а) Прослушайте последний фрагмент лекции, ориентируясь на опорные слова и словосочетания. Прослушав, выполните ***Задание б)***.

Коллеги, нельзя не заметить, что естественные науки (биология, химия) многое дали наукам общественным (юриспруденции, социологии, истории). Так, например, бурное развитие биологии и медицины в XIX – начале XX века привело к появлению **органической** и **психологической** теорий возникновения государства. И то, что эти теории разрабатывались такими выдающимися учёными, как Г. Спенсер и З. Фрейд, делают их интересными. Но этот материал я оставляю вам. А мы с вами перейдём к более актуальному вопросу, к современным научным представлениям о происхождении государства.

Что говорит современная наука о происхождении государства? По мнению современных теоретиков государства, первая форма организации общества – родовая община. В родовой общине люди вели общее хозяйство. Они вместе занимались собирательством, охотой. Члены рода всегда работали вместе и все продукты труда делили между собой. Таким образом, коллективная собственность на орудия труда и продукты была основой родовой общины. При родовом строе не было государства. С точки зрения современной науки государство возникло при переходе от родовой общины к земледелию, производящему хозяйству. О том, как происходил этот процесс, мы говорили на прошлом занятии.

Таким образом, возникновение государства – это закономерный исторический процесс, часть ещё более сложного исторического процесса – эволюции человеческого общества.

б) Выберите правильный вариант ответа.

1. На появление органической и психологической теорий повлияли … .	А. точные науки (математика, информатика) Б. естественные науки (биология, медицина) В. общественные науки (история, социология)
2. Современные учёные считают, что государство возникло … .	А. в целях коллективного ведения земледелия в долинах рек Б. при переходе от родовой общины к земледельческому хозяйству В. при родовом строе

Задание 65. Прослушайте утверждения. Определите их как правильные или неправильные, используя высказывания: *Да, это верно* или *Нет, это неверно* (Да/Нет).

1. Самой прогрессивной теорией считается теория насилия.
2. Классовая теория утверждает, что государство возникло в результате классовой борьбы.
3. Теократическая теория выражает идею зависимости государства от воли Бога.
4. Патриархальная теория представляет собой теорию возникновения государства из семьи.
5. Современная наука утверждает, что при родовом строе не было государства.

Задание 66. а) Познакомьтесь с информацией.

> ***Пояснительная информация*** – повторение уже выраженного содержания другими словами. Она может помочь вам точнее понять уже известное содержание. Для подготовленного слушателя пояснительная информация может оказаться избыточной. Пояснительная (избыточная) информация может вводиться словами: *иначе говоря, другими словами, то есть, или.*

б) Прочитайте текст прослушанной лекции «Теории происхождения государства» и найдите в тексте лекции предложения, содержащие пояснительную избыточную информацию.

Теории происхождения государства

Уважаемые коллеги!

Сегодня мы поговорим о различных теориях происхождения государства. Сегодня наука предлагает нам более или менее достоверные сведения о времени и месте появления первых государств. Первые государства появились от шести до двух тысяч лет назад в южных районах, около больших рек. Так возникли Египет, Китай, Индия. Научные факты позволяют нам достаточно объективно судить об особенностях того или иного государства, о причинах его расцвета, упадка и о причинах его исчезновения.

Но заметьте, когда речь заходит о причинах происхождения государства, начинаются научные споры, дискуссии. Теоретики государства высказывают сотни мнений, делают множество предположений, почему и как появились первые государства. Как я уже сказала, существуют десятки теорий происхождения государства. Почему? В чём причины происхождения государства? Их много. Сегодня я назову только три главные причины возникновения многочисленных теорий. Две из этих причин принято называть объективными причинами, одну – субъективной причиной. Остановимся более подробно на объективных причинах. Начнём с первой объективной причины. Она заключается в том, что процесс появления государства был очень сложным. Поэтому его трудно объяснить с помощью одной теории. Теперь перейдём ко второй объективной причине. Процесс появления и развития государства происходил очень давно, несколько тысячелетий назад. Поэтому его трудно изучать в силу его исторической удалённости. Наконец, нельзя забывать о третьей – субъективной причине, её также называют субъективным фактором. Что же это такое – субъективный фактор? Субъективным фактором учёные называют личностные или профессиональные взгляды, мироощущения авторов различных теорий. Безусловно, различные государствоведы оценивают процесс происхождения государства по-разному, ведь различны их личностные и профессиональные взгляды. Теперь, я думаю, вам понятно, почему существует так много теорий происхождения государства. Однако среди этих многочисленных теорий только несколько принято относить к основным. Какие же это теории?

Самая древняя теория происхождения государства – **теократическая** теория. Уже название теории помогает понять её суть. В переводе с греческого theos – Бог, а kratos – власть. Действительно, теократическая теория утверждает, что всякая власть даётся Богом. Иными словами, государство возникает по воле Бога, а потому оно зависимо только от Божьей воли – такова суть теократической теории. Иногда её ещё называют религиозной теорией. Эта теория господствовала в Средние века в Европе. Она жива и сейчас. В Европе в настоящее время она распространяется наравне с другими теориями. А на Ближнем Востоке в ряде исламских государств, таких как Иран, Саудовская Аравия, носит официальный характер.

Отметим, что у этой теории есть как достоинства, так и недостатки. Главный недостаток теократической теории в том, что она не научна, то есть основана не на научном знании, а на вере. Но, несомненно, у неё есть и свои достоинства. Важнейшими из них являются следующие: во-первых, религиозная теория способствует усилению духовности в обществе; во-вторых, она препятствует любым видам насилия, войнам, терроризму, революциям.

Теперь перейдём к анализу не менее древней теории происхождения государства – **патриархальной** теории. Она появилась в III веке до н.э. Основателем, автором патриархальной теории считается древнегреческий философ Аристотель. С точки зрения Аристотеля, государство возникает в результате появлсния и разрастания семьи. Как же это происходит? Из нескольких семей складывается род, а из нескольких родов образуется государство. То есть государство – своеобразная «большая семья», состоящая из множества обычных семей. Следовательно, власть правителя (монарха) является продолжением отцовской власти в семье. Таким образом, суть патриархальной теории состоит в том, что государство – это своеобразная «большая семья», в которой правитель (монарх) является отцом народа.

У патриархальной теории есть свои плюсы и минусы, как и у других теорий. Назовём главные достоинства и недостатки. Уважение к власти – это важное достоинство, несомненный плюс патриархальной теории. Очевидным минусом этой теории является то, что роль правителя явно идеализируется.

Несомненно, наиболее известной и самой распространённой из всех теорий является **естественно-правовая** теория происхождения государства. В научной литературе она часто называется договорной теорией. Договорная теория появилась в Европе в XVII – XVIII веках. Эту теорию в разное время излагали английские, французские, голландские и даже русские правоведы и философы. Самым ярким и талантливым автором теории считается известный французский философ и писатель Жан-Жак Руссо. Он объясняет суть договорной теории в своём известном труде «Об общественном договоре». Итак, в чём же суть договорной или естественно-правовой теории возникновения государства? Руссо считал, что переход общества от родового строя к государству осуществляется по договору между людьми, то есть люди сами заключили «общественный договор» и объединились в государство. Другими словами, государство является учреждением и изобретением людей.

Теория общественного договора имела огромное прогрессивное значение. Её главное достоинство в том, что она демократична по сути. Что это значит? Теория утверждает, что народ может влиять на власть, более того, власть должна служить народу, зависеть от него. Главным недостатком теории является её идеалистичность. К сожалению, действительность далека от идеала. Часто государство возникает совсем другими путями – оно появляется как следствие войн и насилия.

Насилие является важным фактором жизни государства. Существует даже теория, согласно которой насилие – это главная причина возникновения государства. Эта теория так и называется – теория **насилия**. Ей более двух тысяч лет. Одним из первых выдвинул данную теорию в III веке до н. э. китайский политик Шан Ян. У этой теории и сейчас есть сторонники. К счастью, на возникновение государства влияют и другие факторы, такие как экономические, национальные и многие другие. Хотя, нужно сказать, что иногда и их роль бывает преувеличена.

В России долгое время только одна теория рассматривалась как единственно верная. Это была **экономическая,** или **классовая,** теория. Её авторами являются Маркс, Энгельс и Ленин. В чём же суть экономической теории? По мнению авторов, государство появилось в результате возникновения классовой борьбы. Государство, как писал Энгельс, существует не вечно. Оно появляется только в определённый момент экономического развития, когда общество разделяется на классы. То есть появление государства становится необходимо именно по причине разделения общества на классы. Государство появляется тогда, когда классовые противоречия невозможно примирить объективно, то есть в результате возникновения классовой борьбы. Согласно классовой теории, государство является машиной для подавления одного класса другим, машиной для укрепления власти одного класса над другим. Более подробно мы поговорим об этой теории на семинаре.

Коллеги, нельзя не заметить, что естественные науки (биология, химия) многое дали наукам общественным (юриспруденции, социологии, истории). Так, например, бурное развитие биологии и медицины в XIX – начале XX века привело к появлению **органической** и **психологической** теорий возникновения государства. И то, что эти теории разрабатывались такими выдающимися учёными, как Г. Спенсер и З. Фрейд, делают их интересными.

Но этот материал я оставляю вам. А мы с вами перейдём к более актуальному вопросу, к современным научным представлениям о происхождении государства.

Что говорит современная наука о происхождении государства? По мнению современных теоретиков государства, первая форма организации общества – родовая община. В родовой общине люди вели общее хозяйство. Они вместе занимались собирательством, охотой. Члены рода всегда работали вместе и все продукты труда делили между собой. Таким образом, коллективная собственность на орудия труда и продукты была основой родовой общины. При родовом строе не было государства. С точки зрения современной науки государство возникло при переходе от родовой общины к земледелию, производящему хозяйству. О том, как происходил этот процесс, мы говорили на прошлом занятии.

Таким образом, возникновение государства – это закономерный исторический процесс, часть ещё более сложного исторического процесса – эволюции человеческого общества.

Задание 67. Прослушайте предложения, содержащие главную и пояснительную информацию, и вопросы к ним. Ответьте на вопросы, используя пояснительную информацию.

Пример:

– Главный недостаток теократической теории состоит в том, что она не научна, то есть основана не на научном знании, а на вере.

– В чём состоит главный недостаток теократической теории?

– Главный недостаток теократической теории состоит в том, что она основана не на научном знании, а на вере.

1. Авторы теократической теории утверждают, что всякая власть от Бога. Иными словами, государство возникает по воле Бога.

– Что утверждают авторы теократической теории?

– …

2. Суть договорной теории состоит в том, что государство создаётся по договору между людьми, то есть люди сами заключили «общественный договор» и объединились в государство.

– В чём состоит суть договорной теории происхождения государства?

– …

3. Согласно классовой теории, государство появляется тогда, когда классовые противоречия не могут быть примирены объективно, то есть в результате классовой борьбы.

– Как появляется государство, согласно классовой теории?

– …

Задание 68. а) Познакомьтесь с конструкциями, которые вы можете использовать при характеристике сути теории.

Характеристика теории, идеи

Суть теории насилия состоит/заключается в том, что государство появилось в результате насилия.	**Суть теории состоит/заключается в том, что …**
По мнению/с точки зрения авторов теории насилия, государство появляется в результате насилия.	**По мнению/с точки зрения авторов теории насилия, …**
Согласно теории насилия, государство появляется в результате насилия.	**Согласно (чего?) теории насилия, …**

б) Кратко изложите содержание лекции в виде схемы. Используя конструкции, данные выше, скажите, в чём суть таких теорий как: теократическая теория, патриархальная теория, договорная теория.

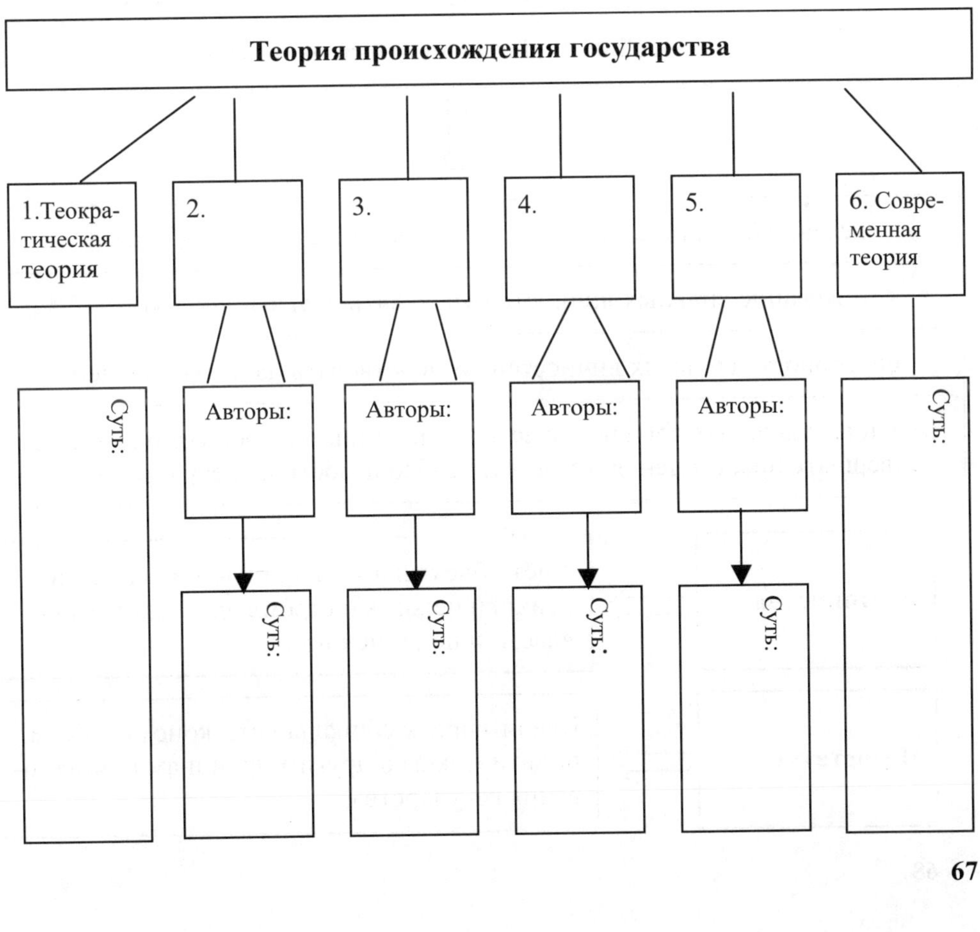

Задание 69. Расскажите о психологической теории возникновения государства, опираясь на схему, данную ниже.

Психологическая теория возникновения государства

Авторы:

- Юрист и социолог Л. И. Петражицкий (1867–1931)
- Психологи: З. Фрейд (1856–1939) и Г. Тард (1843–1904)

↓

Психологическая теория возникновения государства

↓

Суть теории: государство возникло благодаря особым свойствам психики

↓

Особые свойства психики человека:

↓

желапие большинства населения подчиняться более сильным
желание сильных личностей управлять другими людьми
способность сильных личностей воздействовать на других людей
желание отдельных членов общества не подчиняться обществу, власти, совершать преступления и т. д. – и необходимость их регулирования

Достоинства ⇒ Учёт объективно существующих свойств психики человека: стремление человека к власти и подчинению.

Недостатки ⇒ Невнимание к социальным, экономическим, политическим и другим причинам возникновения государства.

Задание 70. Расскажите об органической теории государства, опираясь на данную ниже схему.

Органическая теория происхождения государства

Авторы:

Английский философ и социолог Герберт Спенсер (1820–1903)

Английские учёные: Вормс (1869–1926) и Прейс (1862–1926)

Органическая теория возникновения государства

<u>Суть теории</u>: государство возникает и развивается подобно биологическому организму,

<u>то есть</u>

люди образуют государство, как клетки – живой организм

<u>иными словами,</u>

государственные институты подобны частям организма: правители – головному мозгу, коммуникации (транспорт, телефон, телеграф) и финансы – кровеносной системе, рабочие и крестьяне (производители) – рукам и т. д.

Достоинства ⇒ Восприятие государства как целостной системы. Оригинальность теории.

Недостатки ⇒ Прямое отождествление государства с биологическим организмом (в то время как оно является социальным организмом).

Задание 71. Расскажите об экономической (классовой) теории возникновения государства, опираясь на схему, данную ниже.

Экономическая (классовая) теория возникновения государства

Авторы: К. Маркс (1818–1883), Ф. Энгельс (1820–1895) | В. Ленин (1870–1924)

↓

Экономическая (классовая) теория возникновения государства

↓

<u>Суть теории</u>: государство возникает на классово-экономической основе

Факторы, обусловившие возникновение государства:

⇓

разделение труда (земледелие, скотоводство, ремесло и торговля)

⇓

возникновение прибавочного продукта

⇓

присвоение чужого труда в виде прибавочного продукта

⇓

разделение общества на классы эксплуатируемых и эксплуататоров

⇓

необходимость поддержания господства одного класса над другим

⇓

возникновение государства

Достоинства	⇒	Экономический анализ. Признание существования в обществе групп с различными интересами.
Недостатки	⇒	Невнимание к другим факторам возникновения государства (национальным, психологическим, военным и др.).

Задание 72. Обобщив материал лекции «Теории происхождения государства» и схем (***Задания 66–71***), подготовьтесь выступить на практическом занятии с сообщением на тему «Теории происхождения государства». Составьте план своего выступления.

Готовимся к зачёту!

Задание 73. а) Укажите лишнее слово или словосочетание, объясните ваш выбор.

теория государства и права римское право трудовое право правопорядок

правовые нормы нормы поведения нормы морали языковые нормы социальные нормы

право на жизнь личные права человека культурные права уголовное право право участвовать в выборах

функциональный метод конкретно-социологический метод кибернетический метод психологический метод математический метод

система организации правопорядка совокупность способов, с помощью которых изучается предмет науки политическая организация общества машина для подавления одного класса другим

теория насилия теория государства и права теория договорного происхождения государства патриархальная теория теократическая теория

феодальное государство родовая община буржуазное государство рабовладельческое государство

б) Выберите правильный вариант.

1. История государства и права России является … . 2. Теория государства и права представляет собой … .	А. юридическая дисциплина Б. юридической дисциплиной В. юридическую дисциплину
3. Теория, согласно которой государство возникло по воле Бога, называется … .	А. теократическая теория Б. теократической теории В. теократической теорией
4. Контракт состоит … . 5. В закон входят … .	А. три раздела Б. из трёх разделов В. в три раздела
6. Рабовладельческий строй предшествовал … . 7. Рабство уступило место … .	А. феодализм Б. феодализму В. феодализма Г. феодализме
8. Каждый гражданин обладает … . 9. Конституция обеспечивает … .	А. с правом частной собственности Б. право частной собственности В. правом частной собственности
10. Граждане обязаны подчиняться … . 11. Государство устанавливает … .	А. правовых норм Б. правовым нормам В. правовыми нормами Г. правовые нормы
12. Каждому типу государства соответствуют … .	А. различным формам правления Б. различными формами правления В. различные формы правления

13. Конституция гарантирует право … .	А. труда Б. к труду В. на труд
14. С целью грабежа и расширения территории велись войны … . 15. При производящем хозяйстве становится возможен обмен … .	А. через племя Б. к племенам В. между племенами Г. за племена

в) Выберите предложения, соответствующие по смыслу данным.

1. При производящем хозяйстве появилась частная собственность на средства производства.	А. При производящем хозяйстве появилась частная собственность на рабочую силу. Б. При производящем хозяйстве появилась частная собственность на орудия труда. В. При производящем хозяйстве появилась частная собственность на землю.
2. Первое государство появилось три-четыре тысячи лет назад.	А. Первое государство развивалось три-четыре тысячи лет назад. Б. Первое государство возникло три-четыре тысячи лет назад. В. Первое государство укрепилось три-четыре тысячи лет назад.
3. К. Маркс считал, что государство возникло в результате классовой борьбы.	А. К. Маркс объяснял, что государство появилось в результате классовой борьбы. Б. К. Маркс доказывал, что государство пришло в упадок в результате классовой борьбы. В. К. Маркс полагал, что государство появилось в результате классовой борьбы.
4. Разделение труда привело к повышению производительности труда.	А. Разделение труда ускорило рост производительности труда. Б. Разделение труда предшествовало росту производительности труда. В. Разделение труда обусловило рост производительности труда.

5. На смену родовой общине пришла община соседская.	А. Соседская община появилась после родовой общины. Б. Соседская община вытеснила родовую общину. В. Появление соседской общины явилось последствием перехода к производящему хозяйству.
6. С развитием производящего хозяйства прочно закрепляются частная собственность семьи-общины и неравенство её членов.	А. При производящем хозяйстве сохраняется частная собственность семьи и неравенство её членов. Б. Производящее хозяйство приводит к переходу от общественной собственности рода к частной собственности семьи и неравенству её членов. В. При производящем хозяйстве окончательно устанавливается частная собственность семьи-общины и неравенство её членов.
7. Деятельность Федерального собрания состоит в принятии законов и формировании государственных органов.	А. Деятельность Федерального собрания влияет на принятие законов и формирование государственных органов. Б. Деятельность Федерального собрания заключается в принятии законов и формировании государственных органов. В. Деятельность Федерального собрания способствует скорейшему принятию законов и формированию государственных органов.
8. Правовое государство обеспечивает права и свободы человека.	А. Правовое государство защищает права и свободы человека. Б. Правовое государство регулирует права и свободы человека. В. Правовое государство гарантирует права и свободы человека.

Урок второй

Часть 1. **Теория государства и права**

- Государство и его основные признаки.
- Форма государства: форма правления, форма государственного устройства, политический режим.
- Государственный аппарат.

Часть 2. **История отечественного государства и права**

- Русская Правда как правовой кодекс Древнерусского государства в XI–XII веках.

Часть 3. **История зарубежного государства и права**

- Салическая Правда.

Часть 1. Теория государства и права

Государство и его основные признаки

Описание состава

Задание 1. а) Познакомьтесь с моделями, которые используются для описания состава в научной речи.

Вся территория государства	делится подразделяется разбивается	на административно-территориальные единицы.

б) Используя модели, данные выше, скажите об административно-территориальном делении следующих стран.

Китай	33 провинции
Франция	96 департаментов
Австрия	8 земель
Великобритания	графства
США	штаты

в) Расскажите об административно-территориальном делении вашей страны.

г) Что вы знаете об административно-правовом делении России?

Задание 2. Выразите данную мысль по-другому, используя вместо выделенных слов синонимические средства (обращайте внимание на возможные изменения предложно-падежной формы).

1. Определение понятия «государство» является одним из *основных* вопросов теории государства и права (*главный*). 2. В юридической науке сущность и признаки государства *неоднократно* были предметом научных исследований (*много раз*). 3. *На разных этапах* его развития государство определялось по-разному (*разные периоды*). 4. В первобытном обществе власть *имела* общественный характер (*носить*). 5. *При первобытном строе* общественная власть распространялась на людей по кровнородственному признаку (*первобытное общество*). 6. В *догосударственном* обществе власть имела общественный характер (*первобытный*).

Задание 3. а) Познакомьтесь с моделями, часто используемыми в языке юриспруденции.

Пример	***Модель***
Публичная власть опирается на аппарат насилия и принуждения. Старейшина мог опираться лишь на свой авторитет.	*Что* (*кто*) опирается *на что?*
Государство рассматривается как организация политической власти в обществе.	*Что* рассматривается / понимается как *что*?
При первобытном строе общественная власть распространялась на людей по кровнородственному признаку. При государственном строе власть распространяется на людей в зависимости от территории их проживания.	*Что* распространяется *на что / на кого*?

б) Прослушайте вопросы и ответьте на них, используя модели, данные выше.

1. На что опирается публичная власть в государстве и на что опирались вожди племени?

2. По какому признаку распространяется власть на людей в государстве и как она распространялась в догосударственный период?

Задание 4. а) Запишите словосочетания, которые часто используются в научной речи.

Быть (являться) предметом (*чего?*)	анализа рассмотрения внимания изучения дискуссии споров

б) Прослушайте вопросы и ответьте на них, используя модели, данные выше.

1. Что было предметом рассмотрения на прошлой лекции?
2. Что является предметом изучения в курсе «Теория государства и права»?
3. Что было предметом дискуссии на семинаре?

в) Закончите предложения.

1. Предметом изучения «Истории зарубежного государства и права» … .
2. На юридическом факультете предметом моего изучения … .

Задание 5. Укажите в каждой группе слова, имеющие одинаковый корень с выделенным словом. Значение незнакомых слов определите по словарю.

Организация – организовать, орган, органичный.
Публичный – опубликовать, публика, публицистика.
Период – периодический, первый, первичный.
Производительный – производство, произвол, производитель.
Управлять – правитель, управленческий, правительство, править.
Составляющий – состав, становиться, составитель.
Законодательный – закон, законность, закончить, противозаконный.
Исполнительный – исполнять, использовать, исполнитель, полный.
Опираться – опора, операция, опорный.
Принуждать – принуждение, принудительный, принадлежать, вынужденный.
Независимость – зависеть, независимый, завидовать, висеть.

Работаем над терминами!

Задание 6. а) Познакомьтесь с содержанием терминов «государство» и «государственность». Запишите сокращённо определения данных научных понятий в свою тетрадь.

Государство – суверенная универсальная организация политической власти, призванная обеспечить нормальную жизнедеятельность людей, имеющая свою территорию, аппарат принуждения и взимающая налоги, необходимые для осуществления внутренних и внешних функций. Сущность государства – организация политической власти в обществе.

Государственность – сложнейший комплекс элементов, структур, институтов публичной власти, а также компонентов неполитического характера, обусловленных спецификой (самобытностью) экономических, политических, духовно-нравственных условий жизнедеятельности народа (или объединения народов) на определённом этапе развития общества.

*Таким образом, категория **государственность** шире и глубже категории **государство**, она включает в себя государство, связана с государственной властью, но не сводится исключительно к государственным структурам.*

б) Пользуясь своими записями, дайте определения терминов *государство* и *государственность*. Объясните их различия.

Задание 7. а) Прочитайте текст «Государство и его основные признаки», выделите незнакомые слова, запишите их на полях, определив значение этих слов по словарю.

Обратите внимание на выделенные в тексте слова и словосочетания. Они необходимы для понимания и передачи главной информации текста. В дальнейшем будем называть их опорными словами.

Государство и его основные признаки

Определение понятия «государство» является одним из основных и весьма сложных вопросов теории государства и права. В юридической науке сущность и признаки государства неоднократно были предметом научных исследований. При этом на разных этапах его развития государство определялось по-разному. В настоящее время государство всё чаще рассматривается как **организация политической власти в обществе**.

Каковы же **признаки государства**? Одним из основных признаков государства является **публичная власть**. В догосударственный период, то есть в условиях первобытного строя, власть имела общественный характер. Иными словами, в обществе не было людей, которые бы не занимались производительным трудом, а только властвовали и управляли. Производительный труд органически сочетался и совмещался с управленческим трудом. Государство же всегда имеет **аппарат власти и управления**. Он состоит из **особого слоя людей**, которые не производят непосредственно ни материальных, ни духовных благ, а лишь управляют. Основными составляющими частями аппарата власти и управления, то есть аппарата государственной власти, являются органы законодательной и исполнительной власти, суда, прокуратуры и др. Публичная власть опирается на **аппарат насилия и принуждения**, в то время как в первобытном обществе вождь, жрец или старейшина мог опираться лишь на свой моральный авторитет, уважение и поддержку других членов общества.

Важнейшим признаком государства является **территориальный признак**. При первобытном строе общественная власть распространялась на людей по кровнородственному признаку, то есть в зависимости от их принадлежности к тому или иному роду, племени, которые могли перемещаться в поисках пищи с одной территории на другую. При государственном же строе власть распространяется на людей в зависимости от территории их проживания. **Территория государства** – это материальная база, без которой оно не может существовать. Под территорией государства обычно понимается пространство, в пределах которого осуществляется государственная власть. Вся территория государства разбивается на ряд административно-территориальных единиц, которые в разных странах называются поразному. **Административно-территориальное деление** может включать округа, провинции, области, края, графства, районы и т. д. Но их назначение и функции едины – организация государственной власти и управления на занимаемой ими территории.

Третьим общеизвестным признаком государства является **суверенитет**. Он означает, во-первых, **верховенство государственной власти** по отношению ко всем иным организациям и лицам внутри страны, а во-вторых, **независимость** её на международной арене, другими словами, в сфере взаимоотношений данного государства с другими государствами.

б) Разделите текст на смысловые части, составьте и запишите назывной план текста.

Задание 8. Используя план текста, ответьте на вопросы.

1. Как отражается в заголовке основная тема текста (о чём этот текст)?
2. В какой смысловой части предметом рассмотрения является определение понятия «государство»?
3. Чему посвящена вторая смысловая часть?
4. Как меняется предмет описания в третьей смысловой части?
5. В какой смысловой части предметом анализа является такой признак государства, как суверенитет?
6. Есть ли в тексте заключение?

Задание 9. Найдите в каждой смысловой части текста главную и дополнительную информацию.

Дополнительная (поясняющая) информация

Задание 10. а) Познакомьтесь с различными способами введения поясняющей информации (для компетентного читателя/слушателя она может оказаться лишней, избыточной).

	А. то есть в сфере взаимоотношений данного государства с другими государствами.
Государственный суверенитет предполагает независимость государственной власти на международной арене, … .	Б. другими (иными) словами, в сфере взаимоотношений данного государства с другими государствами.
	В. иначе говоря, в сфере взаимоотношений данного государства с другими государствами.

б) Найдите в тексте (***Задание 7. а***) предложения, содержащие пояснительную информацию; введите её известными вам синонимичными средствами.

Готовимся к участию в семинарском занятии!

в) Прослушайте микродиалоги преподавателя и студента на семинарском занятии. Повторите последнее высказывание студента, дополнив его пояснительной информацией (в случае необходимости используйте материал текста ***из Задания 7. а***).

Диалог 1

– Кто мог бы охарактеризовать власть в первобытном обществе?

– В первобытном обществе, то есть в догосударственный период, власть носила общественный характер.

– А как вы это понимаете?

– …

Диалог 2

– Помните ли вы, по какому признаку власть распространялась на людей при первобытном строе?

– При первобытном строе общественная власть распространялась на людей по кровнородственному признаку.

– А что это значит – «по кровнородственному признаку»?

– …

Диалог 3

– Скажите, пожалуйста, какой смысл вкладывается в понятие «государственный суверенитет»?

– Государственный суверенитет предполагает независимость государственной власти на международной арене.

– Поясните, пожалуйста, свою мысль. Что значит «на международной арене»?

– …

Учимся сокращать слова!

Задание 11. а) Познакомьтесь с правилами сокращения слов.

1. Слова, которые часто повторяются в тексте, в лекции, а также общеупотребительные термины можно записывать заглавными начальными буквами. Например, *государство – Г, признак государства – ПГ.*
2. Сокращайте только длинные слова, заканчивая сокращённое слово точкой. Например: *территориальный признак – террит. признак.*
3. Сокращайте слово только на согласную букву. Например: *материальная база – матер. база.*
4. Если в слове несколько согласных рядом, сокращайте его на последнюю согласную. Например: *государственный строй – государств. строй.*
5. Сокращая слово, можно писать его начало и конец. Между частями слова ставьте дефис. Например: *государство – гос-во, общество – общ-во.*
6. В сочетании существительного с прилагательным обычно сокращают прилагательное, оставляя в существительном окончание, чтобы можно было восстановить падеж. Например: *при государственном строе – при государств. строе.*

Запомните общепринятые сокращения: *и т. д. (и так далее), и т. п. (и тому подобное), и др. (и другое / и другие), напр. (например), в. (век), г. (год), с., стр. (страница), см. (смотри), ср. (сравни).*

б) Восстановите следующие сокращённые слова и словосочетания.

Опред-е понятия гос-ва, предмет научн. исслед-й, организация полит. власти в общ-ве, публичн. власть, обществ. характер, произв. труд, аппарат власти и управл-я, мат. и духовн. блага, аппарат гос. власти, органы законод. и исполн. власти, аппарат насилия и принужд-я, террит. признак, кровнородств. признак, террит-я прожив-я, террит-я гос-ва, администр.-территор. единица, администр.-территор. деление, организ-я гос. власти и управл-я на занимаем. террит-ии, суверен-т, верховенство гос. власти, незав-сть гос. власти на межд. арене.

Задание 12. а) Запишите главную информацию текста, сокращая слова.

б) Прочитайте свои записи вслух, произнося сокращённые слова полностью.

Готовимся к участию в семинарском занятии!

в) Используя свои записи и план текста (***Задание 7. б***), подготовьте краткий ответ на тему «Три основных признака государства».

Сравнительная характеристика объектов

Задание 13. а) Познакомьтесь с конструкциями, которые используются для сравнительной характеристики объектов.

1. В догосударственный период власть имела общественный характер, государство же всегда имеет аппарат власти и принуждения. 2. В догосударственный период власть имела общественный характер, в то время как государство всегда имеет аппарат власти и принуждения. 3. Если в догосударственный период власть имела общественный характер, то государство всегда имеет аппарат власти и принуждения.

б) Найдите в тексте (***Задание 7. а***) фрагменты, где сравниваются государство и догосударственное (первобытное) общество. Что является объектом сравнения?

Выделите языковые средства, с помощью которых сравниваются объекты. Выпишите эти конструкции.

Готовимся к участию в семинарском занятии!

в) Используя данные конструкции, расскажите,

- чем отличается публичная власть в государстве от власти в условиях первобытного общества;
- на что опирается публичная власть в государстве и на что опирались вожди и старейшины в первобытном обществе;
- по какому признаку распространялась общественная власть на людей при первобытном строе, и по какому признаку она распространяется в государстве.

Задание 14. а) Подготовьте и запишите план своего ответа на семинарском занятии на тему «Публичная власть как один из основных признаков государства».

б) Используя план, напишите текст своего ответа, сокращая некоторые слова.

в) Используя свой конспект, выступите на семинарском занятии на тему «Публичная власть как один из основных признаков государства».

Задание 15. а) Прочитайте микротекст. Информацию какой смысловой части текста (***Задание 7. а***) он расширяет?

Наличие территории – это обязательное условие существования и функционирования любого государства. В узком смысле под территорией понимается определённая часть земной поверхности, которая находится под суверенитетом данного государства и отделяется от территорий других государств государственной границей. В более широком смысле составными частями территории государства являются следующие пространства и приравненные к ним объекты:

- земля и её недра, то есть сухопутная территория государства;
- реки, озёра, моря, а также территориальные воды, омывающие территорию данного государства, другими словами – водная территория государства;
- воздушное пространство над сухопутной и водной территорией, иначе говоря – воздушная территория государства;
- объекты, приравненные к территории государства (морские и воздушные суда, космические корабли и станции и др.).

б) Найдите в тексте (***Задание 15. а***) фрагменты, содержащие дополнительную (поясняющую) информацию. Какими средствами межфразовой связи она вводится?

в) Прослушайте и повторите начало фразы; закончите высказывание, дополнив его поясняющей информацией.

1. К территории государства относятся земля и её недра …
2. Территория государства включает реки, озёра, моря …
3. Частью территории государства является и воздушное пространство над сухопутной и водной территорией …

Готовимся к участию в семинарском занятии!

Задание 16. а) Используя информацию данного текста и текста «Государство и его основные признаки» (***Задание 7. а***), подготовьте и запишите план ответа на семинарском занятии на тему «Территориальные признаки государства».

б) Используя план, напишите текст своего ответа, сокращая некоторые слова.

в) Используя свой конспект, выступите на семинарском занятии на тему «Территориальные признаки государства».

Задание 17. а) Подготовьтесь к слушанию лекции. Запишите тему и план лекции.

Основные признаки государства

План

1. Определение понятия «государство».
2. Публичная власть, территория, суверенитет.
3. Правовая система.
4. Система налогов и сборов.
5. Гражданство.
6. Символы государства.

! **Обратите внимание,** что назывной план часто предлагают на лекциях, им удобно пользоваться при подготовке к ответу на семинаре.

б) Прослушайте и запишите слова и словосочетания, которые помогут вам понять содержание лекции.

Государство и его основные признаки; наличие публичной власти; опираться на аппарат насилия и принуждения; территориальные признаки государства; суверенитет;

правовая система государства; юридическая основа государства; опираться на право и правовые средства; осуществлять правотворчество; издавать законы, обязательные для всего населения;

система налогов и сборов; материальная основа государства и его органов; денежные средства, собираемые с физических и юридических лиц; обеспечение деятельности публичной власти; расходовать на социальную поддержку малоимущей части населения;

гражданство; устойчивая правовая связь людей и государства; взаимные права, обязанности и ответственность друг перед другом.

герб, гимн, флаг, правила официального поведения, традиции; грань между государственной организацией общества и догосударственными общностями людей.

в) Повторите вслед за преподавателем записанные вами слова и словосочетания, следите за правильным произношение и ударением.

Задание 18. Прослушайте и запишите предложения-скрепы, которые часто используются преподавателем при чтении лекции. Эти предложения нацеливают внимание слушающего на тот или другой предмет описания, они помогают слушающему следить за развитием мысли лектора.

1. Что же это за признаки? 2. Но я должен сказать, что кроме этих трёх основных признаков государства есть и другие, не менее важные. 3. Рассмотрим этот признак подробнее. 4. Что это значит? Это значит, что… . 5. Перейдём к следующему признаку государства. 6. Что же такое гражданство? 7. Возникает вопрос: в чём находит своё выражение эта связь? 8. И в заключение напомню, что …

Книги закрыты!

Задание 19. а) Слушайте лекцию, ориентируясь на слова и словосочетания, записанные в вашей тетради. Кратко запишите названия всех признаков государства.

Основные признаки государства

Дорогие коллеги! Сегодня мы продолжаем разговор о государстве и его основных признаках. На прошлой лекции мы с вами рассматривали различные подходы к определению понятия «государство», анализировали сущность государства. Напомню, что сущность государства заключается в организации политической власти в обществе. На предыдущей лекции мы также начали с вами разговор о признаках государства. И если вы помните, мы подробно рассматривали три основных признака государства. Что же это за признаки?

Прежде всего, мы анализировали такой признак, как наличие в государстве публичной власти, которая опирается на аппарат насилия и принуждения. Во-вторых, мы детально рассмотрели территориальный признак государства. И третьим важным признаком государства, как вы помните, является суверенитет.

Но я должен сказать, что кроме этих трёх основных признаков государства есть и другие, не менее важные. Четвёртым признаком государства является его правовая система. Рассмотрим этот признак поподробнее. Характеризуя правовую систему, можно сказать, что это юридическая основа государства, его скелет. Ведь государство всегда действует, опираясь на право и правовые средства. Более того, государство это единственная организация, которая осуществляет правотворчество. Что это значит? Это значит, что оно издаёт законы, которые обязательны для всего населения.

Перейдём к следующему признаку государства. Пятым признаком государства является система налогов и сборов. И если правовая система – это юридическая основа государства, то налоги и сборы – это материальная, финансовая основа государства и его органов. Налоги и сборы представляют собой денежные средства, которые государство собирает с физических и юридических лиц. Эти денежные средства идут, во-первых, на обеспечение деятельности публичной власти; а во-вторых, они расходуются на социальную поддержку малоимущей части населения. Без системы налогов и сборов существование государства просто невозможно.

Часто называют и ещё один, шестой, признак государства. Это гражданство. Что же такое гражданство? Если сказать кратко, то гражданство – это устойчивая правовая связь людей и государства. Повторю: правовая связь людей, которые проживают на территории государства, с данным государством. Возникает вопрос: а в чём выражается эта связь? Она выражается по-разному. Вы должны понимать, что у государства и граждан этого государства существуют взаимные права, обязанности и ответственность друг перед другом. Мы поговорим об этом подробнее на практических занятиях.

И в заключение я хочу напомнить, что каждое государство имеет определённые государственные символы. Это такие символы, как герб, гимн, флаг; у каждого государства, как известно, есть свои правила официального поведения, свои традиции, свои формы обращения людей друг к другу, свои официальные приветствия. Все названные мной сегодня признаки позволяют провести достаточно чёткую грань между государственной организацией общества, с одной стороны, и догосударственными и негосударственными общностями людей – с другой.

Итак, подведём итоги. Мы видим, что государство – это особая организация политической власти общества, охватывающая определённую территорию, выступающая одновременно и как средство обеспечения интересов всего общества, и как особый механизм управления и подавления. Важными признаками государства являются публичная власть, государственный суверенитет, территория, правовая система, гражданство, а также система налогов и сборов.

б) Используя свои записи, перечислите все известные вам признаки государства.

Задание 20. Прослушайте высказывания. Выразите своё согласие или несогласие с данными утверждениями (Да/Нет).

1. Сущность государства заключается в организации политической власти в обществе.
2. Публичная власть в государстве опирается на свой авторитет.
3. Государство действует, опираясь на право и правовые средства.
4. Материальной основой деятельности государства является правотворчество.
5. Система налогов и сборов – важный признак государства.
6. Гражданство – это юридическая основа деятельности государства.
7. Герб, флаг, гимн являются символами государства.

Готовимся к участию в семинарском занятии!

Задание 21. а) Дополните микродиалоги преподавателя и студента на семинарском занятии. На первый вопрос дайте краткий ответ.

Образец:

– Что такое государство?
– … .

– Кто может дать более полное определение?
– … .

– Что такое государство?
– Это организация политической власти в обществе.
– Кто может дать более полное определение?
– Государство – это организация политической власти общества, охватывающая определённую территорию, выступающая одновременно и как средство обеспечения интересов всего общества, и как особый механизм управления и подавления.

Диалог 1

– Сколько признаков государства вы знаете?
– …
– Не могли бы вы их перечислить?
…

Диалог 2

– На что опирается в своей деятельности публичная власть?

– …

– А что он собой представляет?

– …

Диалог 3

– Что такое территория государства?

– …

– Охарактеризуйте, пожалуйста, этот признак государства подробнее.

– … .

Диалог 4

– Что такое суверенитет?

– … .

– А в чём заключается сущность этого важного признака государства?

– …

Диалог 5

– Что представляет собой правовая система государства?

– … .

– А какой смысл вы вкладываете в это выражение: «Правовая система – это юридическая основа государства»? Объясните, пожалуйста, подробнее.

– … .

Диалог 6

– Как вы считаете, может ли государство существовать без системы налогов и сборов?

– … .

– А почему? Аргументируйте, пожалуйста, своё мнение!

– … .

Диалог 7

– Что вы знаете о гражданстве?

– …

– А в чём выражается эта связь? Поясните, пожалуйста, свою мысль примерами.

– … .

Диалог 8

– Какие символы и эмблемы государственности вам известны?

– … .

– Вспомните, пожалуйста, какая эмблема изображается на государственном флаге, на монетах, печатях, государственных официальных документах?

– … .

б) Выпишите и запомните конструкции, выделенные в ***Задании 21. а)***. Вы можете услышать их на семинарском занятии, на экзамене или зачёте. Будьте готовы правильно реагировать на обращённые к вам высказывания.

Задание 22. Сравните содержание прослушанной лекции с информацией текста (***Задание 7.***). Скажите, что нового вы узнали о признаках государства.

Готовимся к участию в семинарском занятии!

Задание 23. Обобщив содержание прослушанной лекции (***Задание 19.***) с информацией текста (***Задание 7.***), подготовьтесь выступить на семинарском занятии с сообщением на тему «Признаки государства как организации политической власти в обществе», составьте план и напишите краткий текст своего выступления.

Работаем в парах!

Задание 24. Вы участники практического занятия. Выслушайте краткое сообщение своего товарища на тему «Признаки государства как организации политической власти в обществе». Задайте ему вопросы: запросите дополнительную, иллюстративную, поясняющую информацию. При необходимости сами дополните ответ товарища.

Форма государства: форма правления, форма государственного устройства, политический режим

Задание 25. а) Прочитайте первый абзац текста. Как вы думаете, как называется этот текст и о чём в нём говорится?

Форма государства представляет собой единство трёх её основных элементов: формы правления, формы государственного устройства и политического (государственного) режима. Это совокупность существенных сторон организации, устройства и функционирования государственной власти.

б) Прочитайте текст. Оказалось ли ваше предположение о его названии и содержании верным? Выделите незнакомые слова, запишите их на полях, определив значение этих слов по словарю. Разделите текст на смысловые части и выделите в каждой смысловой части опорные слова и словосочетания.

Форма государства

Форма государства представляет собой единство трёх её основных элементов: формы правления, формы государственного устройства и политического (государственного) режима. Это совокупность существенных сторон организации, устройства и функционирования государственной власти.

Под формой правления понимается такая организация государства (точнее – государственной власти), которая включает в себя порядок образования высших и местных государственных органов и порядок взаимоотношений между ними. Формы правления различаются в зависимости от того, осуществляется власть одним лицом или принадлежит коллективному выборному органу. В первом случае имеет место монархическая форма правления, во втором – республиканская форма правления.

Форма государственного устройства – это внутреннее строение государства, его деление на составные части – административно-территориальные единицы, автономные политические образования или суверенные государства. Форма государственного устройства отражает характер соотношения государства в целом и его частей.

Существуют две основные разновидности форм государственного устройства. Наиболее простая из них – унитарное государство, то есть единое государственное образование. Оно делится лишь на административно-территориальные части. Для унитарного государства характерно существование общих для всей страны высших органов законодательной власти, органов управления (то есть органов исполнительной власти), единой судебной системы и конституции. Унитарными государствами являются Англия, Франция, Италия и др.

Более сложная форма государственного устройства – федерация. Федеративное государство состоит из ряда государств или государственных образований – членов федерации (штатов, земель, республик и др.). Каждое из них имеет своё административно-территориальное деление. В федерации существуют общие высшие органы государственной власти, федеральные законы др. В то же время на территории каждого члена федерации действуют и свои собственные высшие и местные государственные органы. Примерами федеративного устройства государства могут служить Австралия, Германия, Россия, США и др.

Политический (государственно-правовой) режим представляет собой совокупность методов и способов, с помощью которых осуществляется государственная власть. Термины «политический режим» и «государственный режим» не являются синонимами. Государственный режим – это важнейшая составная часть, элемент политического режима. Другими словами, «политический режим» – это более ёмкое понятие, поскольку включает в себя не только методы государственного властвования, но и характерные способы деятельности негосударственных политических организаций (партий, движений, союзов и др.).

Различают два основных вида государственных режимов: демократический (либеральный) и антидемократический (авторитарный). Характерными признаками демократического режима являются следующие: конституционное закрепление и реальное осуществление прав и свобод человека; равноправие всех граждан; существование ряда политических партий (в том числе и оппозиционных); выборность и сменяемость центральных и местных органов государственной власти, их подотчётность избирателям и др.

Для авторитарного режима характерны ликвидация или значительное ограничение прав и свобод граждан, запрещение оппозиционных партий, тотальный контроль государства над всеми сферами общественной жизни (экономикой, политикой, идеологией и др.). Наиболее опасной формой авторитарного режима является фашизм, который в 30–40-е годы XIX века полностью ликвидировал буржуазно-демократические права и свободы в ряде западных стран, уничтожил все оппозиционные организации, широко использовал террористические методы правления.

Задание 26. Проанализируем структуру данного текста-описания.

> ***Текст-описание*** строится путём называния предмета (явления) и перечисления его признаков, определяющих предмет количественно, качественно, структурно (из чего он состоит), а также функционально (как действует, работает).

1. Что является предметом описания в данном тексте? Какие элементы структуры текста помогают вам сразу понять тему текста, сориентироваться в его содержании? Есть ли в тексте введение?

> Сформулировать тему текста обычно помогает заголовок. Во введении к тексту-описанию, как правило, называется основной предмет описания, иногда даётся его определение. Здесь же могут называться и другие предметы описания.

2. О чём говорится во введении к тексту? Какой предмет описания в нём называется и определяется? Какие предметы описания только называются во введении?
3. Сколько смысловых частей можно выделить в основной части текста? Какие предметы описания вы выделили в основной части?
4. Сколько предметов описания вы обнаружили в первой смысловой части? Назовите их. Как автор определяет форму правления? Какие формы правления охарактеризованы в этой смысловой части?
5. В какой смысловой части автор определяет форму государственного устройства? Какие разновидности форм государственного устройства характеризует автор?
6. Сколько предметов описания есть в третьей смысловой части? Назовите их.
7. Есть ли в тексте заключение?

> Заключительная часть в тексте-описании часто отсутствует.

Номинативный сложный план

Задание 27. а) Познакомьтесь с номинативным сложным планом текста «Форма государства».

> ***Номинативный сложный план*** текста составляется следующим образом: каждый пункт плана выражает главную мысль, главную информацию смысловой части, а каждый подпункт плана выражает информацию, детализирующую главную. Информация, которая может быть исключена при сокращённом изложении текста, в план не вносится.

План

1. Сущность понятия «форма государства».
2. Форма правления:
   а) монархическая форма правления;
   б) республиканская форма правления.
3. Форма государственного устройства:
   а) унитарное государство;
   б) федеративное государство.
4. Политический режим:
   а) демократический государственный режим;
   б) антидемократический государственный режим.

б) Как вы думаете, какой план даёт более полное представление о содержании текста, простой или сложный? Когда целесообразно составлять сложный план?

> ***Сложный план*** обычно составляют, когда смысловая часть имеет большой объём, когда в ней обнаруживается большое количество дополнительной информации.

в) Раскройте каждый пункт плана.

Описание признаков, характерных черт

Задание 28. а) Познакомьтесь с конструкциями, которые часто используют при характеристике формы правления, формы государственного устройства, государственного режима и др.

Для авторитарного режима {
характерна ликвидация оппозиции.
характерен запрет оппозиционных партий.
характерно отсутствие свободных выборов.

Авторитарный режим характеризуется ликвидацией оппозиции.
Характерный признак авторитарного режима – ликвидация оппозиции.

При авторитарном режиме
В условиях авторитарного режима } происходит ликвидация оппозиции.

б) Используя конструкции из ***Задания 28. а)***, информацию текста (***Задание 25***) и материал, данный ниже, охарактеризуйте демократический политический режим.

Основные признаки демократического политического режима:

- конституционное закрепление и реальное осуществление прав и свобод человека;

- равноправие всех граждан;
- существование ряда политических партий, выборность и сменяемость центральных и местных органов государственной власти, их подотчётность избирателям;
- гласность в деятельности государства;
- осуществление на практике принципа разделения властей.

в) Используя информацию текста (***Задание 25***) и материал, данный ниже, охарактеризуйте антидемократический политический режим.

Признаки антидемократического политического режима:

- полный контроль государства над всеми сферами общественной жизни;
- огосударствление всех общественных организаций (профсоюзов, молодёжных, спортивных и др.);
- личность во многом лишена субъективных прав, хотя формально они могут провозглашаться даже в конституциях;
- реально действует примат государства над правом;
- имеет место всеобщая милитаризация общественной жизни;
- игнорируются интересы национальных меньшинств;
- запрет оппозиционных партий;
- не учитываются особенности религиозных убеждений всего населения.

Задание 29. а) Используя информацию текста (***Задание 25***) и материал, данный ниже, охарактеризуйте такую форму правления, как абсолютная монархия.

Признаки абсолютной монархии:

- существование единоличного носителя верховной власти – монарха (фараона, короля, царя, императора, шаха);
- монарх, как правило, пользуется своей властью пожизненно; существует наследственный порядок преемственности верховной власти;
- монарх представляет государство по собственному праву, которое не производно от власти народа;
- отсутствие юридической ответственности монарха как главы государства.

б) Используя информацию текста (***Задание 25***) и материал, данный ниже, охарактеризуйте такую форму правления, как ограниченная монархия.

Признаки ограниченной монархии:

- правительство формируется из представителей определённой партии, получившей большинство голосов на выборах в парламент;

- лидер партии, обладающей наибольшим числом депутатских мест, становится главой правительства;
- власть монарха является символической, она фактически отсутствует в законодательной, исполнительной и судебной сферах;
- законодательные акты принимаются парламентом и формально подписываются монархом;
- правительство, согласно конституции, несёт ответственность не перед монархом, а перед парламентом.

в) Используя информацию текста (***Задание 25***) и материал, данный ниже, охарактеризуйте такую форму правления, как республика.

Признаки республиканской формы правления:

- выборность на определённый срок главы государства и других высших органов государственной власти;
- осуществление государственной власти от имени народа;
- юридическая ответственность главы государства в случаях, предусмотренных законом;
- обязательность решений верховной государственной власти.

Задание 30. а) Используя информацию текста (***Задание 25***) и материал, данный ниже, охарактеризуйте такую форму государственного устройства, как унитарное государство.

Признаки унитарного государства:

- имеются единые, общие для всей страны высшие исполнительные, представительные и судебные органы;
- на его территории действует одна конституция, единая система законодательства, одно гражданство;
- не имеет в своём составе других государств или государственных образований;
- состоит из различных административно-территориальных единиц (область, район, провинция, округ и др.);
- имеет вооружённые силы, руководство которыми осуществляется центральными органами государственной власти.

б) Используя информацию текста (***Задание 25***) и материал, данный ниже, охарактеризуйте такую форму государственного устройства, как федеративное государство.

Признаки федеративного государства:

- составляющие федеративное государство государственные образования являются субъектами федерации и имеют своё собственное административно-территориальное деление;

- существование двух систем высших органов власти – федеральных органов и соответствующих органов членов федерации;
- члены федерации имеют свою конституцию, законодательную компетенцию, систему права, определённый суверенитет и др.

в) Используя информацию текста (***Задание 25***) и материал, данный ниже, охарактеризуйте такую форму государственного устройства, как конфедерация.

Признаки конфедерации:

- не имеет общих законодательных, исполнительных и судебных органов, в отличие от федерации;
- не имеет единой армии, единой системы налогов, единого государственного бюджета;
- сохраняется гражданство тех государств, которые находятся во временном союзе;
- государства могут договориться о единой денежной системе, о единых таможенных правилах, о межгосударственной кредитной политике на время существования союза.

Общая характеристика предмета, явления

Задание 31. а) Познакомьтесь с конструкцией, которая часто используется в научной речи для общей характеристики предмета, явления и др.

Пример	***Конструкция***
Россия представляет собой *федеративное государство.*	*Что* (*И. п.*) представляет собой (*В. п.*) *что*?

б) Используя конструкцию *что представляет собой что* и материал, данный ниже, охарактеризуйте такие виды государств, как *империя, федерация, конфедерация.*

1. Объединение государств, которые сохраняют свою независимость, имеют собственные органы государственной власти и управления и при этом создают специальные объединённые органы для координации действий в определённых целях (военных, внешнеполитических, экономических и т. п.).

2. Сложное (союзное) государство, состоящее из государственных образований, обладающих юридически определённой самостоятельностью.

3. Насильственно создаваемое сложное монархическое государство, во главе которого – царь, император, король и т. п.

Государственный аппарат

Работаем над терминами!

***Задание 32.* а)** Познакомьтесь с соотношением терминов *государственный аппарат* и *политическая система общества*:

Государственный аппарат – это система государственных органов, при помощи (с помощью) которых обеспечивается выполнение внутренних и внешних функций государства.

Политическая система общества – это система всех государственных органов, коммерческих организаций, общественных объединений и отдельных граждан, принимающих участие в политической жизни общества.

> **!** **Обратите внимание,** что понятие *государственный аппарат* недопустимо отождествлять с понятием *политическая система общества*, которое является более ёмким и широким.

б) Прочитайте микротекст, познакомьтесь с соотношением терминов *государственный аппарат и государственный механизм*:

Понятия *государственный аппарат* и *государственный механизм* соотносятся следующим образом.

В некоторых работах эти понятия рассматриваются как идентичные. Государственный механизм в таких случаях именуется государственным аппаратом в широком смысле, а система государственных органов – государственным аппаратом в узком смысле.

В других работах понятие государственный механизм рассматривается как более широкое понятие: оно включает не только всю совокупность государственных органов, но и государственные организации, вооружённые силы, материальные средства государственной власти.

Задание 33. а) Дайте определение термина *политическая система общества.*

б) Скажите, как соотносятся в разных работах термины *государственный аппарат* и *государственный механизм*? Какое понятие является более широким? В каком случае эти термины можно использовать как идентичные?

Задание 34. а) Прочитайте текст. Выделите опорные слова. Запишите основную информацию текста, сокращая слова.

Государственный аппарат

Государственный аппарат – это система государственных органов, при помощи (с помощью) которых обеспечивается выполнение внутренних и внешних функций государства. Важнейшими и неотъемлемыми частями государственного аппарата являются (выступают) государственные органы. Государственный орган представляет собой относительно самостоятельное, структурно обособленное звено государственного аппарата, создаваемое государством для осуществления строго определённого вида государственной деятельности. Каждый государственный орган наделяется соответствующей компетенцией; в процессе реализации своих полномочий он опирается на организационную, материальную и принудительную силу государства.

Государственный аппарат, будучи единой, целостной системой, имеет свою внутреннюю структуру: он состоит из ряда частных систем. Наиболее важными частными системами современного государственного аппарата являются следующие: а) система органов законодательной власти, б) система органов исполнительной власти, в) система органов судебной власти, г) система органов прокуратуры.

В России в соответствии с принципом разделения властей, который закреплён конституционно (ст. 10 Конституции РФ), государственные органы являются носителями законодательной ветви власти, исполнительной ветви власти, судебной ветви власти. Иногда образно говорят о средствах массовой информации как о четвёртой ветви власти, поскольку они, не будучи носителями какой-либо официальной власти, оказывают очень сильное влияние на массы, играют важную роль в формировании общественного мнения.

б) Прослушайте вопросы и ответьте на них.

1. Как связаны понятия *государственный аппарат* и *государственные органы*? 2. Какова внутренняя структура государственного аппарата? 3. Как в РФ конституционно закреплён принцип разделения властей? 4. Почему средства массовой информации иногда называют четвёртой ветвью власти?

Задание 35. а) На основе данных предложений образуйте глагольные словосочетания, которые активно используются в научных текстах, и запишите их в тетрадь.

Образец: Государственный орган <u>формируется</u> по воле государства – <u>формирование</u> государственного органа по воле государства.

1. Государственный орган осуществляет свои функции от имени государства. 2. Государственный орган выполняет строго определённые в законодательном порядке виды и формы деятельности. 3. У каждого государственного органа наличествуют юридически закреплённая организационная структура, территориальный масштаб деятельности. 4. Государственный орган наделяется государственно-властными полномочиями.

б) Используя полученные вами словосочетания, закончите текст: охарактеризуйте специфические признаки, отличающие государственные органы от негосударственных органов и организаций.

В качестве специфических признаков, отличающих государственные органы от негосударственных органов и организаций, выделяются следующие: … .

Часть 2. История отечественного государства и права

Русская Правда как правовой кодекс Древнерусского государства в XI – XII веках

Работаем над терминами!

Задание 36. а) Познакомьтесь с содержанием терминов.

Нормы права – общеобязательные правила поведения, установленные государством, обеспеченные государственными органами принуждения и закреплённые в официальных письменных документах.

Обычай (правовой) – сложившееся в результате длительного повторения неписаное правило поведения, которое закрепилось как устойчивая норма.

Обычное право – совокупность обычаев, неписаных правил поведения.

Уголовное право – совокупность норм права, которые устанавливают, какие деяния являются преступлениями и какие наказания применяются к лицам, совершившим преступления.

Преступление – общественно опасное деяние, запрещённое под угрозой наказания.

Наказание – мера государственного принуждения, назначаемая по приговору суда лицу, виновному в совершении преступления; наказание заключается в лишении или ограничении прав и свобод этого лица, в уплате штрафа.

Потерпевший – гражданин, которому в процессе преступления причинён моральный, физический или имущественный вред.

б) Найдите в определениях терминов (***Задание 36. а***) причастия и внесите их в таблицу; подчеркните суффиксы, с помощью которых образованы данные причастия. Скажите, от каких глаголов образованы данные причастия.

Активные (действительные) причастия		***Пассивные (страдательные) причастия***	
Настоящее время	*Прошедшее время*	*Настоящее время*	*Прошедшее время*
Причиня**ющ**ий ………………	Сложи**вш**ийся ………………	Назнача**ем**ая ………………	Закрепл**ённ**ый ………………

в) Прослушайте вопросы и ответьте на них.

1. Что такое нормы права? Как закрепляются нормы права?
2. Что такое обычай? Как закрепляются обычаи? Можете ли вы рассказать о каких-либо обычаях?
3. Что такое обычное право?
4. Что называется уголовным правом?
5. Какова функция норм уголовного права?
6. Что является преступлением?
7. За что и кем назначается наказание? В чём оно может заключаться?
8. Какой вред может быть причинён потерпевшему в процессе преступления?

Задание 37. а) Познакомьтесь с содержанием терминов.

Смерды – крестьяне, владевшие своим имуществом (например, домом), но жившие на земле князя и отбывавшие за это феодальные повинности (барщину, оброк).

Закупы – обедневшие смерды, взявшие в долг у князя *купу*, то есть какое-либо имущество (например, орудия труда), и обязавшиеся отработать свой долг.

Холопы – бесправное население (рабы). Источник холопства – плен, рождение от рабыни, банкротство, самопродажа.

Имущество – вещи и материальные ценности, принадлежащие физическому или юридическому лицу, находящиеся в его собственности.

Гражданское право – система правовых норм, регулирующих имущественные и связанные с ними личные неимущественные отношения.

б) Найдите в определениях терминов причастия и продолжите заполнение таблицы (***Задание 36. б***). Скажите, от каких глаголов образованы данные причастия.

в) Прослушайте вопросы и ответьте на них.

1. Кто такие смерды, закупы и холопы?
2. Какая из перечисленных выше категорий населения являлась наиболее свободной? Какая была наиболее несвободной?
3. Что такое имущество?
4. Какая отрасль права регулирует имущественные и связанные с ними неимущественные отношения?

Задание 38. а) Познакомьтесь с терминами.

Наследство – имущество, переходящее в порядке наследования от умершего (наследователя) к наследникам.

Наследственное право – 1) раздел гражданского права; 2) совокупность норм права, устанавливающих порядок перехода прав и обязанностей умершего лица по праву наследования.

Собственность – 1) как юридическая категория собственность означает *принадлежность* имущества определённым лицам (индивидам или коллективам) на определённых условиях и в определённых формах (*передать землю в собственность частному лицу, кооперативу*); 2) как конкретно-материальная категория собственность – это само *имущество*, принадлежащее какому-либо субъекту на правах собственности (*Этот дом – моя собственность).*

Право собственности – 1) совокупность норм права, которые закрепляют, регулируют и охраняют принадлежность материальных благ конкретным лицам; 2) право конкретного лица (субъекта) владеть, пользоваться и распоряжаться принадлежащим ему имуществом в своих интересах в пределах закона.

б) Найдите в определениях терминов причастия и продолжите заполнение таблицы (***Задание 36. б***). Скажите, от каких глаголов образованы данные причастия.

в) Прослушайте вопросы и ответьте на них.

1. Какой вид имущества может быть назван наследством?
2. Кто такие наследники и наследодатели?
3. В каких двух значениях используется термин «собственность»?

г) Закончите определение термина.

1. Наследственным правом называется …
2. Право собственности – это …

Задание 39. а) Прочитайте текст и озаглавьте каждую из выделенных частей. Выделите незнакомые слова, запишите их на полях, определив значение этих слов по словарю.

Русская Правда

(1) **Русская Правда** – это основной правовой кодекс Древнерусского государства в XI–XII веках. Он представляет собой сборник правовых норм, то есть целый комплекс юридических документов. Русская Правда как сборник юридических документов известна в трёх редакциях. Это Краткая Правда, Пространная Правда и Сокращённая Правда.

(2) **Краткая Правда** – это древнейшая редакция Русской Правды. Она содержит 43 статьи и состоит из двух частей.

Первая часть (статьи 1–18) была принята в 30-е годы XI века, в период правления Ярослава Мудрого, поэтому она получила название Правды Ярослава. Характерными особенностями первой части Краткой Правды являются следующие: продолжает действовать обычное право, в частности обычаи кровной мести; отсутствует чёткая дифференциация штрафов по принципу социальной принадлежности потерпевшего.

Вторая часть Краткой Правды (статьи 19–43) была принята в 60-е годы XI века, в период правления наследников Ярослава Мудрого, поэтому она стала называться Правдой Ярославичей. Она отражает процесс развития феодальных отношений в России: во второй части Краткой Правды обычаи кровной мести отменены и проведена чёткая дифференциация в системе наказаний. Жизнь и имущество феодалов защищаются повышенными мерами наказания, по сравнению с жизнью и имуществом как свободных, так и зависимых граждан.

(3) **Пространная Правда** (конец XII века) также состояла из двух частей – Устава князя Ярослава и Устава князя Владимира Мономаха. В этом документе были систематизированы нормы права, начиная с эпохи Ярослава Мудрого и кончая эпохой Владимира Мономаха включительно, поэтому Пространная Правда содержит уже 121 статью. В этом

кодексе закреплялись социальные привилегии феодалов, зависимое положение смердов и закупов, бесправие холопов. В Пространной Правде начали формироваться нормы гражданского права: много внимания уделялось охране права собственности на землю и на другое имущество. Отдельные нормы Пространной Правды можно отнести к наследственному праву, так как они определяли порядок передачи имущества по наследству и заключения различных имущественных договоров. Большинство же статей Пространной Правды относилось к уголовному праву и судебному процессу.

(4) **Сокращённая Правда** сложилась в середине XV века, в период правления Ивана III, из переработанной Пространной Правды.

б) Запишите основную информацию текста, сокращая слова. Пользуйтесь своими записями при выполнении последующих заданий.

Задание 40. а) Проверьте себя, помните ли вы о синонимии данных конструкций.

1. Русская Правда – это
   - правовой *кодекс* Древнерусского государства.
   - *сборник* правовых норм Древнерусского государства.
   - *комплекс* юридических документов Древнерусского государства.

2. Русская Правда
   - известна в трёх редакциях.
   - представлена в трёх вариантах.

3. Краткая Правда была принята
   - в 30-е годы XI века.
   - в период правления Ярослава Мудрого.

4. Краткая Правда
   - состоит из двух частей.
   - разделена на две части.
   - содержит две части.
   - включает две части.

б) Ответьте на вопросы, используя известные вам синонимические конструкции.

1. Что такое Русская Правда? В скольких редакциях она известна? Как они называются?

2. Какая редакция Русской Правды является самой древней? Сколько статей она содержит и какова её структура?

3. Когда была принята Правда Ярослава? Почему она так называется?

4. Когда была принята вторая часть Краткой Правды? Как она называется и почему?

5. Когда оформилась Пространная Правда? Почему она так называется? Какова её структура?

6. К какому времени сложилась Сокращённая Правда? Что легло в её основу?

Задание 41. а) Используя информацию текста «Русская Правда», закончите заполнение таблицы.

Название документа	*Количество статей*	*Время принятия документа*	*Период правления*
Правда Ярослава	1–18	30-е годы XI века	…
…	…	…	Наследники Ярослава Мудрого
…	121	…	Владимир Мономах

Готовимся к участию в семинарском занятии!

б) Используя таблицу, расскажите о характерных особенностях Правды Ярослава, Правды Ярославичей и Пространной Правды.

Работаем в парах!

Задание 42. а) Прочитайте диалоги по ролям. Восстановите недостающие реплики.

Диалог 1 (по телефону)

Павел: Добрый вечер! Будьте добры Петра.

Пётр: Добрый вечер. Я вас слушаю.

Павел: Привет, Петя, я тебя не узнал. Да, это я, Павел.

Пётр: Привет, Паша, я тебя тоже сразу не узнал, богатый будешь.

Павел: Извини за поздний звонок. Дело в том, что я не был на прошлом семинаре по истории отечественного государства и права и хотелось бы знать, о чём шла речь, что задано.

Пётр: Мы начали новую тему: Русская Правда.

Павел: Русская Правда? Это первая русская газета?

Пётр: Нет, Русская Правда это не газета, хотя ассоциация с газетой «Правда» возникает у многих. Русская Правда – это…

Павел: О, как интересно! А не смог бы ты в двух словах охарактеризовать структуру этого кодекса, а то уже поздно, и я не успею прочитать эту главу в учебнике.

Пётр: Ладно, но следующую тему ты мне будешь излагать по телефону в час ночи. А что касается структуры Русской Правды, то здесь целая история. Во-первых, известны три редакции этого документа:…

Павел: А каждая из них имела несколько частей, как все раннефеодальные кодексы. Я прав?

Пётр: Ты абсолютно прав. Во всяком случае, в отношении первых двух редакций Русской Правды. Так, например, Краткая Правда…

Павел: А Пространная? Она тоже состояла из двух частей?

Пётр: …

Диалог 2 (в коридоре, перед началом семинара)

Пётр: Привет! Как дела? Готов к семинару?

Павел: Привет! Благодаря тебе я готов и даже собираюсь выступить.

Пётр: Неужели ты всё запомнил? Не верю! Ну скажи, при каком князе создавалась Краткая Правда?

Павел: …

Пётр: Неплохо. А Пространная?

Павел: …

Пётр: А в чём их главное отличие?

Павел: …

Пётр: Паша, ты просто молодец. Мне кажется, я замечательно тебя подготовил. Я доволен и собой, и тобой. Посмотрим, что скажет преподаватель.

Павел: Минуту! Напомни мне, пожалуйста, были в Пространной Правде зафиксированы нормы наследственного права?

Пётр: …

б) Прослушайте диалог во время семинарского занятия. Отреагируйте на последнюю реплику преподавателя.

Преп.: А теперь поговорим более конкретно о содержании Русской Правды. Назовите, пожалуйста, известные вам редакции Русской Правды и скажите, в чём различие между ними. Пожалуйста, Павел.

Павел: Как известно, Русская Правда – это основной правовой кодекс Древнерусского государства в XI–XII веках. Русская Правда представляет собой сборник правовых норм, то есть целый комплекс юридических документов. Известны три редакции этого сборника: Краткая Правда, Пространная Правда и Сокращённая Правда.

Преп.: Кто хотел бы дополнить ответ Павла? Во-первых, давайте охарактеризуем этот кодекс как правовой документ раннефеодальной эпохи; а во-вторых, мне хотелось бы услышать чёткое и лаконичное определение основного различия между тремя редакциями Русской Правды.

Студ.: …

Работаем над терминами!

Задание 43. а) Познакомьтесь с содержанием терминов.

Иск – обращение истца (потерпевшего) в суд с просьбой о рассмотрении и решении материально-правового спора с ответчиком.

Истец – лицо, обращающееся в суд за защитой своих нарушенных прав.

Ответчик – лицо, которое привлекается к делу в связи с предъявленным иском.

Состав преступления – совокупность установленных уголовным законом объективных и субъективных признаков, характеризующих преступление. Состав преступления структурно состоит из четырёх элементов: 1) объект преступления, 2) объективная сторона преступления, 3) субъект преступления, 4) субъективная сторона преступления.

б) Найдите в определениях терминов причастия и продолжите заполнение таблицы (***Задание 36. б***). Скажите, от каких глаголов образованы данные причастия.

в) Ответьте на вопросы.

1. Кто такой истец?
2. Кто является ответчиком?
3. Кого из них называют потерпевшим?

г) Дайте определение термина «иск».

д) Скажите, что такое состав преступления и какова его структура?

Задание 44. а) Прочитайте текст. Выделите незнакомые слова, запишите их на полях, определив значение этих слов по словарю.

Уголовное право в Русской Правде

(1) **Преступление в Русской Правде: определение понятия и состав преступления**. В Русской Правде преступление называется *обидой*. Преступление трактуется как причинение морального и материального ущерба определённому лицу или группе лиц.

Объектами преступления по Русской Правде являлись личность и имущество. Объективная сторона преступления охватывала как покушение на преступление, так и оконченное преступление.

Субъектами преступления считались все лица, кроме холопов. За холопов, составляющих собственность господ, отвечали хозяева. Закон не устанавливал возрастной ценз для субъектов преступления. В Русской Правде обозначено понятие соучастия в преступлении, но ещё не разделены роли соучастников (подстрекатель, исполнитель, укрыватель и т. д.). Если преступление совершалось несколькими лицами, то ответственность для соучастников устанавливалась одинаковой. Субъективная сторона преступления не разграничивала такие формы вины, как умысел и неосторожность. В Русской Правде зафиксировано понятие рецидива – повторности преступления.

(2) **Система наказаний за преступление в Русской Правде.** *Смертная казнь* в Русской Правде не упоминается. Высшей мерой наказания были *поток и разграбление.* Это наказание заключалось в обращении преступника и членов его семьи в рабство и в конфискации его имущества. Это наказание назначалось в трёх случаях: за убийство при разбойном нападении, за поджог и за конокрадство.

Русская Правда предусматривает также такие денежные наказания, как *вира, головничество, урок, продажа. Вира* – это денежное наказание в размере 40 гривен, назначаемое за убийство. Вира могла быть одинарная (за убийство простого свободного человека) или двойная (за убийство человека с привилегиями). Вира поступала в княжескую казну. *Головничество* – денежное взыскание в размерах виры в пользу семьи убитого. *Урок* – денежное возмещение в пользу потерпевшего за причинённый ему ущерб. *Продажа* – штраф за все остальные виды преступления (размер продажи определялся в каждом конкретном случае).

(3) **Судебный процесс в Русской Правде: характер и стадии.** Судебный процесс носил обвинительно-состязательный характер. Дело начиналось

по иску (в Русской Правде – *жалоба*) потерпевшей стороны, истец и ответчик обладали равными правами. Судопроизводство было гласным и устным и делилось на три стадии.

Первая стадия носила название *заклич* и состояла в объявлении о совершившемся преступлении (например, о пропаже коня). Заклич происходил в многолюдном месте, зачастую на торговой площади. Если через три дня после заклича пропажа обнаруживалась, тот, у кого она находилась, считался ответчиком, после чего начинался суд.

Вторая стадия называлась *свод*. Лицо, у которого обнаруживали пропавшую вещь, должно было указать, у кого эта вещь была приобретена. Свод продолжался до тех пор, пока не доходил до человека, не способного дать объяснение, где он приобрёл данную вещь (или животное). Этот человек становился обвиняемым.

Третья стадия начиналась в том случае, если преступник не был найден. Она называлась *гонение следа* и состояла в поиске преступника. Специальных розыскных организаций и лиц ещё не было, поэтому гонение следа осуществляли потерпевшие, их родственники и добровольцы.

б) Запишите основную информацию текста, сокращая слова. Пользуйтесь своими записями при выполнении последующих заданий.

Задание 45. а) Скажите, от каких глаголов образованы существительные:

причинение, покушение, разграбление, наказание, взыскание, возмещение, объявление, объяснение;

подстрекатель, исполнитель, укрыватель, ответчик;

обида, поджог, жалоба, пропажа, убийство, конфискация.

б) Прослушайте начало предложения. Закончите его, используя существительные из ***Задания 45. а).***

1. В Русской Правде преступление называется … . 2. Обида трактуется как … . 3. Объективная сторона преступления охватывала как … . 4. В Русской Правде не разделены роли соучастников: … . 5. Высшей мерой на-

казания в Русской Правде были … . Это наказание заключалось в … . 6. Поток и разграбление назначались за … . 7. Урок – это денежное … . 8. Заклич – это … . 9. Гонение следа заключалось в … . 10. Вира – это денежное наказание, назначаемое за … .

Задание 46. а) Используя информацию текста «Уголовное право в Русской Правде», закончите заполнение таблицы.

Денежные наказания в Русской Правде

Название наказания	*Сумма*	*За что назначалось наказание*	*Куда поступали деньги*
Одинарная вира	40 гривен	…	…
…	80 гривен	За убийство человека с привилегиями	В княжескую казну
Головничество	…	…	В пользу семьи убитого
…	Сумма соответствовала нанесённому ущербу	За материальный или физический ущерб	В пользу потерпевшего
Продажа	Сумма определялась в каждом конкретном случае	За различные виды преступления	Или в казну, или …

Готовимся к участию в семинарском занятии!

б) Используя таблицу,

- дайте характеристику системе наказаний, зафиксированной в Русской Правде;
- покажите социальную дифференциацию штрафов.

в) Охарактеризуйте все элементы состава преступления по Русской Правде.

г) Опишите характер и стадии судебного процесса по Русской Правде.

Работаем в парах!

Задание 47. Прочитайте диалоги по ролям. Восстановите недостающие реплики.

Диалог 1 (по телефону)

Пётр: Добрый вечер! Позовите, пожалуйста, Павла к телефону.

Павел: Здравствуй, Петя. Это я, Павел.

Пётр: Ты не забыл о нашем договоре? Ты обещал, что расскажешь мне всё по следующей теме.

Павел: Что же, как говорится, долг платежом красен. А что конкретно тебя интересует?

Пётр: У меня нет материала по вопросу о составе преступления в Русской Правде.

Павел: Ну, это довольно просто. Ты помнишь определение самого термина «состав преступления»?

Пётр: Конечно, там четыре компонента: …

Павел: Правильно. А в Русской Правде эти компоненты представлены следующим образом. Объекты преступления – …

Субъекты – …

Объективная сторона преступления охватывала…

Субъективная сторона включала …

Пётр: Спасибо. Я всё записал.

Павел: А по системе наказания у тебя есть материал?

Пётр: Конечно. Об этом говорили на лекции.

Павел: А я-то на лекции не был. Завтра перед семинаром расскажешь?

Пётр: Ладно, как ты говоришь, долг платежом красен. До встречи!

Диалог 2 (в коридоре перед семинаром)

Пётр: Привет! Выспался?

Павел: Доброе утро. Сон для студента не главное. Главное – умение любым способом добывать информацию.

Пётр: Самый лучший твой способ – это я, не правда ли? Итак, вчера в час ночи мы остановились на системе наказаний в Русской Правде.

Павел: Да. Сначала – в целом о системе. Из каких компонентов она состояла?

Пётр: …

Павел: Если не ошибаюсь, смертной казни в те времена не было.

Пётр: Да, ты прав. Высшей мерой наказания был …

Павел: А о каких денежных взысканиях там говорится?

Пётр: Основной единицей была вира, то есть… Вира могла быть …

Головничество, например – это тоже вира, но …

Павел: Спасибо тебе большое. Об остальном я имею некоторое представление. Судебный процесс носил …

Пётр: Важно, что судопроизводство было гласным и устным. А ты помнишь, на какие стадии оно делилось?

Павел: …

Пётр: Про первые две ты рассказал всё, что нужно. А третья? Она называлась гонение следа.

Павел: Да, помню. Ведь розыскных организаций тогда ещё не было. Поэтому гонение следа осуществляли …

Пётр: А по чьей инициативе возбуждалось дело?

Павел: …

Пётр: Ты – гений. Снимаю шляпу!

Задание 48. Письменно дополните материал таблицы, отразив в ней наиболее важную информацию о содержании трёх редакций Русской Правды.

Правда Ярослава (30-е гг. XI века)	Действуют обычаи кровной мести. Нет дифференциации штрафов по социальному принципу.
Правда Ярославичей (60-е гг. XI века)	Обычаи кровной мести отменены. Проведена дифференциация в системе наказаний: жизнь феодалов защищается повышенными мерами наказания.
Пространная Правда (конец XII века)	…

Готовимся к участию в семинарском занятии!

Задание 49. Используя материал заполненной вами таблицы (***Задание 48***), подготовьте сообщение на тему «Отражение этапов становления Древнерусского государства и права в различных редакциях Русской Правды». При желании вы можете использовать следующий фрагмент текста в качестве вступления.

На раннем этапе развития (IX век) в Древнерусском государстве действовали нормы обычного права. С усилением роли государства всё в большей мере возрастало значение законодательной деятельности князей, появлялись письменные правовые документы, более чётко фиксирующие привилегии господствующих классов и защищавшие их интересы. Наиболее ярким правовым документом (памятником права) Древнерусского государства был кодекс Русская Правда.

Часть 3. История зарубежного государства и права

Салическая Правда

Задание 50. а) Прочитайте предложения. Скажите, от каких глаголов образованы выделенные существительные.

1. В Салической Правде говорится о таких обязательственных отношениях, как *купля-продажа, ссуда, заём, наём, мена, дарение, передача* вещи.

2. Практически во всех «варварских правдах» *убийство, клевета* и *оскорбление* относились к преступлениям против личности; *кража, поджог и грабёж* – к преступлениям против собственности; *лжесвидетельство и неявка* в суд – к преступлениям против правосудия.

б) Прослушайте вопросы и ответьте на них.

1. Какие обязательственные отношения упоминаются в Салической Правде?

2. Какие преступления в варварских правдах относили к преступлениям против личности?

3. Какие преступные действия являлись преступлением против собственности?

4. Какие действия квалифицировались как преступление против правосудия?

Задание 51. а) Разделите данные слова на две группы: 1) с общим значением «выяснение, расследование обстоятельств, собирание и проверка данных, связанных с преступлением» и 2) с общим значением «получение имущества, переходящего после смерти владельца к новому лицу».

Следователь, наследственный, подследственный, наследовать, наследник, наследство, следить, наследодатель, следствие.

б) Скажите, какая группа слов объединена темой «наследственное право», а какая группа слов относится к разделу «уголовное право»?

Задание 52. Прочитайте предложения, выразите смысл выделенных слов по-другому (в случае необходимости используйте слова для справок).

1. Судебный процесс в этот период был *устным* и *гласным*. 2. Первоначально нормы обычного права *не фиксировались письменно*. 3. Закон кровной мести относится к категории *неписаных* законов. 4. Наследственное право в Салической Правде *дифференцировало* наследование по завещанию

и наследование по закону. 5. Передача права собственности при сделках осуществлялась *публично*. 6. За *неисполнение* обязательств виновный нёс имущественную ответственность. 7. Брачно-семейные отношения *регламентировались* следующими правилами.

Слова для справок: публичный, определяться, открытый, нарушение, разграничивать, не фиксирующийся письменно, открыто, устный.

Задание 53. а) Прочитайте текст, разделите его на смысловые части и озаглавьте их. Выделите незнакомые слова, запишите их на полях, определив значение этих слов по словарю.

Салическая Правда франков

Время становления Франкского государства относится к концу V – началу VI века нашей эры. Этому процессу способствовали победоносные войны франков: к 510 году Хлодвиг (481–511 гг.) становится королём государства, расположенного на огромной территории от реки Рейн до Пиренейских гор. По своему типу государство франков является раннефеодальной монархией. Одновременно с формированием государственности у франкских племён формировалось и право: письменно фиксировались древнегерманские обычаи, то есть велась запись обычного права германских племён. Так были записаны «варварские правды»: Салическая, Рипуарская, Бургундская, Алеманская и др.

Салическая Правда была создана в период правления короля Хлодвига – в начале VI века. Этот кодекс является одним из самых древних документов обычного права германцев. Основное содержание Салической Правды – перечень правонарушений и соответствующих им наказаний (главным образом штрафов).

Обязательственные отношения в Салической Правде представлены такими видами сделок, как *купля-продажа, ссуда, заём, наём, мена, дарение*. Передача права собственности при сделках осуществлялась публично, путём *простой передачи вещи*. За неисполнение обязательств или просрочку в их выполнении виновный нёс имущественную ответственность.

Брачно-семейные отношения в Салической Правде регламентировались следующими правилами. Брак заключался в форме *покупки* невесты женихом. Похищение невесты с целью вступления в брак наказывалось штрафом. Препятствиями к заключению брака могли служить следующие обстоятельства: существование законного брака, объявление лица вне закона, наличие близкого кровного родства, несвободное социальное состояние человека.

Наследственное право в Салической Правде дифференцировало *наследование по завещанию* и *наследование по закону. Наследование по завещанию* осуществлялось публично в народном собрании, как акт *дарения (аффатомия)*, в строго установленной форме: имущество передавалось третьему лицу, которое должно было не позже чем через год передать это имущество наследнику. В спорных случаях, а также при отсутствии завещания вступало в силу *наследование по закону*. Оно осуществлялось в зависимости от категории имущества: дифференцировались *недвижимое имущество* (земля и постройки на этой земле) *и движимое имущество* (всё остальное). *Недвижимое имущество* не могли наследовать женщины.

Уголовное преступление в Салической Правде не имеет чёткого определения, но в этом документе перечислены виды преступлений. Их можно разделить на четыре группы:

– преступления против личности (убийство, клевета, оскорбление);

– преступления против собственности (кража, поджог, грабёж);

– преступления против правосудия (лжесвидетельство, неявка в суд);

– преступления против короля (нарушение королевских указов). Субъектами преступления могли быть и свободные граждане, и рабы.

Судебный процесс в этот период имел состязательный характер. Процесс был устным и гласным. Дело возбуждалось по инициативе истца. Стороны (истец и ответчик) имели равные права.

б) Запишите основную информацию текста, сокращая слова. Пользуйтесь своими записями при выполнении последующих заданий.

Готовимся к участию в семинарском занятии!

Задание 54. Охарактеризуйте

- время и условия формирования государственности у франкских племён;
- виды обязательственных отношений по Салической Правде;
- брачно-семейные отношения по Салической Правде;
- наследственное право по Салической Правде;
- виды уголовных преступлений и характер судебного процесса.

Задание 55. Расскажите, какие характеристики объединяют Русскую Правду и Салическую Правду как сборники правовых документов эпохи раннего феодализма. Остановитесь на следующих проблемах:

- наследственное право;
- уголовное право;
- судебный процесс.

Задание 56. а) Подготовьтесь к участию в семинарском занятии на тему «Сравнительная характеристика Русской Правды и Салической Правды как юридических документов, отразивших процессы формирования феодального государства и права в России и Западной Европе».

б) Прослушайте начало диалога на семинарском занятии. Реагируйте на реплику преподавателя (выступите в роли студента).

Диалог 1

Преп.: Вчера в конце лекции, подводя итоги, я сформулировала вывод о том, что Русская Правда является документом, в котором зафиксировано не обычное право, а право-привилегия. Кто мог бы сейчас представить систему аргументов, подтверждающих или опровергающих мой тезис. Пожалуйста, Пётр, мы слушаем вас.

Петр: …

Диалог 2

Преп.: Ну что же, я полагаю, что вы, Пётр, весьма убедительно показали, что Русская Правда представляет собой правовой кодекс, где обнаруживается принцип социальной дифференциации. Другими словами, вы доказали, что в Русской Правде зафиксировано право-привилегия. А можно ли сделать подобный вывод по отношению к такому правовому документу, как Салическая Правда франков?

Пётр: Ни в коем случае! Я считаю, что Салическая Правда представляет собой по преимуществу запись обычного права. И я могу сейчас это аргументировать.

Преп.: Нет-нет, спасибо, пусть это сделает кто-то другой. Я вижу, Павел хочет выступить. Вы согласны с тезисом Петра или у вас есть своё мнение относительно Салической Правды? Прошу вас!

Павел: …

Готовимся к зачёту!

Задание 57. а) Укажите лишнее слово или словосочетание, объясните ваш выбор.

1. Провинции, федеральные штаты, графства, департаменты, федеральные земли, государство.
2. Догосударственная общность людей, первобытно-общинный строй, рабовладельческий строй.
3. Первобытно-общинный строй, рабовладельческий строй, феодальный строй, буржуазный строй.
4. Публичная власть, территория, суверенитет, система налогов и сборов, гражданство, государственные символы, государство.
5. Герб, гимн, флаг, аппарат управления.
6. Форма правления, форма государственного устройства, политический режим, публичная власть.
7. Монархия, республика, буржуазное государство.
8. Унитарное государство, федеративное государство, демократическое государство.

б) Соотнесите термины, данные слева, с родовым понятием.

1. Публичная власть, территория, система налогов и сборов, суверенитет и др. 2. Монархия, республика. 3. Герб, гимн, флаг. 4. Унитарное государство, федеративное государство.	А. Формы правления. Б. Признаки государства. В. Форма государственного устройства. Г. Государственные символы.

Задание 58. Соотнесите термины, данные справа, с определением.

1. Система государственных органов, при помощи которых обеспечивается выполнение внутренних и внешних функций государства. 2. Система правовых норм, регулирующих имущественные и связанные с ними личные неимущественные отношения. 3. Совокупность норм права, устанавливающих порядок перехода прав и обязанностей умершего лица по праву наследования. 4. Совокупность норм права, которые устанавливают, какие деяния являются преступлениями и какие наказания применяются к лицам, совершившим преступления. 5. Система всех государственных органов, коммерческих организаций, общественных объединений и отдельных граждан, принимающих участие в политической жизни общества.	А. Политическая система общества. Б. Уголовное право. В. Государственный аппарат. Г. Наследственное право. Д. Гражданское право.

Задание 59. Назовите термин, соответствующий данному определению.

1. Обедневшие смерды, взявшие в долг у князя *купу*, то есть какое-либо имущество (например, орудия труда), и обязавшиеся отработать свой долг. 2. Имущество, переходящее в порядке наследования от умершего (наследователя) к наследникам. 3. Лицо, которое привлекается к делу в связи с предъявленным иском. 4. Гражданин, которому в процессе преступления причинён моральный, физический или имущественный вред. 5. Крестьяне, владевшие своим имуществом (например, домом), но жившие на земле князя и отбывавшие за это феодальные повинности (барщину, оброк). 6. Организация верховной государственной власти, порядок образования её органов и их взаимоотношения с населением. 7. Бесправное население в Древнерусском государстве (рабы).

Задание 60. Соотнесите юридический документ и время его принятия.

1. Первая часть Краткой Правды – … . 2. Вторая часть Краткой Правды – … . 3. Пространная Правда – … . 4. Сокращённая Правда – … . 5. Салическая Правда – … .	А. начало VI века Б. 60-е годы XI века В. середина XV века Г. 30-е годы XI века Д. конец XII века

Урок третий

Часть 1. **Теория государства и права**

- Право. Определение понятия, история и современное состояние.
- Нормы права и правоотношения.
- Источники (формы) права.

Часть 2. **История отечественного государства и права**

- Соборное уложение.
- Судебная реформа 1864 года.

Часть 3. **История зарубежного государства и права**

- Акт о гарантиях прав личности.
- Декларация прав человека и гражданина.

Часть 1. Теория государства и права

Право. Определение понятия, история и современное состояние

Задание 1. а) Прочитайте предложения. Найдите в них антонимы к выделенным прилагательным.

1. Если **частные** определения рабовладельческого, феодального или любого другого права отражают их особенности, то общее определение права ориентирует нас на признаки права вообще.

2. В социальном плане право не бывает **абстрактным**, оно всегда конкретно.

3. Советские правоведы в силу **субъективных** и объективных причин рассматривали право как классовый регулятор общественных отношений.

б) Дополните предложения прилагательными: *частный, общий, абстрактный, конкретный, субъективный, объективный* (предложите варианты, где это возможно).

Невозможно отразить в … определении права … особенности рабовладельческого права.

Право, которое принадлежит конкретному субъекту, представляет собой … право.

Определение права как «правил поведения, устанавливаемых и охраняемых государством», не даёт полного представления о праве, так как является очень … .

Задание 2. а) Прочитайте пары однокоренных слов, проанализируйте словообразовательные отношения между ними и назовите суффикс, с помощью которого образовано существительное.

деятельн(ый) ⟶ деятельность *(чего?)* государственных органов

однотипн(ый) ⟶ однотипность *(чего?)* государственного устройства

общ(ий) ⟶ общность *(чего?)* интересов

! **Обратите внимание**, что существительные, оканчивающиеся на **-ость (-ность)**,
- всегда относятся к женскому роду;
- образуются от прилагательных;
- управляют родительным падежом.

б) Трансформируйте данные словосочетания в именные.

Образец: Конкретные нормы, правила, формулировки, определения ⟶ Конкретность норм, правил, формулировок, определений.

1. Абстрактная формулировка ⟶ …
2. Безошибочное определение, решение ⟶ …
3. Беспристрастный суд присяжных, приговор ⟶ …
4. Компетентное юридическое лицо ⟶ …

Характеристика понятия

Задание 3. Познакомьтесь с разными способами образования кратких форм прилагательных и образуйте краткие формы по образцу.

Образец 1: Широкий ⟶ широк, широка, широко, широки.

Глубокий, строгий, справедливый, распространённый, плохой.

Образец 2: Краткий ⟶ краток, кратка, кратко, кратки.

Лёгкий, узкий, близкий.

Образец 3: Конкретный ⟶ конкретен, конкретна, конкретно, конкретны.

> **!** **Обратите внимание,** что
> - если основа прилагательного оканчивается на согласную **+ к,** то в форме краткого прилагательного мужского рода появляется гласная **-о**;
> - если основа прилагательного оканчивается на согласную **+ н,** то в форме краткого прилагательного появляется гласная **-е**.

Абстрактный, эффективный, сложный, разнообразный, значительный, абсолютный, бесспорный, идеальный, типичный.

Задание 4. а) Прочитайте предложения. Определите, где прилагательные выступают в роли предиката, а где в роли определения. В каком случае используются краткие формы прилагательных?

1. Распространённое в мире объединение норм права в отрасли права известно и в России. – Известное объединение норм права в отрасли широко распространено в научной литературе.
2. Типичная для конституционного права ситуация – это ситуация, когда часть нормы права (санкция) отсутствует. – Для конституционного права типична ситуация, когда в статье Конституции отсутствует санкция.

б) Дополните высказывания краткими формами прилагательных (следите за появлением «беглой» гласной).

Образец: Эта формулировка достаточно … (абстрактная).
Эта формулировка достаточно абстрактна.

1. Право в социальном плане … (конкретное).
2. Конституция РФ в силу чёткости … (лёгкий в обращении).
3. Сила власти всегда … (значительная), но никогда не бывает (абсолютная).
4. Выбор определений … (широкий) и … (разнообразный).
5. Идеи Руссо не … (бесспорное).

Задание 5. а) Прочитайте высказывания философов, писателей о законе. Разделяете ли вы их мнения? Скажите, в каких ситуациях можно было бы использовать эти высказывания?

1. «Закон должен быть строг, а люди – снисходительны» (Вовенарг).

2. «Закон должен быть краток, чтобы его легко могли запомнить и простые люди» (Сенека Младший).

3. «Закон плох, если он робок» (Мерсье).

4. «Закон одинаков, что утром, что вечером» (Герберт).

5. «Когда будут справедливы законы, будут справедливы и люди» (Франс).

б) Используя высказывания известных людей из ***Задания 5. а)***, скажите, каков должен быть идеальный закон.

Задание 6. а) Образуйте наречия от следующих прилагательных по образцу.

Образец: широкий ⟶ широко

! **Запомните:** искренн**е**, односторонн**е**, разносторонн**е**.

Глубокий, лёгкий, строгий, эффективный, разносторонний, реальный, объективный, абсолютный, многократный.

б) Дополните предложения, используя образованные вами наречия. Используйте варианты, где это возможно.

1. Обычай, как источник права … использовался в Древнем Риме.
2. Деление системы права на отрасли и институты … отражает разнообразие … существующих в обществе социальных отношений.
3. Обычай – это неизменная, … повторяемая норма, в основании которой лежит народное убеждение.
4. Чтобы … и … изучать нормы права, необходимо их … классифицировать.
5. С профессиональным юристом … работать.
6. Не существует … идеальных законов.

Задание 7. а) Дополните таблицу недостающими словами, которые часто используются для нравственной оценки (характеристики) лица или понятия.

№	*Существительное*	*Прилагательное*	*Наречие*
1	Идеал	Идеальный	
2		Нравственный	
3		Безнравственный	
4	Честность		
5	Бескорыстие	Бескорыстный	
6		Справедливый	
7			Гуманно
8	Милосердие	Милосердный	

б) Сделайте правильный выбор.

1. Идеальный закон – это закон … . 2. Томас Мор считал, что там, где всё измеряют деньгами, государство не может управляться … . 3. Высший человеческий закон – это … .	А. справедливо Б. справедливость В. справедливый
4. Идеальное общество – это … общество.	А. гуманность Б. гуманно В. гуманное
5. Важная черта характера представителя власти – … .	А. милосердный Б. милосердие В. милосердно
6. Юрист служит делу … .	А. бескорыстие Б. бескорыстно В. бескорыстным
7. Главной причиной гибели Римской империи была … .	А. безнравственная Б. безнравственность В. безнравственно

в) Ответьте на вопросы, используя слова из ***Задания 7. а)***.

1. Каким должен быть идеальный юрист?
2. Как должен работать суд?
3. Какие качества необходимы идеальному правителю?
4. Каким, по вашему мнению, должно быть правовое государство?

Задание 8. Образуйте формы сравнительной степени от данных прилагательных по образцу:

-ЕЕ ***Образец 1:*** сильный – сильнее

Слабый, новый, древний, сложный, абстрактный, распространённый, длительный, эффективный, логичный, целесообразный.

-Е ***Образец 2:*** шир~~ок~~ий – шире
уз~~к~~-ий (з-ж) – уже
выс~~ок~~-ий (с-ш) – выше

! **Обратите внимание**, что если основа прилагательного оканчивается на суффиксы **-к**, **-ок**, то в форме сравнительной степени эти суффиксы опускаются, а в корне обычно бывает чередование: **з-ж, с-ш, т-ч.**

Короткий (т-ч), низкий (з-ж)

-Е ***Образец 3*****:** дорогой (г-ж) – дороже

Обратите внимание, что если основа прилагательных оканчивается на согласные **г, д, к, ст, т, в,** то в форме сравнительной степени возникают чередования**: г-ж, д-ж, к-ч, ст-щ, в-вл.**

Запомните:
маленький – меньше; большой – больше; старый – старше; плохой – хуже; хороший – лучше, глубокий – глубже.

Строгий (г-ж), твёрдый (д-ж), крепкий (к-ч), простой (ст-щ), дешёвый (в-вл), большой, маленький, глубокий, плохой, хороший.

Задание 9. а) Сравните две конструкции. **Обратите внимание** на форму существительного после сравнительной степени (при союзе *чем* и без союза), а также на то, что в первой модели возможна только простая сравнительная степень.

1) Труд раба дешевле труда рабочего.

2) Труд раба < дешевле, / более дешёвый, > чем труд рабочего.

Обратите внимание, что от некоторых прилагательных возможно образование только формы сложной сравнительной степени: *общий – более общий, ёмкий – более ёмкий, разносторонний – более разносторонний.*

Работаем в парах!

б) Примите участие в диалоге. Сравните понятия. Используйте оба варианта формы сравнительной степени.

Нормы морали – нормы права (древний).

Образец: – Как ты считаешь, нормы морали древнее норм права?
– Безусловно, нормы морали более древние, чем нормы права.

1. Труд ремесленников – труд рабов (дорогой).
2. Конституция РФ – Конституция СССР (прогрессивная).
3. Нормативно-правовой акт – другие формы права (распространённый).

4. Феодальный строй – рабовладельческий строй (эффективный).

5. Понятие «правовая система» – понятие «система права» (ёмкий).

6. Понятие «государственный механизм» – понятие «государственный аппарат» (узкий).

Задание 10. Сравните следующие понятия, исходя из предложенных параметров сравнения.

Понятия	*Параметры сравнения*
Понятие «норма права» – понятие «институт права». Понятие «политическая система общества» – понятие «государственный аппарат».	Ёмкость, широта, глубина, разносторонность.
Конституция как нормативно-правовой акт – закон как нормативно-правовой акт.	Важность, сложность, лёгкость в использовании.
Общепринятая классификация норм права по отраслям – классификация норм права по принадлежности к частному или публичному праву.	Логичность, целесообразность, распространённость.
Общее определение права – частное определение права.	Абстрактность, конкретность, точность.

Задание 11. а) Образуйте формы превосходной степени от данных прилагательных по образцу.

-ЕЙШ-

***Образец 1*:** новый – новейший

Сложный, удачный, важный, характерный, простой, крупный, эффективный, логичный

-АЙШ-

***Образец 2*:** лёгкий – легчайший

Широкий(к-ч), яркий(к-ч), строгий(г-ж)

! **Обратите внимание,** что если основа прилагательного оканчивается на **-г-, -к-,** то форма превосходной степени образуется с помощью суффикса **-айш-**, при этом в корне происходит чередование: **к-ч, г-ж.**

б) Образуйте сложные формы превосходной степени прилагательных по образцу из ***Задания 11. а).***

Образец: сложный → самый сложный
→ наиболее сложный

> **Обратите внимание,** что от некоторых прилагательных образуются только сложные формы превосходной степени: *приемлемый – наиболее приемлемый; общий – наиболее общий; распространённый – самый распространённый, наиболее распространённый.*

> **Запомните:**
> хороший – (самый) лучший; наилучший.
> плохой – самый плохой; наихудший.

в) Дополните предложения формами превосходной степени прилагательного. (Используйте разные варианты.) При необходимости используйте слова для справок.

1. Право принадлежит к числу … общественных явлений.
2. Выделение и рассмотрение … признаков права является … средством преодоления негативных последствий множественности определений права.
3. Общее определение права основывается на … особенностях, поэтому оно имеет … характер, не может использоваться для конкретных практических целей.
4. Благодаря чёткому изложению содержания нормативно-правовой акт считается … способом оформления правовых норм.
5. Правовая система Великобритании может служить … примером доминирования прецедентного права.
6. Руссо писал, что … средство для монарха «стать неограниченным» – это обрести любовь народа.
7. Иногда закон рассматривается в … смысле – как синоним права, законодательства.
8. В Австралии … источник права – обычное право.
9. Свод канонического права 1582 года является … актом кодификации канонического права, упоминается во всех работах по каноническому праву.
10. Тирания, по мнению Платона, есть «... вид государственного устройства», где царят беззаконие и насилие.
11. Отрасли права являются … составляющими частями системы права, объединяя подсистемы норм и институтов.

Слова для справок: сложный, важный, эффективный, общий, абстрактный, хороший, плохой, удачный, широкий, крупный, распространённый, яркий, известный.

Работаем над терминами!

Задание 12. а) Познакомьтесь с терминологическими словосочетаниями, включающими прилагательные в превосходной степени. Обратите внимание, что два объекта сравнения в таких словосочетаниях подразумеваются, но не называются.

обладать { высшей / самой высокой / наибольшей } юридической силой

высший < законодательный / исполнительный > орган

высшие < органы государственной власти / судебные инстанции > Федерации/ субъектов Федерации

б) Выберите правильный вариант.

1. Правительство является … .	А. высшим исполнительным органом государства Б. высшей судебной инстанцией В. высшим законодательным органом
2. Высшей юридической силой обладает … .	А. закон Б. Конституция В. обычай
3. Высший законодательный орган в России – … .	А. Парламент Б. Конгресс В. Федеральное собрание
4. Конституционный суд РФ является … .	А. высшим законодательным органом Б. высшим исполнительным органом В. высшей судебной инстанцией
5. Совет Федерации относится к … .	А. высшим органам государственной власти Федерации Б. высшим органам государственной власти субъектов Федерации В. высшим судебным инстанциям Федерации

Задание 13. Прочитайте высказывания известных философов, писателей о законе. Разделяете ли вы их мнения? Скажите, в каких ситуациях можно было бы использовать эти высказывания?

1. Право сильного – это самое большое бесправие (Эшенбах).

2. В некоторых государствах законность имеет такую форму, что она становится ужаснее беззакония (Зейль).

3. Плохие законы – худший вид тирании (Бёрк).

4. Нет более вредного животного, чем человек, не следующий законам (Савонарола).

5. Некоторые неписаные законы твёрже всех писаных (Сенека Старший).

Задание 14. а) Прочитайте микротекст о Конституции РФ 1996 года. Определите, где термин *право* имеет значение

1) совокупность норм и правил, регулирующих отношения между людьми, устанавливаемых и охраняемых государством;

2) предоставляемая гражданину законами государства свобода совершать что-либо.

Конституция РФ – основной правовой акт РФ, закрепляющий права, свободы и обязанности граждан, основы общественно-экономического строя, устанавливающий правопорядок и законность. В действующей Конституции РФ, принятой 12 декабря 1996 года, нашли отражения изменения российского общества, произошедшие в 90-е годы. В отличие от идеологизированных конституций бывшего СССР положения действующей Конституции России чётко определяют, что высшей ценностью является человек, его права и свободы. При этом новая Конституция не ограничивается общей декларацией, а устанавливает, что главная обязанность государства – признание, соблюдение и защита прав и свобод человека. Гражданские права и свободы признаются и гарантируются теперь не только в соответствии с Конституцией РФ, но и согласно принципам и нормам международного права, считающихся частью системы права РФ. В то же время Конституция закрепляет и гарантирует право частной собственности и право свободы предпринимательской деятельности, то есть права, типичные для рыночной экономики.

Конституция РФ является главным источником права, так как, во-первых, она обладает высшей юридической силой, а во-вторых, все законы и другие акты издаются на её основе или в соответствии с ней.

Для правовой защиты основных положений, закреплённых Конституцией, предусмотрена сложная процедура внесения поправок. Необходимо подчеркнуть, что только Президент России, Совет Федерации, Государственная дума, законодательные органы субъектов РФ, Правительство РФ имеют право вносить предложения о поправках и пересмотре положений Конституции. Только народ, наделённый правом участия в выборах и свободного выражения своей воли, имеет право одобрить внесённые изменения путём всенародного голосования.

б) Познакомьтесь со словосочетаниями, в которых часто используется термин *право*; скажите, в каком значении использован здесь термин *право*. Дополните данный список словосочетаниями из текста.

1. Субъективное / Естественное / Гражданское / Позитивное / … → право*

2. Право *(на что?)* → на труд / на отдых / на образование / …

3. Право *(чего?)* → голоса / выбора (а) президента; б) места жительства, профессии) / защиты (в суде) / частной собственности / (политического) убежища

   Право *(кого?)* → гражданина / …

4. Право + инфинитив → голосовать / избирать / участвовать / защищать / …

5. Требовать, добиваться *(чего?)* ⟶ права

6. Получать / Иметь / Закреплять / Гарантировать / Обеспечивать / Защищать / … *(что?)* ⟶ право/права (*мн.ч.*)

7. Нормы / Субъекты / Формы / Источники / Институты / Отрасли / … *(чего?)* ⟶ права

---

* Значение терминов *естественное право*, *гражданское право*, *позитивное право*, смотри в ***Задании 16. а)***.

в) Образуйте от приведённых глаголов отглагольные существительные и составьте с ними словосочетания с существительным *право*.

Образец: закреплять ⟶ закрепление ⟶ закрепление права на труд в Конституции.

Возникать, осуществлять, соблюдать, устанавливать, завоевать.

г) Прослушайте начало предложения; повторите и закончите его, используя словосочетания из ***Задания 14. в).***

1. На семинаре говорили о … .
2. Главная обязанность государства состоит в … .
3. Лектор объяснил принципы … .
4. В тексте обсуждается проблема … .
5. Студент рассказал о … .

д) Просмотрите текст (***Задание 14. а***). Ответьте на вопросы.

1. Какой нормативно-правовой акт является основным правовым актом в РФ?
2. Как гарантируются в России гражданские права и свободы?
3. Какие права, типичные для рыночной экономики, закреплены в Конституции РФ?
4. Почему Конституция является главным источником права?
5. Какие юридические лица имеют право вносить предложения о поправках в Конституцию?
6. Кому в России предоставляется право одобрить предложенные поправки?

Задание 15. а) Прочитайте высказывания известных философов, политиков, писателей о праве. Скажите, в каком значении использовано в каждом из них слово *право*.

1. «Там, где сила отсутствует, право исчезает; там, где она возникает, право начинает сиять» (Баррес).
2. «Есть право мудрого, но нет права сильного» (Жубер).
3. «Честь и право утверждаются только посредством разума, а не оружия» (Зейме).
4. «Море и воздух полезны всем, поэтому право собственности на океан не может принадлежать одному народу» (Елизавета I).
5. «Право повелевать даёт только повиновение» (Эмерсон).

б) Скажите, в каких ситуациях можно было бы использовать эти высказывания?

Работаем над терминами!

Задание 16. а) Прочитайте микротексты. Познакомьтесь с содержанием терминов, включающих понятие *право*.

Римское право – это право Древнего Рима, наиболее развитая система права рабовладельческого общества. Многие черты общей правовой традиции, правовые институты и категории современных правовых систем вырабатывались и вырабатываются на основе принципов римского права. Оно имеет особое значение для правовых систем романо-германского типа, в том числе и для российского права. Подобное влияние римского права на правовые системы многих стран называется рецепцией.

Естественное право – совокупность основных принципов и прав, обусловленных природой человека, имеющих естественный (производный от естественной природы) характер и не зависящих от социальных условий, государства и действующих в нём норм. Важную роль в развитии естественного права сыграло учение о «неписаном праве», по которому в душе человека есть частица божественного разума, существующая как моральный закон, к этому закону восходит любое законодательство.

Позитивное право – реально действующее право как совокупность нормативно-правовых актов. Позитивное право иногда так и называют – действующее право. От позитивного права отличают проекты правовых актов, которые ещё не являются действующими нормами, правовые представления о «желательном праве», существующие в обществе правовые требования.

Термин **«гражданское право»** используется в двух значениях. Во-первых, это отрасль права, то есть система правовых норм, регулирующая имущественные и связанные с ними неимущественные отношения. Гражданское право также называют «цивильным правом». Основы гражданского (цивильного) права были заложены ещё римскими юристами. Во втором значении термин «гражданское право» означает субъективное право гражданина или юридического лица, основанное на нормах гражданского права.

б) Ответьте на вопросы:

1. Что представляет собой римское право?
2. Что такое рецепция римского права?
3. Что такое «естественное право»?
4. В чём заключается суть учения о «неписаном праве»?
5. Чем отличается позитивное право от желательного права?
6. В каких двух значениях используется термин «гражданское право»?
7. Какой термин является синонимичным термину «гражданское право» в первом значении?

Задание 17. а) Прочитайте три предложения, в которых употреблено слово *институт*. Обратите внимание, что термин *институт* употребляется в этих предложениях в четырёх значениях.

Пример	*Значение*
1. Я учусь в юридическом институте.	1. Институт – высшее учебное заведение.
2. Он работает в Научно-исследовательском институте мозга РАМН.	2. Институт – научно-исследовательское учреждение, научная организация.
3. Нормы права объединяются в институты права.	3. Институт – совокупность норм права в какой-либо области общественных отношений.
4. При Петре I был создан институт прокуратуры.	4. Институт – общественное установление.

б) Определите значение существительного *институт* в следующих предложениях:

1. Институт международного права был создан в Генте (Бельгия) в 1873 году для изучения международного права, кодификации и систематизации нормативно-правовых актов.
2. Этот аспирант слушает курс по международному праву в юридическом институте.
3. В ходе Судебной реформы 1864 года в России был создан институт следователей.
4. Некоторые институты включают в себя нормы нескольких отраслей права.

Задание 18. а) Прочитайте микротекст, выделите терминологические словосочетания, включающие слово *институт*.

Система права имеет чёткую структуру. Её минимальными единицами являются нормы права, которые объединяются в институты права.

Таким образом, институт права – понятие более широкое, чем норма права. Каждым институтом права охватываются отдельные, относительно самостоятельные однородные группы правовых норм.

Институт права – это совокупность норм права, регулирующих определённый вид общественных отношений. Институты права также называют правовыми институтами.

Институты права функционируют в пределах отраслей права, таких как конституционное право, гражданское право, уголовное право, трудовое право и др. Вместе с составляющими их нормами они формируют структуру каждой отрасли права. Например, такая отрасль права, как конституционное право состоит из ряда конституционно-правовых институтов: а) институт гражданства – совокупность норм, регулирующих общественные отношения, связанные с приобретением, изменением, утратой лицом статуса гражданина того или иного государства; б) институты, устанавливающие порядок формирования и работы политических партий, общественных организаций и др.

Гражданское право включает институты, связанные с правами граждан; например, институты купли-продажи, аренды, перевозок, страхования, дарения и т. д. В трудовое право входят институты, связанные с выплатой заработной платы, оформлением пенсии и т. д.

Помимо институтов, которые действуют в пределах одной отрасли права, есть институты, включающие нормы нескольких отраслей права. Их называют смешанными институтами. Таким институтом является, например, институт дисциплинарной ответственности. Он входит в отрасль трудового права, поскольку администрация трудового предприятия может применить к виновным дисциплинарные взыскания. Однако, если дисциплинарные взыскания оспариваются в суде, то рассмотрение трудового спора осуществляется уже в рамках другой отрасли – гражданского процессуального права. Следовательно, институт дисциплинарной ответственности является одновременно и институтом трудового права, и институтом гражданского процессуального права, то есть смешанным институтом.

б) Ответьте на вопросы.

1. Что представляет собой институт права?
2. Как ещё называют институт права?
3. Как соотносятся норма права, институт права и отрасль права?
4. Какие институты входят в состав конституционного права?
5. Какие институты включает гражданское право?
6. К какой отрасли права относится институт купли-продажи? А к какой отрасли относится институт, связанный с оформлением и уходом на пенсию?
7. Какие институты права называют смешанными институтами?

в) Запишите и запомните некоторые частотные терминологические словосочетания, включающие в свой состав термин *институт*. Дополните свой список новыми словосочетаниями с термином *институт* из микротекста ***Задания 18. а).***

Правовой
Конституционно-правовой — институт
Смешанный

Институт *(чего?)*
- права
- конституционного права
- гражданства
- собственности
- …

Институт,
- связанный с *(чем?)*
- устанавливающий *(что?)*
- регулирующий *(что?)*
- …

г) Прочитайте микротекст, запомните конструкции, в которых термин *институт* используется как субъект.

1. Институт права представляет собой совокупность норм права, регулирующих определённый вид общественных отношений. 2. Институты обычно действуют в пределах одной отрасли права, они формируют структуру каждой отрасли. 3. Некоторые институты включают нормы нескольких отраслей. 4. В трудовое право, в частности, входят институты, связанные с выплатой зарплаты.

Задание 19. а) Прочитайте текст, выпишите незнакомые слова.

Определение понятия «право»: история и современное состояние

Право, как и государство, принадлежит к числу не только наиболее важных, но и наиболее сложных общественных явлений. Ещё древние юристы обращали внимание на то, что понятие «право» имеет много смыслов. Древнеримский юрист Павел считал, что слово «право» используется, по меньшей мере, в двух смыслах. Во-первых, право означает «то, что всегда является справедливым и добрым», это – естественное право. Во-вторых, право означает «то, что полезно всем или многим в государстве», это – цивильное право.

По мере развития общества, государства, людей, менялось и представление о праве. Однако положения древнеримских и древнегреческих юристов о неразрывной связи права и справедливости, права и добра, то есть принципы естественного права, сохранили свою значимость и актуальность до настоящего времени.

Идея естественного права и его основные положения нашли своё отражение в современном законодательстве многих государств. Например, в Конституции РФ говорится, что «основные права и свободы человека принадлежат каждому от рождения», а в статье 1 Всеобщей декларации прав человека закреплено, что люди рождаются свободными и равными в своём достоинстве и правах.

Перейдём теперь к характеристике так называемого цивильного права (сейчас его называют гражданским), посмотрим, насколько актуальны сегодня его идеи, принципы. Многие основы цивильного права, заложенные римскими юристами, сохранились по сей день. Особенно это касается таких его институтов, как собственность, купля-продажа, наследование.

В качестве примера можно привести Кодекс Наполеона или Гражданский кодекс Франции 1804 года, которые были созданы на основе глубокого изучения и широкого использования римского права. В Кодексе Франции под влиянием институтов римского права особенно выделялось право собственности, а в Кодексе Наполеона закреплялись пути и способы приобретения собственности, в частности особое внимание уделялось договорным обязательствам.

Важную роль в определении понятия права играет социальное назначение права, его роль в жизни общества. Право выражает волю определённых социальных групп. Нет права «вообще». Оно всегда реально и конкретно.

Вспомним, что нормы и «Русской Правды», и «Салической Правды» за одно и то же преступление предусматривали различное наказание в зависимости от общественного положения преступника.

В современной юриспруденции до сих пор существует вопрос: как соотносятся общечеловеческие интересы с социальными? Если сравнивать между собой подходы к определению понятия «право», характерные для советского периода, с подходами к определению понятия «право» в постсоветский период, то можно заметить, что важнейшей особенностью тех и других подходов является или абсолютное признание, или столь же абсолютное отрицание узкосоциального, классового характера права. Авторы многих определений советского периода опирались на строго классовую позицию, авторы современных определений апеллируют к общечеловеческим ценностям и интересам.

Сторонники классовой теории определяют право как «систему общеобязательных норм, выражающих волю господствующего класса». Противники этой теории рассматривают право как систему общеобязательных правил поведения, которая устанавливается и охраняется государством, выражает общие и индивидуальные интересы населения страны.

В настоящее время теоретики права пытаются уйти от множественности определений, выработать универсальное, общее определение права. Однако подобное определение имеет ряд недостатков. Во-первых, в общем определении невозможно отразить особенности рабовладельческого, феодального или современных типов права. Эти особенности характеризуют лишь частные, конкретные определения. Во-вторых, универсальное определение права может складываться, исходя из названия и назначения лишь самых общих особенностей, и потому оно носит слишком абстрактный, малопригодный для достижения практических целей характер.

В определениях, наиболее удачных в практическом и теоретическом плане, соединяются социальный и общечеловеческий подходы. В заключение приведём пример подобного определения. Право – это система общеобязательных, формально определённых норм, обеспечиваемых государством и направленных на регулирование поведения людей в соответствии с принятыми в данном обществе устоями социально-экономической, политической и духовной жизни.

б) Проанализируйте структуру данного текста. Выделите в тексте смысловые части, сформулируйте и запишите в тетради основную тему каждой смысловой части (составьте номинативный план).

1. Какую часть можно назвать введением? Почему?
2. Найдите в тексте место, где говорится о влиянии естественного права на современное законодательство. Как автор аргументирует мысль о том, что главные принципы естественного права нашли отражение в законодательстве многих государств?

3. Найдите в тексте место, где говорится об актуальности для современной юриспруденции принципов цивильного права. Как автор ещё называет цивильное право?

4. Где в тексте говорится о влиянии на определение понятия «право» его социальной функции? Как автор доказывает, что не существует права «вообще»?

5. Найдите в тексте рассуждения автора о существующих в современной юриспруденции определениях права. В чём проблема выработки универсального определения права?

6. Как автор завершает текст?

Учимся составлять тезисный план!

Задание 20. а) Познакомьтесь с новой формой плана.

> ***Тезисный план*** – это план, пункты которого сформулированы в виде тезисов. По форме это всегда двусоставные предложения, имеющие субъект и предикат (часто именной).

б) Запишите первые три пункта тезисного плана прочитанного текста (обратите внимание на форму предиката в каждом случае).

1. Древние римские юристы разграничивали естественное и цивильное право.

2. Принципы естественного права находят своё отражение в современных законодательствах многих государств.

3. Основы цивильного права, заложенные римскими юристами, актуальны для современных правовых систем.

в) Письменно продолжите составление тезисного плана текста.

г) Сравните составленный вами план с данным ниже. В случае необходимости внесите изменения.

1. Древние римские юристы разграничивали естественное и цивильное право.

2. Принципы естественного права находят своё отражение в современных законодательствах многих государств.

3. Основы цивильного права, заложенные римскими юристами, актуальны для современных правовых систем.

4. Важную роль в определении понятия «право» играет его социальное назначение.

5. Выработка универсального определения права является важной и сложной задачей современной теории права.

д) Сравните номинативный план с тезисным. По какому плану легче воспроизвести содержание текста? Каким видом плана вы пользуетесь чаще?

Учимся конспектировать!

Задание 21. Познакомьтесь с информацией, которая поможет вам при составлении конспекта.

При составлении конспекта часто возникает необходимость переформулировать информацию, полученную из текста, выразить её более сжато. Сокращению могут подвергаться как отдельные предложения, так и смысловые части текста.

При сокращении простого предложения рекомендуется:

- глаголы *являться*, *представлять собой* заменять тире.

Например: Право представляет собой совокупность общеобязательных правил поведения. ⟶ Право – сов-ность общеобяз. правил поведения.

- сохраняя главную информацию, выражаемую субъектом, предикатом и др., опускать второстепенную информацию (распространённые определения, деепричастные и причастные обороты, однородные члены, пояснения и т. д.).

Естественное право называется естественным, так как оно существует само по себе, имеет естественный (производный от естественной природы) характер.	⟶	Естеств. право назыв-ся естественным, т. к. оно имеет естеств. х-р.

При сокращении сложного предложения можно передавать его смысл, используя структуру простого предложения.

Например:

Среди функций государства следует различать те, которые свойственны только государственной форме руководства обществом, и те, которые свойственны общественному самоуправлению.	⟶	Функции государства ⟶ сугубо гос. / обществ.

При сокращении отдельной смысловой части рекомендуется:

- **опускать** избыточную информацию;
- **сокращать** все виды дополнительной информации (иллюстрирующую, дополняющую, конкретизирующую), если при этом не нарушается основное содержание смысловой части;
- **по-своему формулировать** основные положения смысловой части, объединяя информацию нескольких предложений в одно.

Например:

В период Среднего царства, несмотря на значительное усиление централизации, аристократия сохраняет и упрочивает привилегии. Свои имения она называет отцовскими, т.е. наследственными и, значит, независящими от воли правительства. Наследственными становятся перешедшие от предков титулы и должности.	→	В период Среднего царства арист-я упрочивает привилегии. Наследств. стан-ся имения, титулы и должности.

Задание 22. а) Опираясь на план, составьте краткий конспект текста.

б) Пользуясь конспектом, ответьте на вопросы.

1. На какие слова древнеримского юриста Павла ссылается автор, говоря о многозначности понятия «право»? Как Павел определял понятие «естественное право»? Что говорил древнеримский юрист о цивильном праве?
2. Как повлияло естественное право на современное законодательство?
3. Насколько актуальны сейчас принципы цивильного права?
4. Чем отличаются подходы к определению понятия «право» в советский и постсоветский периоды? Какое определение дают праву сторонники классовой теории? Какое определение дают праву противники классовой теории?
5. Как современные теоретики пытаются уйти от множественности определений понятия «право»? Какие недостатки имеет универсальное определение права?
6. Какое определение права считается в современной юриспруденции самым удачным?

Задание 23. Прослушайте фрагменты семинарского занятия. Примите участие в обсуждении проблемы. Реагируйте на заключительную реплику преподавателя.

Диалог 1

Преп.: Кто мог бы процитировать слова древнеримского юриста Павла о многозначности понятия «право»?

Студ.: Древнеримский юрист сказал, что слово *право* используется, по меньшей мере, в двух смыслах.

Преп.: Не могли бы вы процитировать определения, которые давал Павел естественному праву и цивильному праву?

Студ.: …

Диалог 2

Преп.: Что представляют собой положения естественного права?

Студ.: Положения естественного права – это положения о неразрывной связи права и справедливости, права и добра.

Преп.: Правильно. И я подчеркнул бы, что идеи и положения естественного права нашли отражение в современном законодательстве многих государств. Кто мог бы привести примеры?

Студ.: …

Диалог 3

Преп.: Давайте вспомним, как называют сейчас цивильное право?

Студ.: Сегодня его называют гражданским.

Преп.: Верно. А может быть, вы вспомните, на какие институты гражданского права особо повлияли идеи древнеримских юристов?

Студ.: …

Диалог 4

Преп.: Не могли бы вы сказать, какую роль в формировании научных представлений о сущности права играет социальное назначение права в жизни общества?

Студ.: Я думаю, что право всегда выражает волю определённых социальных групп. Поэтому социальное назначение права играет очень важную роль в формировании представления о его сущности.

Преп.: Спасибо. Действительно, нет права «вообще», оно всегда реально и конкретно. Кто мог бы аргументировать эту мысль?

Студ.: …

Диалог 5

Преп.: Как соотносились в юриспруденции XX века общечеловеческий и социальный подходы к определению понятия «право»?

Студ.: Мне кажется, что самым важным достижением юриспруденции XX века стало то, что авторы начали апеллировать к общечеловеческим ценностям. Ведь юристы советского периода, как мы помним, определяли право с узкосоциальных, классовых позиций.

Преп. Не могли бы вы привести примеры определения права сторонников классового подхода и их противников?

Студ.: …

Диалог 6

Преп. Давайте вспомним, как теоретики права преодолевают множественность определений права?

Студ.: Они пытаются выработать универсальное, общее определение права.

Преп.: Верно. Но я думаю, вы согласитесь, что у этого определения есть ряд недостатков. Вы могли бы их перечислить?

Студ.: …

Диалог 7

Преп.: Какое же определение понятия «право» считается наиболее удачным в практическом и теоретическом плане?

Студ.: Наиболее удачным считается определение, в котором соединяются социальный и общечеловеческий подходы.

Преп.: Ну что ж, давайте подведём итоги нашего обсуждения. Кто может привести пример подобного синтетического определения, соединяющего социальный и общечеловеческий подходы?

Студ.: …

Задание 24. а) Прочитайте тексты и скажите

- в чём сущность каждой из теорий происхождения права;
- кто автор каждой из теорий;
- когда они появились.

1. Теория естественного права

Теория естественного права имеет длительную историю, ведь её основные положения сформулировались уже в древности. Ещё римские юристы выделяли естественное право, видели в нём отражение законов природы и естественного порядка вещей. Цицерон говорил, что закон государства, противоречащий естественному праву, не может быть законом. Основную разработку теория естественного права получила в XVII–XVIII веках в трудах Руссо, Дидро, Локка, Монтескье.

Суть данной теории заключается в том, что кроме позитивного права, которое создаёт государство, существует общее для всех людей естественное право, стоящее над позитивным правом. Естественное право называется естественным, так как оно существует само по себе (как существует естественная природа). Согласно теории естественного права, право и закон не тождественны, поскольку закон (выражение позитивного права) создан законодателями и принят государством. Можно сказать, что для авторов теории, право равно морали, ведь естественное право – совокупность нравственных ценностей, таких как свобода, равенство, справедливость. Официальные законы не всегда справедливы, а следовательно, не всегда соответствуют естественному праву.

2. Историческая школа права

Историческая школа права возникла как определённая реакция на теорию естественного права в целях защиты закономерностей общественной и государственной жизни. Это направление возникло в Германии в начале XIX века. Основателем исторической школы считается профессор Берлинского университета Карл Савиньи. Видными представителями исторической школы были Густав Гуго, Фридрих Пухта и др. По их мнению, право создаётся не законодателями, а возникает само в результате медленного процесса развития общественных отношений. Право, по словам Савиньи, есть «продукт всеобщего народного духа», законодатель не творец права, а выразитель этого духа. По мнению Гуго, «народ сам выбирает те нормы из предложенных государством, которые более нужны для повседневной жизни». Таким образом, основу права составляют уже сложившиеся правила, регулирующие общественные отношения, то есть обычаи, а официальные законы являются только юридическим оформлением этих обычаев.

3. Марксистская теория права

Марксистская теория права возникла во второй половине XIX века. Она являлась основной теорией в СССР и ряде социалистических стран до конца 80-х годов XX века. Основоположниками данной теории были К. Маркс, Ф. Энгельс и В.И. Ленин. В основе теории лежит классовый подход. Пока все члены общества равны, оно может обходиться обычаями, которые опираются на власть авторитета старейшин и соблюдаются добровольно. Когда возникает социальное неравенство, появляются классы, то возникает необходимость в новом регуляторе общественных отношений. Таким регулятором становится право. Право выражает волю правящих классов и обеспечивается принудительной силой со стороны возникающих государственных органов. Правящие классы стремятся с помощью права усилить свою власть, закрепить её. Таким образом, согласно марксистско-ленинской теории, право – возведённая в закон воля правящих классов.

4. Нормативистская теория права

Нормативистская теория права сложилась в первой половине XX века. Её авторами считаются австрийский политик и правовед Кельзен, немецкий юрист и социолог Штаммер, русский правовед Новгородцев. Согласно нормативистской теории, право является пирамидой норм. Во главе данной пирамиды стоит «суверенная норма», определяющая смысл остальных норм (например, конституция). Каждая норма в иерархии, пирамиде, зависит от вышестоящей нормы, и в конечном счете, все нижестоящие нормы зависят от высшей, суверенной нормы. Авторы нормативистской теории полагают, что право «живёт» только в кодифицированных (писаных) юридических нормах, то есть не может быть права вне норм. Например, по мнению авторов теории, не существует естественного права.

5. Психологическая школа права

Психологическая школа права сформировалась в первой половине XX века. Это научное направление рассматривает право как явление психической жизни. Создателями психологической школы права были Кнапп, Петражицкий. По словам Петражицкого, право – психический феномен, разновидность чувств, эмоций, а не явление социальной жизни. По мнению создателей направления, правовые явления есть результат, продукт психических переживаний. Так, субъективные права возникли из чувства правомочия на что-нибудь. А юридические обязанности произошли от психологического чувства обязанности что-либо сделать.

б) Законспектируйте два последних микротекста.

Задание 25. а) Прочитайте, прослушайте и запишите тему лекции «Сущность права и история его возникновения» и опорные словосочетания.

Возникновение права, частная собственность, усиление неравенства, общеобязательные правила поведения.

Представление о сущности права, теории происхождения права.

Теория естественного права, совокупность (высших) нравственных ценностей.

Нормативистская теория права, пирамида норм.

Историческая школа права, результат народного выбора.

Марксистско-ленинская теория права, воля господствующего класса.

Психологическая школа права, (особый) вид человеческих эмоций.

Совокупность общеобязательных правовых норм, объективное право, субъективное право.

Римское право, правовой институт, функция права.

Социальная норма, признаки права, система общеобязательных норм, официальная форма, закрепление в актах, установление государством.

б) Опираясь на опорные слова и словосочетания, прослушайте лекцию «Сущность права и история его возникновения». Кратко запишите основные идеи.

Дорогие коллеги!

Темой нашей сегодняшней лекции является сущность права и история его возникновения. Многое вам уже известно из наших занятий, посвящённых истории государства; ведь право и государство тесно взаимосвязаны. Мы уже знаем, что право возникает одновременно с государством, на определённом этапе развития общества. Но как и почему это происходит? Жизнь в обществе невозможна без соблюдения правил поведения. В родовой общине отношения между людьми регулируют обычаи. Напомню, что обычай – это правило поведения, которому следуют по традиции, в силу привычки. Обычаи регулировали все общественные отношения, в частности трудовые, семейные. В родовой общине обычаи соблюдали добровольно, благодаря уважению к старейшинам, их авторитету. Как вы помните, с появлением частной собственности в общине возникает неравенство. Аппарат управления родом начинает превращаться в государственный аппарат. А когда появляется государство, ещё больше усиливается неравенство в обществе. Таким образом, после появления государства обычаи больше не могут регулировать общественные отношения. Иными словами, после появления государства необходимо установить новые правила поведения. И эти правила уже не могут быть добровольными, они должны стать обязательными для всех, общеобязательными. Так возникает право.

Теперь, когда мы знаем, почему возникло право, попытаемся ответить на вопрос о том, как это происходило. На этот вопрос разные теории происхождения права отвечают по-разному. Общество и государство развивались, и у людей конечно же менялось представление о праве. В истории юриспруденции предлагались различные представления о сущности права и его происхождении. Учёные классифицируют эти представления, разделяют по различным научным направлениям. Такие научные направления называют школами, или теориями. Каждая теория происхождения права, каждая школа предлагает своё определение права, своё объяснение причин его возникновения.

Самая старая теория права – теория естественного права. Как вы знаете, её создатели считают, что право существует само по себе, как существует естественная природа. Они дают следующее определение понятию «право»: право – это совокупность высших нравственных ценностей.

Для авторов нормативистской теории право «живёт» только в нормах права, то есть благодаря усилиям законодателей. Они считают, что право не может быть вне норм. Согласно нормативистской теории, право – это пирамида норм.

Представители исторической школы права уверены, что право создаётся не законодателями. Оно возникает само собой в ходе исторического процесса, в результате развития общественных отношений. Народ сам выбирает нормы, удобные для повседневной жизни, из норм, которые предлагает государство. Таким образом, право есть результат народного выбора.

Для марксистско-ленинской теории права характерен классовый подход к праву. Маркс считал, что право всегда отражает волю господствующего класса, которая становится законом.

Наконец, психологическая школа права рассматривает право как психологическое явление. Точнее, по словам автора теории Петражицкого, право представляет собой особый вид человеческих эмоций.

Таким образом, наиболее известными считаются следующие правовые теории и школы права: теория естественного права, нормативистская теория права, историческая, марксистская и психологическая школы права. Каждая теория, каждая школа, как вы убедились, даёт своё определение права. А теперь остановимся на том, какое определение права принято в современном правоведении.

В современной науке получило широкое распространение следующее определение права: «Право – это совокупность общеобязательных правовых норм, которые охраняются и устанавливаются государством». Важно помнить, что понятие «право» в современном правоведении имеет два значения. В первом значении его иногда называют объективным правом, а во втором значении – субъективным. Право в первом значении, то есть объективное право – это совокупность норм и правил поведения, которые устанавливает и охраняет государство. Право во втором значении называют субъективным правом, так как это право, которое принадлежит конкретному лицу, субъекту. Иными словами, субъективное право – это предоставляемая гражданину (субъекту) свобода совершать что-либо. Примерами субъективного права являются гражданские права, право на труд и многие другие.

Предметом нашего внимания сегодня будет право в первом значении, то есть право как совокупность норм. Самым древним правом является римское право. Римские юристы создали основные институты права. Напомню, что правовой институт, или институт права, – это система правовых норм, которые обычно относятся к одной отрасли права. Вспомним, например, институт собственности, который относится к гражданскому праву. Хотя римское право было создано в далёкой древности, оно уже тогда выполняло основную функцию права – регулировало отношения в обществе.

Так как право регулирует поведение людей в обществе, оно является социальной нормой. Ведь общество – это социум. Конечно, в обществе есть и другие социальные нормы, например традиции, религия, мораль. Но право отличается от них. И мы должны очень чётко определить те признаки, которые отличают право от других социальных норм.

Во-первых, право – система общеобязательных норм, другими словами, норм обязательных для всех. Во-вторых, нормы права всегда выражаются и закрепляются в официальной форме. То есть они закреплены в законах, судебных решениях и других актах. И наконец, в-третьих, право устанавливается, гарантируется и защищается государством.

Более подробно об отличиях права от морали и других социальных норм вы узнаете на семинаре. А мы на следующей лекции поговорим о важнейшем элементе права – нормах права и их видах.

в) Проверьте, правильно ли вы поняли содержание лекции, выбрав один из предложенных вариантов ответа к каждому заданию.

1. Обычай – это … .	А. правило поведения, которое санкционировано государством Б. правило поведения, которому следуют по традиции В. правило, которое выработано в результате деловой практики
2. Субъективное право представляет собой … .	А. совокупность общеобязательных правил поведения, которые закреплены в системе юридических норм Б. предусмотренную законом необходимость должного поведения субъекта В. охраняемую государством возможность субъекта что-либо делать
3. Институт – … .	А. система правовых норм, которые обычно относятся к одной отрасли права Б. система правовых норм и отраслей В. система нормативно-правовых актов, относящихся к различным отраслям права
4. Самое древнее право – … право.	А. мусульманское Б. английское В. римское
5. Право возникает одновременно с появлением … .	А. орудий труда Б. государства В. родовой общины
6. Естественная теория права – самая … .	А. популярная Б. логичная В. старая

г) Проверьте, правильно ли вы поняли содержание лекции, указав лишнее слово или словосочетание. Объясните свой выбор.

нормативистская теория права теория государства и права историческая школа права

технологические стандарты право мораль традиции религия

общеобязательность официальная форма защита государством естественность возникновения

Задание 26. Прослушайте текст лекции (***Задание 25. б***). Проанализируйте структуру лекции. Подготовьтесь ответить на вопросы.

1. О чём говорится во введении? Почему возникло право? Как возникновение права связано с появлением государства?
2. Чему посвящена основная часть? О каких теориях возникновения государства говорил лектор? Как определяют право авторы разных теорий?
3. В каких значениях используется термин «право» сегодня?
4. Какие признаки отличают нормы права от других социальных норм?

Задание 27. а) Сравните информацию текстов «Определение понятия права: история и современное состояние» (***Задание 19. а)***, микротекстов о теориях происхождения права (***Задание 24. а)*** и текст лекции «Сущность права и история его возникновения» (***Задание 25. б)***. Что нового вы узнали на лекции?

б) Используя информацию всех текстов, подготовьте сообщение на тему «Право, история его возникновения, его сущность и признаки». Напишите тезисный план своего выступления.

Задание 28. Прочитайте диалог по ролям. Восстановите недостающие реплики.

– Привет! Это я, Люба. Узнал?

– Естественно, но…

– Можешь не продолжать. Мне стыдно, что я давно не звонила. Но я знаю, что ты рад моему звонку. А я по делу.

– Естественно!..

– Можешь не продолжать. Завтра семинар, и я собираюсь выступить.

– Естественно, ведь…

– Можешь не продолжать. Я действительно ни разу не выступала на этом семинаре, а скоро конец семестра. Но я обращаюсь к тебе не как к отличнику, а как к другу. Поможешь?

– Естественно!

– Ну вот, другой разговор. Понимаешь, я готовлюсь выступить по вопросу о сущности права и истории его возникновения. По теориям происхождения права у меня есть материал. Кстати, спасибо за конспекты.

– Ты в них разобралась?

– Естественно!

– Ну и что ты можешь сказать о нормативистской школе права?

– …

– Неплохо! Может, ты и авторов помнишь?

– …

– Неужели и в психологической теории происхождения права ты разобралась?

– Естественно! Во-первых, авторами этой теории являются … . Во-вторых, время появления этой теории – … . А суть её заключается в следующем … .

– Да, с теориями происхождения права у тебя всё в порядке. Но ты, насколько я помню, пропустила лекцию на тему «Сущность права и история его возникновения».

– По уважительной причине.

– Естественно, но …

– Можешь не продолжать. Мне известен твой принцип: нет плохих преподавателей, есть плохие студенты. И я, плохая студентка, спрашиваю у тебя, отличного студента: что говорилось на лекции о роли обычая – в родовой общине и после возникновения государства?

– …

– Значит, после появления государства обычаи не регулируют общественные отношения?

– Не должны.

– В таком случае, чем объяснить существование в наше время обычая кровной мести?

– Что ты имеешь в виду?

– Ну вот, например, на Кавказе до сих пор мужчины должны мстить за убийство – убийством.

– Откуда такая информация? Это не миф?

– Ты же не станешь утверждать, что факты, опубликованные в СМИ, – миф? Это достоверный источник. Вот послушай: 24 февраля, источник Интернет, Рамблер МАСМЕДИА. «Нам сообщили, что в настоящее время в банде остаются несколько особо приближённых к главарю бандитов, которые лично совершали убийства и теперь боятся кровной мести со стороны родственников погибших». Я специально выписала как пример обычая, сохранившегося до наших дней.

– А ты обратила внимание на то, как в этом тексте названы граждане, боящиеся так называемой кровной мести?

– ...

– Правильно. Это люди, совершившие тяжкие преступления и теперь боящиеся наказания. С другой стороны, те граждане, которые намереваются функцию наказания взять на себя, а не предать преступников в руки государственного правосудия, то есть осуществляющие так называемую кровную месть, тоже повинны в уголовном преступлении. Государство живёт по своим законам, а эти персоны – по своим. Поэтому этот обычай и подобные ему – не параллельные уголовному кодексу правовые институты, а уголовно наказуемые деяния, находящиеся вне его. А что ты думаешь по этому поводу?

– Я думаю, что таких прецедентов (я правильно использую этот термин?) слишком много. Вот послушай. «Российская газета» от 16 февраля. «К чему ведёт вендетта».

– Вендетта, кстати, это и есть обычай кровной мести по-итальянски.

– Вот именно. Такие обычаи живы во многих странах – в Италии, в Черногории. Итак, «прокуратура Ульяновской области предъявила обвинение двум чеченцам, подозреваемым в убийстве одного из лидеров азербайджанской диаспоры Аслана Аллахвердиева. Это преступление напомнило о событиях трёхмесячной давности. Именно тогда в ресторане «Золотой дракон», принадлежащем одному из лидеров азербайджанской диаспоры, был убит Иса Алиев, лидер ульяновских чеченцев. Эта смерть стала результатом конфликта, разгоревшегося между азербайджанцами и чеченцами. Поэтому следователи сразу предположили, что убийство Аллахвердиева – это кровная месть горцев за смерть соплеменника. Вендетта». Значит, обычаи не ушли в прошлое, они существуют, о них говорят, на них ссылаются.

– Да, но не все явления, о которых говорят, являются регуляторами общественных отношений.

– Не поняла.

– Вспомни историю права. С появлением частной собственности, сменившей родовую, появляются чиновники, которые не добровольно, а за деньги берутся наладить управление обществом. Эти люди не связаны семейными или родовыми узами. Так рождалось государство, то есть принципиально новый общественно-правовой феномен с новыми общественными отношениями и с новыми институтами, их регулирующими. Что должно было произойти с родовыми обычаями?

– ...

– Да, обычаи перестали быть регуляторами общественных отношений, эту функцию взяло на себя государство. Поэтому те действия, поступки, деяния, которые совершают из кровной мести, преследуются законом, а не параллельны закону.

– А теперь расскажи мне, пожалуйста, вкратце о современных определениях права.

– Понимаешь, важно запомнить, что понятие «право» в современном правоведении имеет два значения...

– А конкретнее?

– Изволь. В первом, объективном значении право – это...

– А субъективное право должно, по-видимому, принадлежать субъекту, то есть конкретному лицу. Я права?

– В целом да. Субъективное право – охраняемая государством возможность...

– Значит, об этом шла речь на лекции?

– Да. Но в основном профессор говорил о праве в его первом значении, то есть о праве как о совокупности норм.

– Кстати, а где впервые эти нормы были созданы?

– Считается, что самое древнее право – римское. Именно римские юристы создали основные институты права. Обращаю твоё внимание на то, что правовой институт, или институт права, – это...

– А, например, институт собственности. К чему он относится?

– ...

– Понятно.

– Римское право уже в древности выполняло основную функцию права – ...

– Послушай. Считается, что право – это социальная норма.

– Безусловно.

– Но ведь есть и другие? Например, ...

– И что же?

– А чем право принципиально от них отличается? Знаешь?

– Только в общих чертах...

– А дальше?

– Более подробно об отличиях права от морали и от других социальных норм мы узнаем завтра на семинаре.

Задание 29. а) Прочитайте текст, не пользуясь словарем; постарайтесь понять общее содержание. Читайте как можно быстрее.

Право и мораль

Отношения в обществе регулируются не только нормами права, но и нормами морали – нравственными нормами. Мораль – система норм, оценок, которые выражаются в поступках людей и опираются на их представления о добре и зле.

Право и мораль как социальные нормы имеют много общего. И право, и мораль регулируют поведение людей, являются частью культуры общества. Однако нормы права и морали отличаются друг от друга.

Во-первых, мораль старше права. Мораль (как система представлений о добре и зле) возникла ещё в первобытном обществе. Право же возникло вместе с государством.

Во-вторых, нормы права устанавливает государство, а нормы морали формирует общество.

В-третьих, право отличается от морали гарантиями выполнения. Право обеспечивается силой государственного принуждения. Для выполнения моральных норм не нужна сила принуждения. Гарантом морали выступает совесть. Совесть – это чувство нравственной ответственности человека за своё поведение.

В-четвёртых, мораль и право имеют разные формы выражения. Право закреплено письменно – в нормативно-правовых актах. Моральные нормы «живут» в сознании людей, традициях, песнях, пословицах, художественной литературе.

В-пятых, нормы морали регулируют многие отношения, которые не регулирует право. Например, такие важные отношения, как любовь, дружба, верность, регулируются только моралью.

Итак, общественные отношения регулируются нормами права и нормами морали. Но нормы права и нормы морали имеют свои специфические признаки. При этом право и мораль тесно взаимосвязаны. Ещё Гегель утверждал, что право и мораль не могут существовать раздельно. Право должно способствовать укреплению моральных норм, то есть укреплению идеалов добра и справедливости в обществе. А моральные нормы – совесть, честность, справедливость, бескорыстие – должны быть основой, на которую опирается право.

б) Попытайтесь сформулировать основную мысль текста.

Задание 30. **За 10 секунд!** Найдите в тексте ответ на каждый из вопросов.

1. Что такое мораль?
2. Что старше, мораль или право?
3. Как создаются нормы права?
4. Что является гарантом морали?
5. Какова форма выражения права?
6. Как закрепляются нормы морали?
7. Какие отношения регулируются только моралью?
8. Кто утверждал, что право и мораль не могут существовать отдельно?

Задание 31. Прочитайте текст «Право и мораль» ещё раз. Подготовьтесь ответить на вопросы.

1. Что общего между правом и моралью?
2. Каковы отличия права от морали?
3. Как взаимодействуют мораль и право?

Задание 32. Пользуясь информацией текста и конструкциями из задания, сравните нормы морали и нормы права.

Задание 33. Прочитайте высказывания русских писателей на тему морали. Выразите своё отношение к ним. Аргументируйте свой ответ.

1. Сострадание есть главнейший и, может быть, единственный закон бытия всего человечества (Ф.М. Достоевский. «Идиот»).

2. В человеке есть свой суд – совесть (Л.Н. Толстой. «Путь к жизни»).

3. Лучшие и прочнейшие изменения те, которые происходят от одного улучшения нравов, без насильственных потрясений (А.С. Пушкин. «Капитанская дочка»).

Нормы права и правоотношения

Задание 34. а) Прочитайте микротекст о нормах права. Подчеркните пассивные конструкции, с помощью которых в тексте характеризуются правовые нормы.

Нормой права называется правило должного поведения. Нормы права издаются только государством. Нормы права чётко формулируются и закрепляются в письменном виде в законах, судебных решениях и других нормативно-правовых актах.

Нормы права не только устанавливаются, но и гарантируются и защищаются государством. В случае если они нарушаются, применяются меры государственного воздействия.

Действие норм права распространяется на все субъекты права: на физические и юридические лица. При этом действие правовых норм не исчерпывается их исполнением: они действуют, пока не будут отменены или изменены. Таким образом, нормы права отличаются от других социальных норм названными специфическими признаками.

б) Ответьте на вопросы.

1. Что такое норма права?
2. Кем создаются и как закрепляются нормы права?
3. Как гарантируются и защищаются нормы права?
4. На кого распространяются нормы права?

Задание 35. а) Прочитайте микротекст о правоотношениях. Скажите, как соотносятся нормы права и правоотношения.

С помощью норм права регулируются различные общественные отношения: они трансформируются, превращаются в правовые отношения. Нормы права и правоотношения находятся в тесной взаимосвязи. В нормах права формулируется содержание правоотношений, указываются в общей форме состав участников правоотношений, их права и обязанности. В свою очередь, через правовые отношения осуществляются, реализуются на практике нормы права.

б) Найдите в тексте конструкции, синонимичные следующим:

- что трансформируется во что;
- что формулируется где/как;
- что реализуется в чём/через что.

в) Расскажите, как взаимосвязаны нормы права и правоотношения.

Задание 36. а) Прочитайте текст, выпишите незнакомые слова.

Нормы права и правоотношения

В законодательном смысле право представляет собой совокупность охраняемых государством норм, обязательных для всех членов общества. Норма права, или правовая норма, наряду с правосознанием и правоспособностью является одним из обязательных элементов права. Слово «норма» пришло в русский язык из латинского языка, оно обозначает образец, правило. Действительно, норма права – это правило должного поведения.

В современной юридической литературе выделяются специфические признаки, отличающие норму права от других социальных норм. Эти особые признаки нормы обусловлены её прямой и неразрывной связью с государством. Правовые нормы издаются, или санкционируются только государством. Иногда правоведы называют неразрывную связь правовых норм с государством главным, базисным, основополагающим признаком, обусловливающим другие важные признаки правовых норм. Проанализируем их:

1. Норма права имеет **всеобщий характер**. Это означает, что государство адресует её не конкретному человеку, а всем субъектам права: физическим и юридическим лицам.
2. Норма права имеет **общеобязательный характер**. Общеобязательность означает, что все правовые нормы обязательны для исполнения теми, кому их адресует государство.
3. Норма права имеет **представительно-обязывающий характер**. Представительно-обязывающий характер правовой нормы заключается в том, что, регулируя общественные отношения, норма одному участнику правовых отношений предоставляет право, а на другого – возлагает соответствующие обязанности.
4. Нормы права отличаются **системностью.** Каждая норма права регулирует общественные отношения в единстве с другими правовыми нормами, существует в единой системе с ними.
5. Норма права отличается **формальной определённостью**. Это означает, что нормы права чётко сформулированы и закреплены в письменном виде.
6. Нормы права действуют **многократно.** Действие нормы не исчерпывается её исполнением, она действует, пока не будет отменена или изменена.
7. В случае нарушения правовых норм применяются **меры государственного принуждения:** гражданско-правовые, уголовно-правовые, административно-правовые и другие меры воздействия.

Данные признаки отражаются в предлагаемых разными авторами определениях нормы права. Например, русский правовед О.Э. Лейст считает, что «правовая норма – это общее правило поведения, рассчитанное на регулирование общественных отношений, установленное государством и охраняемое от нарушений с помощью органов принуждения».

Лица, которым адресованы правовые нормы, называются субъектами права. Субъектами права могут быть не только отдельные граждане, но и учреждения, организации. Отношения между субъектами права, при которых одна из сторон имеет субъективные права, а другая – юридические обязанности, называются правоотношениями.

Нормы права и правоотношения тесно взаимосвязаны и взаимодействуют. Нормы права воздействуют на правовые отношения, поскольку являются юридической базой их возникновения и развития. В нормах права в общей форме указываются состав участников правоотношений, их права и обязанности, обозначаются условия возникновения и развития правоотношений, формулируется их содержание. Другими словами, формируются модели тех будущих общественных отношений, которые должны создаваться на основе и в соответствии с правовыми предписаниями. В свою очередь, правоотношения оказывают влияние на нормы права. Благодаря правоотношениям и через них реализуются на практике нормативно-правовые акты и конкретные нормы. То есть нормы права воплощаются в жизнь только тогда, когда они трансформируются в конкретные права и обязанности конкретных лиц, являющихся участниками правовых отношений. При этом, как отмечалось выше, реализация субъективных прав и выполнение юридических обязанностей гарантируются государством.

Таким образом, при помощи норм права закрепляются и регулируются важнейшие отношения, связанные с сущностью, устройством и деятельностью государства.

б) Проанализируйте структуру данного текста.

1. Выделите в тексте смысловые части, сформулируйте и запишите тему каждой смысловой части. Какую часть можно назвать введением? Почему?

2. Найдите фрагмент, где автор перечисляет признаки правовых норм. Какой признак называют основополагающим признаком нормы права? Как вы поняли, что представляет собой понятие «всеобщий характер нормы права»? Что понимается под «общеобязательностью» нормы права? В чём заключается «представительно-обязывающий характер» права? Что понимается под «системностью» правовых норм? Что называют «формальной определённостью» нормы права? Как вы поняли, в чём заключается многократное действие нормы права? О каком ещё признаке нормы права упоминает автор?

3. Где в тексте приводится определение нормы права, основанное на характеристике её признаков? Кому оно принадлежит? Сколько признаков нормы права и какие признаки нашли в нём отражение?

4. Найдите часть текста, где говорится о субъектах права и правоотношениях. Как называются лица, которым адресованы правовые предписания? Могут ли быть субъектами права учреждения? Как определяет автор понятие «правоотношение»?

5. Найдите в тексте авторское рассуждение о взаимосвязи норм права и правоотношений. Какова связь между нормами права и правоотношениями? Что автор говорит о воздействии нормы права на правоотношения? Каково влияние правоотношений на нормы права?

6. Какие выводы делает автор текста?

Задание 37. а) Составьте тезисный план текста.

б) Опираясь на план, напишите краткий конспект текста.

Задание 38. Прослушайте предложения, повторите и закончите их. (Вы можете пользоваться своим конспектом.)

1. Правовые нормы издаются только … государством.

2. Государство адресует правовые нормы не конкретному человеку, … а всем субъектам права.

3. Правовая норма одному участнику правоотношений предоставляет права, а на другого возлагает … обязанности.

4. В случае нарушения правовых норм применяются … меры государственного принуждения.

5. Субъектами права могут быть не только граждане, но и … учреждения.

Задание 39. Прослушайте вопросы и ответьте на них, пользуясь конспектом.

1. Как называется совокупность охраняемых государством норм, обязательных для всех членов общества?

2. Что представляют собой нормы права? Какие признаки им присущи?

3. Как называются лица, которым адресованы правовые предписания?

4. Как можно определить понятие «правоотношение»?

5. Как взаимосвязаны нормы права и правоотношения?

Задание 40. Прослушайте фрагмент семинарского занятия. Реагируйте на заключительную реплику преподавателя.

Диалог 1

Преп.: Кто мог бы напомнить, что такое норма права?

Студ.: Норма права – это правило должного поведения. От других социальных норм она отличается специфическими признаками.

Преп.: Кто мог бы назвать основополагающий признак нормы права?

Студ.: …

Диалог 2

Преп.: Как известно, основополагающим признаком нормы права является её неразрывная связь с государством. А какие ещё специфические признаки нормы права вы знаете?

Студ.: Признаками нормы права также являются её всеобщий и представительно-обязывающий характер, общеобязательность, формальная определённость и многократность действия.

Преп.: Это верный, но неполный ответ. Кто хотел бы добавить?

Студ.: …

Диалог 3

Преп.: Только что, характеризуя признаки нормы права, мы упомянули её «общеобязательный характер». А что означает это понятие – «общеобязательный характер»?

Студ.: Общеобязательность означает, что все правовые нормы обязательны для исполнения.

Преп.: Всё верно. А кто мог бы прокомментировать, в чём заключается представительно-обязывающий характер правовой нормы?

Студ.: …

Диалог 4

Преп.: Давайте теперь уточним, что понимается под системностью нормы права?

Студ.: Каждая норма права регулирует правовые отношения в единстве с другими нормами права, действует в системе с ними.

Преп.: Спасибо. А кто мог бы прокомментировать такой признак нормы права, как формальная определённость?

Студ.: …

Диалог 5

Преп.: Теперь, когда мы проанализировали все признаки нормы права, давайте ответим на вопрос: «Кому адресованы правовые нормы?»

Студ.: Правовые нормы адресованы субъектам права. Ими могут быть и отдельные граждане, и учреждения, и организации.

Преп.: Прекрасно. А как называются отношения, в которые вступают субъекты права?

Студ.: …

Диалог 6

Преп.: И последний вопрос, который я хочу вам сегодня задать: «Как соотносятся нормы права и правоотношения?»

Студ.: Нормы права и правоотношения тесно взаимодействуют. Нормы права воздействуют на правоотношения, так как являются юридической базой их возникновения.

Преп.: Это верный ответ, но неполный. Вы же сами только что сказали, что нормы права и правоотношения взаимодействуют, то есть взаимно влияют друг на друга. Кто мог бы рассказать о влиянии правоотношений на нормы права?

Студ.: …

Задание 41. а) Прочитайте микротекст. Определите, информацию какой смысловой части текста «Нормы права и правоотношения» он дополняет, расширяет.

Правоотношения – это одно из базисных понятий права. Существуют различные виды правоотношений: трудовые, уголовно-правовые, административно-правовые, гражданско-хозяйственные и др. В каждом случае на участников правоотношений возлагаются разнообразные субъективные права и юридические обязанности. Совокупность субъективных прав и юридических обязанностей участников правоотношения составляют его **юридическое содержание**. В зависимости от особенностей юридического содержания, правоотношения делятся на абсолютные и относительные.

Абсолютные правоотношения – это правоотношения, в которых субъективное право выступает как обеспеченная законом возможность свободно осуществлять своё право. Примером абсолютных правоотношений являются права собственника, его право самостоятельно владеть, пользоваться и распоряжаться имуществом. За защитой права собственности, за помощью в устранении препятствий субъект правоотношений обращается к государству. Согласно действующему законодательству РФ, государство признаёт равным образом различные формы собственности и гарантирует их. Так, в ст. 35 Конституции РФ декларируется, что «право частной собственности охраняется законом».

Однако субъективное право не может осуществляться его носителем независимо от других юридических норм. Участник правоотношений, реализуя своё субъективное право, действует в рамках целого комплекса правовых норм. Например, когда конкретное лицо осуществляет своё право собственности на участок земли, оно не может не считаться с законными интересами и правами других лиц. Так, Конституция РФ устанавливает, что граждане России «вправе иметь в частной собственности землю», но объявляет, что владение и распоряжение землёй осуществляются собственниками «свободно, если это не наносит ущерба окружающей среде и не нарушает прав иных лиц».

Относительными правоотношениями называются те отношения, в которых осуществление субъективного права одного лица достигается только через исполнение обязанностей другим лицом – обязанным участником правоотношений. Можно сказать, что в юридической науке понятие «правоотношение» было выработано, чтобы выразить связи между правами и обязанностями. Например, в гражданско-правовых и многих других правоотношениях субъективные права управомоченного лица осуществляются только путём действий обязанного лица. Так, при совершении сделки купли-продажи происходит уплата денег, с одной стороны, и передача купленной вещи – с другой. Иными словами, в относительных правоотношениях субъективное право проявляется как право конкретного лица требовать выполнения неких обязанностей от другого лица.

Таким образом, субъективные права и обязанности тесно связаны между собой, активно взаимодействуют друг с другом.

б) Составьте номинативный план текста.

в) На основе плана подготовьте сообщение о правоотношениях как одной из базисных категорий права. Выступите с этим сообщением.

Задание 42. а) Используя материал из ***Заданий 36 и 41***, запишите определения следующих терминов

- право,
- нормы права,
- субъекты права,
- правоотношения,
- абсолютные правоотношения,
- относительные правоотношения.

б) Скажите, как взаимосвязаны право, нормы права, правоотношения и субъекты права?

Задание 43. а) Прочитайте текст, выделите элементы структуры нормы права.

Структура нормы права

Правовые нормы имеют свою внутреннюю структуру. Однако в юридической литературе нет единого мнения о структуре правовой нормы. Правоведы разделились на сторонников двучленной структуры нормы права и сторонников трёхчленной. Сторонники двучленной структуры считают, что норма права состоит из двух частей: либо из гипотезы и диспозиции, либо диспозиции и санкции. Так, в дореволюционной России сторонником двучленной структуры был известный правовед Н.М. Коркунов.

В современной государственно-правовой науке доминирует идея трёхчленной структуры. В этом случае норма права включает три элемента: гипотезу, диспозицию и санкцию.

Гипотеза – часть правовой нормы, указывающая на конкретные условия, при которых данная норма реализуется, вступает в силу. Спектр условий широк и разнообразен. Гипотеза может указывать на сроки вступления в действие правовой нормы, на гражданство, определённый возраст субъекта права.

Диспозиция – это часть, содержащая само правило поведения, либо формулирующая признаки неправомерного поведения. Диспозиция является ядром нормы права, без диспозиции немыслимо её существование.

Санкция – часть нормы, где указаны правовые последствия: негативные либо позитивные. В уголовном и административном праве сформулированы негативные санкции как вид и мера наказания. Также и трудовое право и другие отрасли предусматривают поощрительные меры в качестве положительных санкций.

Существуют различные варианты расположения элементов нормы права. Наиболее известными способами изложения нормы права являются прямой, отсылочный и бланкетный. При **прямом** способе изложения нормы права все её составные части полностью совпадают со структурой статьи нормативно-правового акта или структурой всего нормативно-правового акта в целом.

В законодательстве России и других стран полное совпадение структуры нормы права и статьи нормативно-правового акта имеет место не всегда. Более распространены другие способы изложения, когда в статье содержатся одна или две составные части нормы права. Одним из таких способов изложения нормы права является **отсылочный**. В этом случае одни составные части нормы права формулируются полностью, а другие – в общем виде или вообще не раскрываются, а отсылают к другой статье (или другим статьям) того же нормативно-правового акта. Отсылочный способ изложения характерен для уголовного права. Примером может стать статья 313-7 УК Франции, которая предусматривает вынесение дополнительных наказаний за мошенничество. Статья гласит, что физические лица, виновные в совершении противоправных деяний, предусмотренных в статьях 313-1, 313-2, 313-4 и 313-6, подвергаются следующим дополнительным наказаниям: временному лишению гражданских, политических и семейных прав, запрещению занятием профессиональной деятельностью. В статье чётко формулируются гипотеза и санкция, а диспозиция отсылает к статьям 313-1, 313-2, 313-4 , 313-6 уголовного закона, где говорится о признаках мошенничества.

Отсылочный способ изложения следует отличать от бланкетного. **Бланкетный** способ изложения заключается в том, что статья включает один или два элемента нормы права, а сведения об остальных содержатся в других нормативно-правовых актах. Бланкетный способ изложения характерен для конституционного права, где, как правило, в статье содержится гипотеза и диспозиция, а санкция находится в других нормативно-правовых актах.

б) Просмотрите текст ещё раз и скажите, какие существуют способы изложения нормы права? Чем отличаются отсылочный и бланкетный способы изложения нормы права?

Составляем аннотацию текста!

Задание 44. а) Прочитайте два микродиалога.

> **!** **Обратите внимание,** что в ответах на вопросы о теме/проблеме текста слова *тема*, *проблема* обычно не повторяются.

Диалог 1

– Какой теме посвящён этот текст?

– Данный текст посвящён истории возникновения права.

Диалог 2

– Какие проблемы рассматриваются в тексте?

– В данном тексте рассматривается проблема соотношения государства и права.

Работаем в парах!

б) Узнайте об основных темах и проблемах текстов в ***Заданиях 37, 42, 44.*** Ответьте на вопросы коллег по группе.

Задание 45. а) Скажите, какие компоненты структуры текста (заголовок, введение, основная часть, заключение) могут быть выделены в тексте ***Задания 43.***

б) Познакомьтесь с аннотацией текста «Структура нормы права». Обратите внимание на подчёркнутые части предложений, слова и словосочетания, которые часто используются при составлении аннотации.

Аннотация – краткое изложение содержания книги, статьи, текста или их частей. Чтобы составить аннотацию текста, надо выделить в нём смысловые части и сформулировать основные положения каждой из смысловых частей. Начинать аннотацию лучше с характеристики главной темы текста.	*Данный текст посвящён особенностям структуры нормы права. Автор отмечает, что в современной юриспруденции доминирует идея трёхчленной структуры правовой нормы. Анализируя элементы нормы права, автор особо останавливается на способах их изложения в текстах нормативно-правовых актов.*

в) Укажите компоненты структуры текста, соответствующие отдельным положениям аннотации.

Задание 46. а) Составьте краткий конспект текста «Структура нормы права». Особо выделите в нём основные тезисы автора и аргументы, приводимые им в доказательство своей мысли.

! **Обратите внимание**, что в аннотации (в отличие от конспекта) **никогда не** приводятся авторские аргументы и иллюстративный материал.

б) Запишите и произнесите реплики, которые часто используются в диалоге-расспросе.

1. Я не понял, в чём различие между этими понятиями?
2. Значит, структура нормы права трёхчленная? (двучленная, многочленная).
3. Я хочу уточнить, кто был сторонником двучленной структуры права?
4. Объясните, пожалуйста, что такое гипотеза (санкция, диспозиция)?
5. Здесь написано, что отсылочный способ следует отличать от бланкетного. Мне не совсем понятно, в чём заключается отличие?
6. А какие ещё способы изложения используются в юриспруденции?
7. Вы пишите, что структура нормы права и структура статьи нормативно-правового акта может совпадать. Что здесь имеется в виду?

в) Обменяйтесь конспектами со своими товарищами по группе. Читая конспект товарища, задавайте ему вопросы, уточняющие или расширяющие информацию, содержащуюся в конспекте.

Задание 47. а) Прочитайте статьи из различных нормативно-правовых актов. Скажите, какие элементы нормы права в них представлены.

1. Из части 2, статьи 59 Конституции РФ: «Гражданин Российской Федерации несёт военную службу в соответствии с федеральным законом».

2. Из статьи 60 Конституции РФ: «Гражданин Российской Федерации может самостоятельно осуществлять в полном объёме свои права и обязанности с 18 лет».

3. Из части 3, статьи 62 Конституции РФ: «Иностранные граждане и лица без гражданства пользуются в Российской Федерации правами и несут обязанности наравне с гражданами Российской Федерации, кроме случаев, установленных федеральным законом или международным договором Российской Федерации».

4. Из статьи 444 Гражданского кодекса РФ: «Если в договоре не указано место его заключения, договор признаётся заключённым в месте жительства гражданина или месте нахождения юридического лица, направившего оферту».

5. Из статьи 126 Уголовного кодекса РФ: «Похищение человека – наказывается лишением свободы на срок от четырёх до восьми лет».

6. Из статьи 268 Уголовного кодекса РФ: «Нарушение пассажиром, пешеходом или другими участниками движения (кроме лиц, указанных в статьях 263 и 264 настоящего кодекса) правил безопасности движения или эксплуатации транспортных средств, если это деяние повлекло по неосторожности причинение тяжкого вреда здоровью человека, наказывается ограничением свободы на срок до трёх лет, либо арестом на срок от двух до четырёх месяцев, либо лишением свободы на срок до двух лет».

б) Просмотрите ещё раз статьи Конституции РФ, Уголовного кодекса РФ, Гражданского кодекса РФ. Скажите, какие способы изложения в них использованы.

Работаем над терминами!

Задание 48. а) Прочитайте микротекст и скажите, на какие три группы делятся нормы права, в зависимости от характера диспозиции.

Классификация норм права в зависимости от характера диспозиции

В зависимости от характера диспозиции выделяются три группы правовых норм: императивные нормы права, диспозитивные нормы права и бланкетные нормы права. **Императивные нормы** – это нормы с точно определённой диспозицией. Они точно устанавливают права и обязанности субъектов права. В качестве примера можно привести статью 393 Гражданского кодекса РФ, которая устанавливает, что «должник обязан возместить кредитору убытки». **Диспозитивные нормы** – это нормы с относительно, не абсолютно определённой диспозицией. «Диспозитивный» в переводе означает «разрешающий выбор». Диспозитивные нормы не только устанавливают правила поведения сторон, но и разрешают субъектам права конкретизировать, уточнять эти правила. Иными словами, они разрешают проявлять сторонам собственную инициативу, конечно, в рамках действующего права. Так, статья 14 Гражданского кодекса РФ допускает наряду с установленными Гражданским кодексом способами защиты гражданских прав различные способы самозащиты. Естественно, при условии, что субъекты права действуют в границах закона.

В **бланкетных нормах** права диспозиция имеет самый общий характер, то есть бланкетные нормы устанавливают правила поведения в самой общей форме. Чтобы уточнить эти правила, конкретизировать их, бланкетные нормы права отсылают к другим актам. Примерами бланкетных норм могут служить нормы, предусматривающие ответственность за нарушение правил дорожного движения. В них указывается только на то, что за нарушение этих правил наступает определённый вид ответственности. Сами же правила дорожного движения излагаются в специальных актах.

б) Восполните высказывания.

1. В бланкетных нормах права диспозиция имеет … характер. Бланкетная норма устанавливает правила поведения в … . Чтобы уточнить эти правила бланкетная норма отсылает к … .

2. При бланкетном способе изложения норма права включает один или два элемента, а сведения об остальных элементах содержатся в … .

в) Сформулируйте мысль о взаимосвязи бланкетной нормы и бланкетного способа изложения, закончив высказывание:

Бланкетный способ изложения используется в … .

Задание 49. а) Запишите и запомните некоторые частотные терминологические словосочетания, включающие в свой состав термин *норма права*.

общая — норма права
специальная — норма права

норма права *(чего?)* — общего действия
норма права *(чего?)* — местного действия
норма права *(чего?)* — постоянного действия
норма права *(чего?)* — временного действия

б) Запишите в тетрадь и постарайтесь запомнить определения выделенных терминов, данных ниже. Скажите, какая конструкция наиболее удобна при конспектировании лекции?

1. Нормы, действующие на всей территории страны, называются **нормами общего действия.**

2. **К нормам права местного действия** относятся нормы, действующие на части территории, определённой местности, указанной в самом акте.

3. **Обычные нормы**, или **нормы постоянного действия**, – это нормы, которые действуют до их официальной отмены.

4. Нормы, в которых (или для которых) установлено время действия, называют **временными нормами**, или **нормами временного действия**.

5. Нормы, относящиеся ко всем юридическим лицам или всем гражданам, получили название **общих норм**.

6. Нормы права, действующие только в отношении определённой категории субъектов (например, пенсионеров, военнослужащих), являются **специальными нормами** права.

в) Сформулируйте различия между следующими нормами права:

- норма общего действия и норма местного действия;
- общая норма и норма общего действия;
- общая норма права и специальная норма права;
- обычная норма права и временная норма права.

Задание 50. а) Запишите и запомните некоторые частотные терминологические словосочетания, включающие в свой состав термин нормы права.

управомочивающая
обязывающая
запрещающая
императивная
диспозитивная
бланкетная
→ норма права

б) Запишите в свои тетради определения терминов, данных ниже. Это поможет вам лучше понять содержание лекции.

1. **Управомочивающая норма** – это норма, определяющая правомочия субъектов права, то есть возможность (право) действовать определённым образом.

2. **Обязывающая норма права** обязывает субъекта права совершать определённые положительные действия.

3. **Запрещающая норма права** обязывает субъекта воздержаться от совершения противоправных действий.

4. **Императивная норма права** – норма, точно определяющая права и обязанности субъектов.

5. **Диспозитивная норма** – это норма с относительно, не абсолютно определённой диспозицией.

6. **Бланкетная норма права** – это норма, отсылающая к правилам, установленным в других нормативных актах.

в) Предложите синонимичные определения терминов, используя конструкции *Что называют чем, Что получило название чего, Что является чем, Что относится к чему*.

г) Ответьте на вопросы.

1. Чем отличается обязывающая норма права от запрещающей нормы права?
2. Что такое управомочивающая норма права?
3. Какая норма права называется диспозитивной?
4. Какие нормы права получили название бланкетных?
5. Какие нормы права относятся к императивным?

Сочетаемость термина ***классификация***

Задание 51. Прочитайте микротекст и скажите, какие существуют виды классификаций норм права.

Классификация норм права

Существуют разные критерии для классификации норм права. Можно проводить классификацию на разных основаниях. Одним из оснований для классификации норм права является отрасль права. Существует классификация норм права и по времени, и по месту их действия. Возможна классификация норм прав в зависимости от их структуры.

Задание 52. а) Прослушайте и повторите опорные терминологические словосочетания.

1. Отрасль права; конституционное право; административное право; гражданское право; уголовное право; гражданское процессуальное право; уголовно-процессуальное право; правовой институт.

2. Нормы права общего действия; нормы права местного действия; нормы права постоянного действия; нормы права временного действия.

3. Общая норма права; специальная норма права; управомочивающая норма права; обязывающая норма права; запрещающая норма права; императивная норма права; диспозитивная норма права.

б) Запишите тему лекции: «Классификация норм права» и опорные словосочетания.

Деление множества объектов на подгруппы, классификация на разных основаниях.

Фундаментальные отрасли права, государственное право; состав государства, его структура.

Конституционное право, нормы конституционного права.

Гражданское право, нормы гражданского права.

Классификация норм по времени и месту их действия, нормы постоянного действия, нормы временного действия, нормы общего действия, нормы местного действия.

Действие норм в отношении определённых лиц, общие нормы права, специальные нормы права.

Характер предписаний норм права, управомочивающие нормы права, обязывающие нормы права, запрещающие нормы права.

Классификация норм в зависимости от их структуры, императивные нормы права, диспозитивные нормы права, бланкетные нормы права

в) Слушайте лекцию, ориентируясь на опорные слова и словосочетания. Во время прослушивания кратко записывайте основную информацию.

(1) Тема нашей сегодняшней лекции – классификация норм права. Давайте вспомним, что такое классификация. Классификация – это деление множества объектов (в данном случае – множества норм права) на подгруппы по определённым признакам. Сразу же необходимо подчеркнуть, что есть несколько оснований, несколько критериев для классификации норм права. И мы сегодня познакомимся с классификациями на разных основаниях.

(2) Одним из оснований для классификации норм права является отрасль права. Давайте вспомним основные, фундаментальные отрасли права. Это государственное право, гражданское право, уголовное право и другие. В соответствии с ними выделяются нормы государственного, гражданского, уголовного и иных отраслей права.

Государственное право – это отрасль права, которую образуют государственные правовые нормы. Они закрепляют основы общественного строя, политики и правового положения граждан, а именно их права, свободы и обязанности. Нормы государственного права определяют состав государства, его структуру, а также систему государственных органов. Так как названные правовые отношения регулируются Конституцией, в РФ с начала 90-х годов данная отрасль права называется конституционным правом. А нормы, которые её образуют, называются нормами конституционного права.

Гражданское право – это отрасль права, нормы которой регулируют как имущественные отношения, так и связанные с ними неимущественные отношения (например, защиту чести и достоинства человека). В качестве субъектов гражданского права выступают граждане, организации и государства. К нормам гражданского права относятся, например, нормы права, регулирующие отношения, касающиеся ценных бумаг, различных сделок.

Уголовное право – это совокупность норм, которые определяют преступность и наказуемость деяний, опасных для общества.

(3) Важное теоретическое значение имеет классификация правовых норм по времени и месту их действия. Давайте посмотрим, на какие две группы могут быть разделены нормы права в зависимости от их действия во времени. По действию во времени различаются нормы постоянного действия (или обычные нормы) и нормы временного действия. Нормы постоянного действия действуют до их официальной отмены. Нормы временного действия действуют определённое время (например, в течение летнего времени).

В зависимости же от действия в пространстве выделяются нормы общего действия и нормы местного действия. Уже по названию можно понять, что нормы права общего действия распространяют своё действие на всю страну. В России это нормы, действующие на всей территории Федерации. Нормы местного действия имеют силу только на части территории государства, то есть в границах определённой местности. Например, в России они действуют на территории отдельных субъектов Федерации.

(4) И ещё об одном основании для классификации норм права надо помнить. Это действие норм в отношении определённых лиц. Здесь принято выделять, во-первых, общие нормы права (они касаются всех граждан), а во-вторых – специальные нормы права. Специальные нормы права распространяются только на определённую группу субъектов права. Например, на военнослужащих или пенсионеров.

(5) Следующее основание для классификации норм права – это характер их предписаний. В зависимости от характера предписания нормы права делятся на три группы: управомочивающие, обязывающие и запрещающие.

Запомнить эти три термина очень легко, так как в их названии отражена их сущность. Управомочивающие нормы определяют права участников правоотношения совершать определённые действия. Как вы поняли, управомочивающая норма права определяет правомочия субъектов, их возможности, отсюда и её название.

Обязывающая норма права (как это тоже понятно из её названия), обязывает субъект права совершить определённые, обязательно положительные действия.

Запрещающие же нормы права запрещают противоправное поведение, то есть обязывают не совершать противоправные действия.

(6) Наконец, в научной литературе часто используется классификация норм права в зависимости от их структуры, то есть в зависимости от особенностей гипотезы, диспозиции и санкции. Самой известной классификацией такого рода является классификация в зависимости от характера диспозиции. Мы, конечно, помним, что диспозиция – это часть правовой нормы, которая содержит само правило поведения. Уже из этого определения видно, что диспозиция – ядро, смысловой центр нормы права.

Итак, в зависимости от характера диспозиции выделяются три группы правовых норм: императивные нормы права, диспозитивные нормы права и бланкетные нормы права. Императивные нормы – это нормы с точно определённой диспозицией. Они точно устанавливают права и обязанности субъектов права. В качестве примера можно привести статью 393 Гражданского кодекса РФ, которая устанавливает, что «должник обязан возместить кредитору убытки». Диспозитивные нормы – это нормы с относительно, не абсолютно определённой диспозицией. «Диспозитивный» в переводе означает «разрешающий выбор». Диспозитивные нормы не только устанавливают правила поведения сторон, но и разрешают субъектам права конкретизировать, уточнять эти правила. Иными словами, они разрешают проявлять сторонам собственную инициативу, конечно, в рамках действующего права. Так, статья 14 Гражданского кодекса РФ допускает наряду с установленными Гражданским кодексом способами защиты гражданских прав различные способы самозащиты. Естественно, при условии, что субъекты права действуют в границах закона.

В бланкетных нормах права диспозиция имеет самый общий характер, то есть бланкетные нормы устанавливают правила поведения в самой общей форме. Чтобы уточнить эти правила, конкретизировать их, бланкетные нормы права отсылают к другим актам. Примерами бланкетных норм могут служить нормы, предусматривающие ответственность за нарушение правил дорожного движения. В них указывается только на то, что за нарушение этих правил наступает определённый вид ответственности. Сами же правила дорожного движения излагаются в специальных актах.

Итак, подведём итоги. Юридическая наука разработала различные классификации норм права, проводимые на различных основаниях. За основу классификаций берутся следующие характеристики: отрасль права; действие норм права в пространстве, во времени, в отношении определённых лиц; важными являются также деление норм права в зависимости от характера предписания и классификация в зависимости от структурных особенностей нормы права, например диспозиции. Обобщая сказанное, хочу подчеркнуть, что все эти классификации весьма важны для развития юриспруденции, поскольку их совокупность позволяет ясно видеть нормы права в их системе.

Задание 53. Прослушайте вопрос и ответьте на него, пользуясь своим конспектом. Затем прослушайте ответ диктора. Если вы ошиблись или ответили неполно, повторите ответ, внесите исправления или дополнения в конспект.

1. Какой теме была посвящена лекция? … Лекция была посвящена классификации норм права.

2. Что такое классификация? … Классификация – это деление множества объектов на подгруппы по определённым признакам.

3. На каком основании выделяются нормы государственного, гражданского и уголовного права? … Нормы государственного, гражданского и уголовного права выделяются в соответствии с отраслями права.

4. Какие правовые нормы образуют отрасль государственного права? … Государственное право образуют нормы, закрепляющие основы общественного и политического строя, а также правового положения граждан.

5. Для обозначения какой отрасли права в РФ используется термин «конституционное право»? … Какое понятие применяют для обозначения отрасли государственного права в РФ? … Термин «конституционное право» в РФ используется для обозначения отрасли государственного права.

6. Какие правовые нормы относятся к отрасли гражданского права? … К отрасли гражданского права относятся нормы, регулирующие как имущественные отношения, так и связанные с ними неимущественные отношения.

7. Какие правовые нормы образуют отрасль уголовного права? … Отрасль уголовного права образуют нормы, определяющие преступность и наказуемость опасных для общества деяний.

8. На каком основании выделяются нормы права общего действия и нормы права местного действия? … Нормы права общего и местного действия выделяются в зависимости от действия нормы права в пространстве.

9. На какие подклассы могут быть разделены нормы права в зависимости от их действия во времени? … В зависимости от их действия во времени нормы права могут быть разделены на нормы постоянного действия и нормы временного действия.

10. Что является основанием для выделения общих норм права и специальных норм права? … Основанием для выделения общих и специальных норм права является действие норм права в отношении определённых лиц.

Работаем над терминами!

Задание 54. Прослушайте вопрос. Дайте на него краткий ответ, пользуясь своим конспектом. Затем прослушайте ответ диктора и повторите его (в случае необходимости внесите исправления или дополнения в конспект).

1. Как называются нормы права, определяющие правомочия граждан и других субъектов права? … Управомочивающие нормы права.

2. Как называются нормы права, которые обязывают субъект права совершить определённые положительные действия? … Обязывающие нормы права.

3. Какие нормы права обязывают не совершать противоправные действия? … Запрещающие нормы права.

4. Как называются нормы права с точно определённой диспозицией? … Императивные нормы права.

5. Какие нормы права разрешают субъектам права конкретизировать самим свои права и обязанности? … Диспозитивные нормы права.

6. Как называются нормы права, отсылающие к другим актам? … Бланкетные нормы права.

Задание 55. а) Познакомьтесь с двумя типами заключений.

!

Обратите внимание, что различаются два типа заключений:

- выводы,
- обобщение, подведение итогов.

Логический вывод – это **новое умозаключение** (или несколько взаимосвязанных умозаключений), которое является результатом рассуждения. Выводы часто содержат авторскую оценку истинности или ложности тезиса. Они могут начинаться словами: ***получается, значит, таким образом, итак*** и т. д.

Необходимость **обобщения, подведения итогов** возникает тогда, когда в тексте (лекции, выступлении) был изложен разнообразный материал и автор считает необходимым в заключение **ещё раз напомнить** самую главную, на его взгляд, информацию, **перечислить** наиболее важные положения, мысли, **уже высказанные ранее.** Итоги целесообразно подводить и в тех случаях, когда по одной и той же проблеме высказывались несколько человек, дополняя друг друга. В конце таких обсуждений бывает необходимо **обобщить сказанное, расставить акценты, повторить** самое главное. Подведение итогов может начинаться словами: ***итак, подведём итоги; обобщим сказанное; подводя итоги, следует сказать, что…; обобщая всё сказанное, необходимо подчеркнуть, что…*** и др.

Если вы подводите итоги по нескольким высказываниям, то необходимо указывать, кому из выступавших принадлежит та или иная мысль: *Как правильно подчеркнул N., …; «Как совершенно верно сказал N., …* и др.

б) Обратитесь к тексту лекции (***Задание 52. в***), выделите заключительную часть. Скажите, к какому типу текста (*выводы* или *обобщение*, *подведение итогов*) относится заключительная часть данной лекции?

в) Ваш друг не был на заключительной части лекции. Расскажите ему, о чём говорил лектор в конце занятия (как он подвёл итоги).

Задание 56. Составьте аннотацию лекции, запишите её.

Задание 57. Подготовьтесь к обсуждению вопроса «Классификация норм права» (пользуйтесь своим конспектом лекций).

- Прослушайте фрагменты семинарского занятия, уточните или дополните ответ студента.
- Подведите итоги, обобщив правильную информацию прозвучавших высказываний (в случае необходимости обращайтесь к материалу ***Задания 55. а***).

Диалог 1

Преп.: Что такое отрасль права и какие отрасли права вам известны?

Студ.: Отрасль права – это обособленная группа правовых норм и институтов, объединённых общностью регулируемых ими однородных общественных отношений. Отрасль права – это основное подразделение системы права. В качестве примеров отраслей права я могу назвать гражданское право и уголовное право.

Преп.: А какие ещё отрасли права известны?

Студ.: …

Диалог 2

Преп.: Какую отрасль права формируют нормы, закрепляющие правовое положение граждан, определяющие их права, свободы и обязанности?

Студ.: Данные нормы формируют отрасль гражданского права.

Преп.: Кто думает иначе?

Студ.: …

Преп.: Кто мог бы рассказать поподробнее о нормах государственного права? Какие ещё правоотношения они закрепляют?

Студ.: …

Диалог 3

Преп.: На какие две группы делятся нормы права в зависимости от их действия в пространстве?

Студ.: В зависимости от действия в пространстве нормы права делятся на общие нормы права и нормы права местного действия. Нормы права местного действия распространяются на определённую, указанную в самом акте местность. Общие же нормы права функционируют на всей территории, на которую распространяется компетенция органа, издавшего норму.

Преп.: Спасибо. Кто заметил неточность?

Студ.: …

Диалог 4

Преп.: Давайте обобщим материал последних выступлений. Итак, на основании каких параметров можно производить классификацию норм права? Может быть, кто-то вспомнит другие основания для классификации, о которых сегодня ещё не шла речь?

Студ.: …

Задание 58. Прослушайте высказывания относительно отрасли гражданского права. Внесите уточнения, поправки (в случае необходимости используйте конспект лекции «Классификация норм права»).

1. Гражданское право – это отрасль права, нормы которого регулируют имущественные отношения.

2. В качестве субъекта гражданского права выступают отдельные граждане.

3. Нормы гражданского права закрепляют основы правового положения граждан, их права, свободы и обязанности.

Задание 59. а) Дополните схему «Классификация норм права», восстановив недостающие элементы.

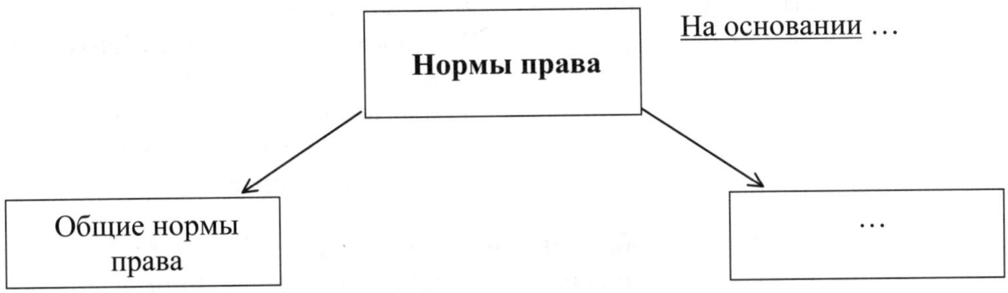

б) Используя полученную схему, подготовьте доклад на тему «Классификация норм права».

в) Выступите с докладом на семинаре.

Источники (формы) права

Задание 60. а) Познакомьтесь с особенностями сочетаемости глаголов, характеризующих деятельность государства.

1. Государство устанавливает →
   - права, обязанности, полномочия (кого-либо);
   - правила поведения граждан, правовой порядок, процедуру (чего-либо);
   - способы защиты прав;
   - запрет (*на что?*), взыскание в сумме/ в форме (*чего?*);
   - нормативно-правовые акты, закон, систему нормативно-правовых актов, нормы права.

2. Государство обеспечивает →
   - обязанности (кого-либо),
   - должное поведение (кого-либо),
   - правовые нормы,
   - выполнение предписаний,
   - соблюдение правовых норм

   } (*чем?*) государственным принуждением, угрозой, силой.

3. Государство применяет →
   - санкции;
   - меры (наказания);
   - (государственное) воздействие;
   - (государственное) принуждение.

4. Государство гарантирует →
   - права граждан;
   - выполнение требований (морали), предписаний (прав);
   - соблюдение норм права.

5. Государство запрещает →
   - создавать вооружённые формирования, нелегальные объединения/разжигать (социальную, национальную, религиозную) рознь;
   - создание вооружённых формирований, нелегальных объединений/разжигание (социальной, национальной, религиозной) розни.

б) Используя материал ***Задания 60 а)***, полно охарактеризуйте правовую деятельность государства. (Приведите необходимые примеры.)

в) Письменно подготовьте материал на тему «Правовая деятельность государства в моей стране».

Задание 61. а) Познакомьтесь с функционированием глаголов, характеризующих: появление, создание, легализацию (чего-либо).

I. Появление чего-либо

Государство
Право
Мораль
Обычай
— возникает (*где? когда? при каких условиях?*)

Отношения
Правоотношения
— возникают

Право
Система права
Обычай
Иерархия источников права
Практика судопроизводства
— складывается *(как? в результате чего?)*

Нормы права, отрасли, институты права
Правила
Стереотипы, представления
— складываются

II. Создание чего-либо

Государство создаёт
- (социальные, правовые) нормы;
- правила;
- нормативно-правовые акты;
- законопроект.

III. Легализация чего-либо

Представительные органы государства
Субъекты РФ
— принимают

Федеральное собрание
Парламент
Государственная дума
— принимает

— нормативно-правовые (международно-правовые) акты
законы.

Президент принимает — указы; распоряжения;

Правительство принимает — распоряжения; постановления.

Государство <u>санкционирует</u> —
- правила поведения;
- правовые обычаи;
- существующие обыкновения;
- нормы права, систему норм.

Государство <u>издаёт/публикует</u>

Государственные органы <u>издают/публикуют</u>

} нормативно-правовые акты (законы, постановления, декреты, указы, приказы и т. д.).

б) Используя материал ***Задания 61. а),*** расскажите о правотворческой деятельности государства и государственных органов.

Задание 62. а) Прочитайте предложения. Познакомьтесь с глагольными словосочетаниями, характеризующими функционирование, содержание, компетенцию и структуру нормативно-правовых актов (НПА).

1. Нормативно-правовые акты <u>определяют</u>
   - права, обязанности, полномочия (кого-либо);
   - правила (поведения), правовой порядок, процедуру (чего-либо);
   - статус, субординацию (государственных органов);
   - способы защиты (прав);
   - запрет, взыскание в сумме/в форме чего-либо, наказание сроком на …;
   - компетенцию, положение (государственных органов).

2. Нормативно-правовые акты <u>регулируют</u>
   - (экономические, политические, социальные, общественные, идеологические, правовые) отношения;
   - взаимоотношения субъектов, государств, правовое положение;
   - варианты поведения.

3. Нормативно-правовые акты <u>гарантируют</u>
   - права граждан;
   - выполнение требований (морали), предписаний (прав).

4. НПА <u>закрепляют</u>
   - права и свободы граждан;
   - человеческие ценности, мораль, неравенство;
   - цели, задачи государства;
   - процедуру / порядок / правила (судебного процесса/выборов);
   - отношения, власть, интересы (кого-либо).

5. НПА <u>содержат</u>
   - правовые нормы, правила, положения, веления;
   - отсылки, указания на правовые статьи;
   - статьи, главы.

6. НПА указывают на → условия заключения сделки/брака; сроки действия договора; санкции.

7. НПА предусматривают → санкции; наказание; юридическую ответственность.

8. НПА допускают → сделки, вступление в брак (с какого возраста?).

б) Прослушайте начало высказывания. Закончите его (предложите все возможные варианты).

1. Нормативно-правовые акты закрепляют … .
2. Конституция содержит … .
3. Семейный кодекс указывает на … .
4. Данная статья Уголовного кодекса предусматривает … .
5. Семейное право допускает … .

в) Используя ***Задание 62 а)***, расскажите о функциях нормативно-правовых актов.

Задание 63. а) Познакомьтесь со словосочетаниями, характеризующими признаки нормативно-правовых актов.

Иметь → государственный, нормативный, обязательный характер; (высшую) юридическую силу.

Выражать → интересы/волю (народа, общества, органов государственной власти, господствующего класса, всех слоёв общества); государственную волю; индивидуальную волю монарха (депутата, юридического лица).

б) Дополните высказывания, используя словосочетания, данные в ***Задании 63 а).***

1. Рабовладельческое право выражает … .
2. Конституция РФ выражает … .
3. Салическая Правда выражала … .
4. Идеальный закон выражает … .
5. При абсолютной монархии закон выражает … .
6. Известный французский правовед XIV века Л. Дюги писал, что во Франции закон выражает … 350 депутатов и 200 сенаторов.
7. Акты правительства имеют … среди подзаконных актов.

8. Конституция имеет … по отношению ко всем источникам права.

9. Нормативно-правовые акты имеют … , так как издаются и санкционируются только органами государства.

10. Нормативно-правовые акты имеют … , так как содержат общеобязательные для всех нормы права.

Задание 64. а) Вспомните, как образуются действительные и страдательные причастия.

Образование причастий

Вид, переходность	I	II	III	IV
	действ. наст. вр. **(-ущ-/-ющ-, -ащ-/-ящ-)**	действ. прош.вр. **(-вш-, -ш-)**	страд. наст. вр. **(-ем-/-им)**	страд. пр. вр. **(-енн-, -нн-, -т-)**
НСВ, П	пиш(ут) – пишУЩий говор(ят) – говорЯЩий	писа(л) – писаВШий нёс – нёсШий	рису(ем) – рисуЕМый перевод(им) – переводИМый	–
СВ, П	–	написа(л) – написаВШий принёс – принёсШий	–	реши(ть) – решЁННый убра(ть) – убраННый забы(ть) – забыТый
НСВ, НП	ид(ут) – идУЩий ход(ят) – ходЯЩий	ходи(л) – ходиВШий шё(л) – шедШий	–	–
СВ, НП	–	приходи(л) – приходиШий ушё(л) – ушедШий	–	–

б) Образуйте все возможные причастия от глаголов:

создать, возникать, санкционировать, принять, издавать, сложиться, установить, гарантировать, регулировать, обеспечивать, запрещать, применять, определять, закреплять, содержать, предусматривать, допускать, иметь, выражать, формировать.

в) Прослушайте фразу лектора. Ответьте на вопрос: «О чём говорил лектор?» (Используйте действительные и страдательные причастия.)

> **Обратите внимание** на то, что обычно причастия **не** используются в устной речи (они – принадлежность письменной речи), однако язык юриспруденции является исключением: юристы, адвокаты, правоведы часто используют причастные обороты в своих выступлениях.

Образец 1: Правовые нормы создало государство.

Лектор говорил о правовых нормах, созданных государством.

Образец 2: Конституция регулирует основы организации государства.

Лектор говорил о конституции, регулирующей основы организации государства.

1. Права и свободы граждан закрепляет конституция.
2. Нормы права устанавливает и санкционирует государство.
3. Правительство приняло важное постановление.
4. Постановления издаёт Правительство РФ.
5. Наказания устанавливает Уголовный кодекс.
6. Запрещающие нормы права запрещают определённые варианты поведения.
7. Обычное право сложилось в древности как совокупность обычаев.
8. Гражданский кодекс допускает самозащиту граждан.
9. Нормы публичного права формируют различные отрасли права.
10. Рабовладельческое право выражало волю рабовладельческого класса.
11. Феодальное право защищало интересы класса феодалов.
12. Распоряжение президента имеет индивидуальный характер.

Задание 65. а) Перед вами устный текст – фрагмент лекции «Источники права». Трансформируйте его в письменный текст (научную статью). Используйте, где это возможно, причастные обороты.

> Замена придаточного определительного предложения причастным оборотом возможна, если слово ***который*** стоит в именительном или винительном падеже без предлога. При этом,
>
> - если слово ***который*** стоит в именительном падеже используется действительное причастие;
> - если в винительном – страдательное.

Например:

1. Международный договор – это соглашение, которое (И.п.) регулирует отношения государств. Международный договор – это соглашение, регулирующее отношения государств.

2. Международный договор – это соглашение, которое (В.п.) подписали государства. Международный договор – это соглашение, подписанное государствами.

В юриспруденции помимо нормативно-правовых актов важную роль играют такие источники права, как правовой обычай, прецедент и правовой договор. **Правовой обычай** представляет собой правило поведения, которое сложилось в обществе в результате его многократного применения и которое после санкционирования его государством получило юридическую силу. Исторически правовой обычай предшествует всем другим источникам права. Он возникает на переходном этапе от первобытно-общинной организации общества к государственной. В это время происходит санкционирование обычаев, которые уже существуют в обществе, государственными структурами, которые только появляются. По мере развития государства правовой обычай вытесняется нормативно-правовыми актами, которые закрепляют нормы права в письменной форме. Однако даже сейчас не надо недооценивать правовой обычай, особенно когда речь идёт об обычаях, которые действуют в масштабе страны (обычаи мореплавания, международные обычаи).

Важнейшее место среди форм права многих стран, например Англии, занимает **прецедент.** Под прецедентом понимается решение судебного органа, которое применяют суды в качестве образца при рассмотрении таких же или аналогичных дел. Прецедент известен с древнейших времён. В Древнем Риме в качестве прецедента выступали решения преторов, судей. Решения и правила, которые сформулировали преторы в разное время, сложились в систему общеобязательных норм, которую называют преторским правом.

В настоящее время существует два вида прецедентов: **судебные** (решения, которые суд принимает по гражданскому и уголовному делу) и **административные** (решения, которые принимает административный орган или административный суд).

Определённую роль в правовой системе разных стран играет **правовой договор.** Он отличается от обычных договоров, которые заключают в сферах торговли, хозяйственной деятельности и других, тем, что содержит общеобязательные нормы поведения. На основе правового договора строятся отношения между государствами и образованиями внутри федеративного государства. Правовой договор, который устанавливает права и обязанности заключивших его государств, называется **международным договором.**

Примером правового договора, который регулирует отношения внутри федеративного государства, является **федеративный договор.** Например, Федеративный договор РФ от 1992 года регулирует федеративные отношения, в которые вступают РФ и субъекты РФ в лице их органов государственной власти, конкретные органы государственной власти РФ и субъектов РФ, субъекты РФ в лице их органов государственной власти и др. Ярким примером правового договора может считаться **коллективный договор**, который регулирует трудовые и другие отношения между администрацией и работниками предприятия. При этом необходимо отметить, что правила, которые содержатся в коллективном договоре, имеют обязательный, но локальный характер и распространяются только на работников предприятия.

б) Скажите, о каких источниках права шла речь в тексте. Дайте определение каждому источнику права.

Задание 66. Прочитайте текст и сделайте сообщение о нормативно-правовых актах как об источниках права. (Вы можете использовать как сложные предложения со словом *который*, так и причастные обороты.)

Решение государственных органов, содержащее нормы права и закреплённое в письменной форме, называется **нормативно-правовым актом**. Нормативно-правовой акт является актом правотворчества, который устанавливает, изменяет или отменяет правовые нормы. Все нормативно-правовые акты являются по своему характеру государственными, так как являются актами правотворчества, санкционируемыми государством и обеспечиваемыми государственным принуждением.

В любой стране существует своя система нормативно-правовых актов, определяемых конституцией, а также специальных законов, которые издаются на её основе. В каждой правовой системе есть чёткая классификация, иерархия нормативно-правовых актов. Основанием классификации является степень юридической силы нормативно-правового акта, которая определяется положением органа, издавшего тот или иной акт. Внизу иерархии находятся акты, издаваемые местными органами государства. Вверху – нормативно-правовые акты, издаваемые высшим представительным органом, который имеет высшую юридическую силу. В России, например, основным законом является конституция. **Конституция** – это главный нормативно-правовой акт государства, принимаемый высшими органами законодательной власти либо народом на референдуме. Он гарантирует права и свободы граждан, регулирует основы организации государства.

Нормативно-правовые акты имеют преимущества перед другими формами права. Во-первых, у издающих их государственных органов больше возможностей для отражения в праве интересов, имеющих не только индивидуальный, но и общечеловеческий характер. Во-вторых, нормативно-правовой акт считается лучшим способом оформления правовых норм, благодаря давно сложившимся правилам их изложения.

Задание 67. а) Прочитайте и сравните два определения термина «прецедент».

В письменной речи	***В устной речи***
Прецедент – решение судебного органа, **применяемое судами** в качестве образца при рассмотрении таких же или аналогичных дел.	Прецедент – решение судебного органа, **которое применяется судами** при решении таких же или аналогичных дел.

> ! **Обратите внимание,** что для определения юридического понятия в письменной форме более характерно использование причастий, в устной – сложного предложения со словом *который*.

б) В письменной форме дайте определение терминам (в случае необходимости используйте материалы ***Заданий 65*** и ***66***):

- нормативно-правовой акт,
- конституция,
- правовой обычай,
- преторское право,
- прецедент.

в) Устно дайте определение терминам:

- судебный прецедент,
- административный прецедент,
- правовой договор,
- международный договор,
- федеративный договор,
- коллективный договор.

Задание 68. а) Прочитайте следующий отрывок. Это последний абзац текста, то есть заключение. Догадайтесь, о чём идёт речь в тексте. Как может называться текст, из которого взят этот отрывок?

В заключение необходимо отметить, что правовые системы многих стран имеют источники, характерные только для данной системы. Например, важнейшим источником мусульманского права является Коран – священная книга ислама.

б) Прочитайте текст; проверьте, совпало ли ваше предположение о содержании и названии текста с действительным его содержанием. Выделите незнакомые слова и определите их значение по словарю.

Источники (формы) права

Термин «источники права» многозначен. Он имеет три основных значения. Во-первых, источник права – это сила, которая создаёт право, правовые нормы. Современные правоведы считают, что такой силой является общество (народ) и государство. Во-вторых, «источник права» – это условия, которые способствуют возникновению норм права. К этим условиям относятся: экономическое развитие государства, политический строй, правосознание общества и многие другие. Наконец, в формально-юридическом смысле источники права – это различные формы, в которых выражаются и закрепляются правовые нормы. Именно в этом юридическом смысле термин «источник права» является синонимом термина «форма права». Основными источниками права (или формами права) являются правовой обычай, прецедент, нормативно-правовой акт и нормативный договор.

Самой древней формой права является правовой обычай. **Правовой обычай** – это общеобязательное правило поведения, соблюдаемое по традиции и обеспечиваемое мерами государственного принуждения. Правовой обычай предшествует всем другим источникам права. Он возникает при переходе от родовой общины к государству. В этот период многие общеизвестные, самые стабильные обычаи стали превращаться в правовые. Именно эти обычаи, будучи одобрены и санкционированы государством, приобретают юридическую силу и обеспечиваются в случае их нарушения мерами государственного принуждения.

Как же происходило санкционирование обычаев государством? Оно осуществлялось в процессе судебной деятельности, когда обычай служил основанием для разрешения споров, а также в результате включения обычая в своды обычного права. Обычное право – система правил поведения, основывающихся на неписаных обычаях, не установленных органами государственной власти, а выработанных обществом за долгое время и получивших юридическое значение в результате признания государством их роли в правовом регулировании. В Древнем Риме, где долгое время не знали письменных законов вообще, повсеместно действовало обычное право (то есть система правовых обычаев).

В дальнейшем правовые обычаи часто подвергались переработке в интересах государства и фиксировались в письменной форме. Так, например, на основе обычного права были составлены Русская Правда, Салическая Правда и французские кутюмы.

Важное место среди источников (форм) права ряда стран занимает **прецедент**. Под прецедентом понимается решение судебного органа по конкретному делу, которое становится образцом для решения аналогичных дел. Существует два вида прецедентов: судебный (решение, принимаемое судом по гражданскому или уголовному делу) и административный (решение, принимаемое административным органом). Наиболее распространённой формой права является судебный прецедент. Таким образом, получается, что в странах, где он является источником права, правотворчеством занимаются не только законодательные, но и судебные органы, то есть «судьи творят право». Прецедент был известен с древних времён. Многие институты римского права сложились на базе судебных прецедентов. В настоящее время прецедент как один из основных источников права сохранился в Великобритании, США, Австралии, Канаде, Новой Зеландии и в других странах.

Самым распространённым источником права является **нормативно-правовой акт (НПА).** Под нормативно-правовыми актами понимаются выраженные в письменной форме решения компетентных государственных органов, в которых содержатся нормы права. Все нормативно-правовые акты принимаются только государственными органами. В зависимости от вида и положения государственного органа в системе правотворческих органов выделяется две основные группы нормативно-правовых актов. К первой группе относятся законы (в том числе и конституция) – нормативно-правовые акты, принятые высшими органами законодательной власти или в результате референдума. Ко второй группе относятся подзаконные правовые акты – нормативно-правовые акты, принятые органами исполнительной власти. К ним относятся нормативно-правовые акты президента, правительства, отдельных министерств, ведомств и т. д.

Юридическая сила каждого из актов определяется положением государственного органа, его принявшего, в системе правотворческих органов. В зависимости от степени юридической силы устанавливается иерархия, то есть строгая система соподчинённости нормативно-правовых актов. Во главе этой иерархии находится конституция. **Конституция** – основной закон государства, не случайно наряду с термином конституция традиционно используется понятие «основной закон».

Конституция – это нормативно-правовой акт,

– принимаемый высшими органами законодательной власти, либо народом на референдуме;

– имеющий высшую юридическую силу;

– регулирующий основы организации государства и общества: важнейшие принципы законодательной, исполнительной, судебной власти; принципы избирательной системы; основы взаимодействия государства и гражданина.

Высшая юридическая сила конституции проявляется в том, что все законы и другие акты строго соответствуют конституции и принимаются, отменяются или изменяются на её основе. Таким образом, конституция является основным источником права.

После конституции наивысшей силой обладают другие законы. Законы принимаются высшими законодательными органами власти по наиболее важным вопросам государственной и общественной жизни. Они имеют особый порядок принятия, существует и особый порядок внесения в них добавлений и изменений. Таким образом, **закон** – это нормативно-правовой акт, принятый в особом порядке, обладающий после Конституции наибольшей юридической силой и регулирующий наиболее важные общественные отношения.

Для детального претворения закона в жизнь органами управления принимаются подзаконные правовые акты. **Подзаконный правовой акт** – это нормативно-правовой акт, изданный государственным органом исполнительной власти в соответствии с законом либо на его основе и во исполнение закона.

Система подзаконных правовых актов также представляет собой иерархию, во главе которой находится подзаконный правовой акт, имеющий наивысшую юридическую силу. Например, в РФ ведущее место занимают подзаконные акты Президента РФ: указы и распоряжения.

Определённое место в системе нормативно-правовых актов разных стран занимает **правовой договор**. Он является источником права и представляет собой соглашение нескольких субъектов права, содержащее юридические нормы. Нормативные договоры имеют место во взаимоотношениях между государствами или между государством и между образованиями внутри государства. Правовой договор, который устанавливает права и обязанности заключивших его государств, называется **международным договором**. Примером правового договора, который регулирует отношения внутри федеративного государства, является **федеративный договор**. Например, Федеративный договор РФ от 1992 года регулирует федеративные отношения, в которые вступают РФ и субъекты РФ в лице их органов государственной власти, конкретные органы государственной власти РФ и субъектов РФ и др. Таким образом, правовой договор отличается от обычных договоров, так как содержит правила общего характера, то есть общеобязательные нормы поведения.

В заключение необходимо отметить, что правовые системы многих стран имеют источники, характерные только для данной системы. Например, важнейшим источником мусульманского права является Коран – священная книга ислама.

в) Скажите, какие источники права характеризуются в данном тексте?

Задание 69. а) Составьте сложный план текста (***Задание 68. б***).

б) Используя план, кратко законспектируйте текст.

в) Обменяйтесь конспектами со своими товарищами по группе. Читая конспект товарища, задавайте ему вопросы, уточняющие или расширяющие информацию, содержащуюся в конспекте.

Задание 70. Используя свои записи, охарактеризуйте

- виды прецедентов,
- систему подзаконных правовых актов.

Задание 71. а) Вы отсутствовали на семинаре, посвящённом теме «Законы РФ», и взяли у своего друга конспект. Познакомьтесь с ним.

Классификация законов РФ

I. В зависимости от уровня органов, их принявших,

- **Законы РФ**
  - Федеральные законы (ФЗ)
    - Федеральные конституционные законы (ФКЗ)
    - Просто ФЗ
  - Законы субъектов Федерации (ЗСФ)

II. Федеральные конституционные законы

1. **ФКЗ** (ФЗ, принимаемые по вопросам, прямо указанным в Конституции).

2. **Виды ФКЗ**
   - ФКЗ о статусе главных гос. институтов, органов, гос. символике (ФКЗ «О Правительстве РФ», ФКЗ «О референдуме»)
   - ФКЗ, ограничивающие права и свободы граждан (ФКЗ «О введении военного положения»)
   - ФКЗ, определяющие статус субъектов РФ (ФКЗ «Об изменении статуса субъекта РФ»)

III. Федеральные законы

1. **ФЗ** – НПА, принятые Госдумой и Советом Федерации (СФ) в установленном порядке.

2. **Виды ФЗ**

Отдельные виды ФЗ выделяются на разных основаниях:

а) ФЗ →

- **Федеральные кодексы** (единый закон-кодекс, объединяющий НПА одной отрасли);
- **Основы законодательства** (ФЗ, принимаемый и действующий в рамках компетенции РФ и её субъектов. Например: ФЗ «Об основах туристической деятельности в РФ»);
- **ФЗ о международных договорах РФ**

б) **Статутные ФЗ – «Законы о статусе»** →

- **гос. органов** (например: ФЗ «О Счётной палате»)
- **объединений граждан** (ФЗ «Об общественных объединениях»)
- **категорий населения** (ФЗ «О ветеранах»)

в) **Тематические ФЗ** – законы, регулирующие разные сферы государственной и общественной жизни, виды деятельности (ФЗ «О гражданской обороне»).

IV. Законы субъектов Федерации

1. ЗСФ – НПА, принимаемые законодательным органом субъекта Федерации в соответствии с Конституцией РФ и ФЗ, а также в соответствии с Конституцией субъекта РФ.

2. Виды ЗСФ выделяются

Виды ЗСФ →

- **Конст. законы** (Конституционный закон Республики Якутия «О порядке деятельности Государственного собрания и его палат»)
- **Кодексы** (Кодекс Свердловской области «Об административной ответственности»)
- **Законы** (Закон «О бюджетном устройстве и бюджетном процессе в республике Татарстан»)
- и др.

🗝 *б)* Выберите правильный вариант ответа.

1. Федеральный конституционный закон «О государственном флаге, гербе и гимне РФ» относится к законам, … . 2. Федеральный конституционный закон «О Конституционном суде РФ» относится к законам, … . 3. Федеральный конституционный закон «О принятии в РФ нового субъекта» относится к законам. … . 4. Федеральный конституционный закон «О введении чрезвычайного положения» относится к законам РФ, … .	А. определяющим статус главных государственных институтов и органов, государственную символику Б. ограничивающим права и свободы граждан В. определяющим статус субъекта РФ
5. Закон «О Верховном суде РФ» является … . 6. Избирательный кодекс Воронежской области является … . 7. Закон «Об основах службы в РФ» является … .	А. Федеральным законом. Б. Федеральным конституционным законом В. законом субъекта Федерации
8. Федеральный закон «О творческих союзах» относится к статутным законам … . 9. Федеральный закон «О спасателях» относится к статутным законам … . 10. Федеральный закон «О Счётной палате» относится к статутным законам … .	А. о государственных органах Б. об объединениях граждан В. о категориях населения

Задание 72. Выступите на семинаре с сообщением «Система законов РФ».

Задание 73. а) Запишите тему и план лекции: «Источники права РФ».

План

1. Нормативно-правовые акты как основной источник прав РФ.
2. Конституция РФ – основной закон государства.
3. Федеральные законы: федеральные конституционные законы и федеральные законы.
4. Законы субъектов Федерации как разновидность нормативно-правовых актов.

5. Подзаконные правовые акты как юридическое средство исполнения и уточнения закона.

6. Правовые договоры РФ и их виды.

б) Прослушайте лекцию и законспектируйте её основное содержание.

Источники права в РФ

Вам уже хорошо известно, каковы основные существующие источники права. Теперь же мы рассмотрим, какие из них действуют в РФ. Как вы помните, самая распространённая форма права, или источник права – это **нормативно-правовой акт**. Именно он является в России основным источником права. Кроме того, в РФ используется нормативный договор, но он используется значительно реже, чем нормативно-правовые акты. Судебные прецеденты и правовые обычаи как источники права в Российской Федерации практически не встречаются.

Во главе иерархии всех источников права в России находится **Конституция РФ**. Это основной закон государства. Как вы знаете, во всех странах, где есть конституция, именно она является основным законом государства. Конституция РФ регулирует важнейшие общественные вопросы. Так, Конституция РФ регулирует основы политического, экономического строя, устанавливает систему высших и местных органов государственной власти, закрепляет права, свободы и обязанности граждан.

Конституция РФ была принята на референдуме 12 декабря 1993 года. В ней отразились все изменения российского общества, произошедшие в 90-е годы. Например, в Конституции РФ закреплено новое государственное устройство: Конституция определяет Россию как демократическое государство с республиканской формой правления. Отразились в Конституции и изменения в экономическом устройстве государства. Так, Конституция РФ 1993 года закрепила новые для России отношения рыночной экономики. Новая Конституция гарантирует многообразные формы собственности. Она признаёт и защищает такие формы собственности, как частная, муниципальная, государственная; обеспечивает свободу предпринимательской деятельности. Новая Конституция РФ установила новые высшие органы государственной власти – Государственную думу и Совет Федерации, а также статус Президента. Гражданские же права и свободы теперь соответствуют принципам и нормам международного права.

Конституция, как вы знаете, обладает высшей юридической силой. Все остальные нормативно-правовые акты не должны ей противоречить.

Рассмотрим другие особенности конституции. Конституция РФ является документом прямого действия. Это значит, что все, кому адресованы её нормы, могут применять их непосредственно, прямо. Так, например, в суде гражданин для защиты своих прав может сослаться прямо на нормы конституции.

Все конституции, как известно, делятся на два вида – «жёсткие» и «мягкие». В «мягкие» конституции можно легко внести изменения, в «жёсткие» же – очень сложно. Конституция РФ является «жёсткой» конституцией. Поэтому она стабильна. Внести в неё дополнения, изменения и поправки достаточно сложно. Так, если какой-нибудь субъект Федерации хочет изменить своё название, то это новое название может быть внесено в конституцию только указом президента. Так, например, 9 января 1996 года Президент РФ издал Указ об изменении названия Республики Северная Осетия. Теперь она называется Республика Северная Осетия-Алания.

Второе место в иерархии нормативно-правовых актов занимают **Федеральные законы.** Федеральный закон, как вы помните, это основной вид закона РФ. Он принимается Государственной думой и Советом Федерации. Особую группу составляют **Федеральные конституционные законы**, которые отличаются от других федеральных законов. Во-первых, они принимаются по вопросам, прямо указанным в конституции; во-вторых, процедура принятия федеральных конституционных законов более сложная, чем других федеральных законов. В соответствии с Конституцией РФ существует 12 федеральных конституционных законов. По содержанию Федеральные конституционные законы можно разделить на три группы. В первую группу входят Федеральные конституционные законы о статусе главных государственных институтов и органов, Федеральные конституционные законы о Правительстве РФ, Конституционном собрании. Следующая группа федеральных конституционных законов – это законы, которые связаны с ограничением прав и свобод человека. К ним можно отнести Федеральный конституционный закон об условиях и порядке введения чрезвычайного положения на территории РФ. Наконец, третья группа включает Федеральные законы, которые касаются изменения состава Федерации. Федеральные конституционные законы имеют приоритет над другими федеральными законами, которые не должны противоречить федеральным конституционным законам.

Федеральные законы принимаются по важнейшим общегосударственным вопросам. Мы много говорили о федеральных законах на семинаре, поэтому не будем останавливаться на них подробно.

Особой разновидностью нормативно-правовых актов являются **законы субъектов Федерации**. Они принимаются, во-первых, по вопросам исключительного ведения субъектов РФ и, во-вторых, по вопросам совместного ведения субъектов и Федерации. Такие законы действуют только на территории данных субъектов РФ и регулируют вопросы их государственной, экономической и социальной жизни. Законы субъекта Федерации принимают законодательные органы субъекта РФ. Встречаются различные виды законов субъектов Федерации: кодексы, конституционные законы. Заметим, что чаще всего нормативно-правовые акты субъектов Федерации называются именно законами.

Особое место в системе источников права РФ занимают **подзаконные правовые акты.** Как вы уже знаете, данные правовые акты принимаются для уточнения и исполнения законов. Они издаются государственными органами власти. Существует определённая иерархия подзаконных правовых актов. На её вершине находятся указы и распоряжения Президента РФ. Материал об иерархии подзаконных актов я прошу вас подготовить к следующему семинарскому занятию.

Наконец, к источникам права РФ относят **правовые договоры**. На основе правового договора строятся отношения РФ с другими государствами и внутри самой Федерации. Отношения между РФ и другими государствами или иными субъектами международного права устанавливает **международный договор**. В качестве примера можно привести Договор между РФ и Арабской Республикой Египет от 1997 года.

Основой федеративных отношений внутри РФ служит Федеративный договор от 1992 года. Он определяет различные федеративные отношения. Например, он определяет отношения между РФ и субъектами РФ, отношения между конкретными органами государственной власти РФ и субъектов РФ, а также отношения между субъектами РФ. На основе Федеративного договора и Конституции РФ 1993 года заключаются внутрифедеральные договоры РФ. Внутрифедеральные договоры регулируют отношения между РФ и субъектами РФ, которые определены Федеративным договором.

В заключение перечислим основные источники права РФ в соответствии с их местоположением в иерархии: Конституция РФ, Федеральные конституционные законы, Федеральные законы, законы субъектов РФ, подзаконные правовые акты.

Задание 74. а) Выберите правильный вариант.

1. В РФ как источник права не используется … .	А. судебный прецедент Б. нормативно-правовой акт В. международный договор
2. Конституция РФ определяет Россию как … .	А. демократическое государство с республиканской формой правления Б. унитарное государство, основанное на демократическом централизме В. республику
3. Федеральные конституционные законы имеют приоритет… .	А. над всеми федеральными законами Б. над всеми правовыми актами В. над Конституцией РФ
4. Чаще всего нормативно-правовые акты субъектов Федерации являются … .	А. кодексами Б. распоряжениями В. законами

5. На вершине подзаконных правовых актов находятся … .	А. Федеральные законы Б. постановления В. Указы Президента

б) Прослушайте начало высказывания, повторите и закончите его. Прослушайте высказывание целиком.

1. В России самым распространённым источником права является … (нормативно-правовой акт).
2. Во главе всех источников права в РФ находится … (Конституция РФ).
3. Конституция РФ 1993 года установила новые высшие органы государственной власти – Государственную думу и … (Совет Федерации).
4. Второе место в иерархии нормативно-правовых актов занимают … (Федеральные конституционные законы).
5. Обычные Федеральные законы не должны противоречить … (Федеральным конституционным законам).
6. Законы субъектов Федерации принимаются как по вопросам ведения исключительно субъектов Федерации, так и по вопросам … (совместного ведения субъектов и Федерации).
7. Законодательные органы субъекта РФ принимают законы … (субъекта Федерации).
8. Подзаконные правовые акты издаются … (государственными органами власти).

в) Ответьте на вопросы. Проверьте правильность своих ответов, привлекая материалы текста.

1. Когда была принята Конституция РФ?
2. Сколько Федеральных конституционных законов принято в соответствии с Конституцией РФ?
3. На сколько групп можно разделить Федеральные конституционные законы по содержанию?

Задание 75. Прочитайте микротекст. Скажите, какую особенность конституции он иллюстрирует.

Продемонстрируем эту особенность Конституции таким примером. Вообще не могут быть изменены с помощью поправок первая, вторая и девятая главы Конституции РФ. Напомню, что первая глава Конституции посвящена основам конституционного строя. Глава вторая закрепляет права и свободы человека. Девятая же глава посвящена конституционным поправкам и пересмотру конституции. Чтобы изменить эти статьи, необходимо принять новую конституцию. Большинство же других статей, в которые можно вносить изменения, тесно связаны со статьями первой и второй глав, которые изменены быть не могут. Это приводит к тому, что в Конституцию РФ практически нельзя вносить серьёзные поправки, кроме случая её полной замены. Это ещё более укрепляет стабильность конституции, усиливает устойчивость её норм.

Задание 76. а) Прочитайте микротекст, озаглавьте его.

Подзаконный правовой акт – это правовой акт, изданный органом исполнительной власти в соответствии с законом и во исполнение его. В систему подзаконных правовых актов РФ входят правовые акты Президента, правительства, ведомственные правовые акты и другие локальные акты. Среди этих актов ведущее место занимают подзаконные правовые акты Президента РФ, который на основе конституции издаёт указы и распоряжения. Указы Президента могут быть нормативными и ненормативными. Нормативные указы содержат правовые нормы. Примером такого указа является Указ Президента РФ «О введении чрезвычайного положения». Ненормативные указы являются актами применения норм права. Например, они регулируют вопросы назначения на государственную должность, награждения и др. Распоряжения – это ненормативные, оперативные акты, помогающие быстро и оперативно решать вопросы на уровне президента. Они издаются, в частности, по вопросам создания рабочих комиссий и групп по подготовке проектов законодательных актов, ведения переговоров и др.

Подзаконные правовые акты правительства издаются в виде постановлений. Совет Федерации и Государственная дума принимают постановления по вопросам, перечисленным в ст. 102 и 103 Конституции РФ. Так, согласно ст. 102, к ведению Совета Федерации относится, например, принятие постановлений о назначении выборов президента. А согласно статье 103, к ведению Государственной думы относятся положения об объявлении амнистии. Акты по оперативным и другим текущим вопросам ненормативного характера издаются в виде распоряжений. Например, распоряжение правительства о структуре аппарата Правительства РФ. Эти акты основаны на законах и указах Президента.

Ведомственными подзаконными правовыми актами называются правовые акты министерств, комитетов и других ведомств. Эти органы власти издают правовые акты в различной форме. Выделим среди многочисленных ведомственных правовых актов, в частности, приказы и положения. Приказ представляет собой вид подзаконного правового акта управления, волевое властное распоряжение должностного лица, отданное в пределах его полномочий. Примером подобных ведомственных актов могут быть приказы министра. Положения же являются ведомственными подзаконными актами, которые издаются в целях разъяснения порядка применения законодательного акта. Например, «Положение о рассмотрении вопросов гражданства». Данные акты регулируют общественные отношения в сферах экономики, науки, образования, культуры, здравоохранения, обороны и правоохранительной деятельности. Они издаются в случаях, установленных федеральными законами, указами Президента РФ, постановлениями правительства.

Самостоятельную группу образуют локальные нормативно-правовые акты местных представительных органов самоуправления. Существенная особенность этих актов – их территориальная ограниченность действия. Необходимо упомянуть и о том, что круг вопросов, входящих в компетенцию исполнительных органов, принимающих эти акты, достаточно узок. К ним можно отнести, например, Распоряжение главы управы района Тёплый стан «Об организации автостоянок».

б) Закончите схему-конспект.

в) Используя схему, расскажите о системе подзаконных правовых актов РФ.

г) Подготовьте сообщение о системе подзаконных правовых актов в вашей стране.

Задание 77. Обобщив информацию о Федеральных законах (**Задание 71**, лекции «Источники права РФ» (***Задание 73***), схемы-конспекта «Система подзаконных правовых актов» (***Задание 76. б)***

- расскажите об иерархии источников права в РФ;
- охарактеризуйте основные источники права РФ.

Задание 78. а) Подготовьте сообщение об источниках права вашей страны. Запишите ваше сообщение в виде краткого конспекта.

б) Выступите со своим сообщением на занятии. Ответьте на вопросы коллег.

Задание 79. Прослушайте фрагмент семинарского занятия. Примите участие в обсуждении темы «Источники права РФ». Реагируйте на заключительную реплику преподавателя (в случае необходимости используйте свой конспект).

Диалог 1

Преп.: Какие источники права действуют в РФ?

Студ.: В РФ действуют нормативно-правовые акты и нормативные договоры.

Преп.: Кто мог бы сказать, какой источник права находится во главе иерархии источников права РФ?

Студ.: …

Диалог 2

Преп.: Скажите, пожалуйста, как отразились в Конституции РФ 1993 года изменения, произошедшие в 90-е годы в российском обществе?

Студ.: Во-первых, Конституция РФ 1993 года закрепляет новое государственное устройство страны, она определяет Россию как демократическое государство с республиканской формой правления. Во-вторых, Конституция закрепляет новые для России отношения рыночной экономики: гарантирует многообразие форм собственности, обеспечивает свободу предпринимательской деятельности.

Преп.: Это верный ответ, но неполный. Какие ещё изменения закрепила эта Конституция?

Студ.: …

Диалог 3

Преп.: Как вы помните, Конституция РФ имеет ряд особенностей. Например, является документом прямого действия. А кто мог бы пояснить, что это значит?

Студ.: Это значит, что все, кому адресованы нормы Конституции РФ, могут применять их непосредственно, прямо.

Преп.: А кто мог бы привести пример подобного прямого применения норм Конституции?

Студ.: …

Диалог 4

Преп.: Все конституции делятся на два вида – «жёсткие» и «мягкие». Как вы помните в «мягкие» конституции внести изменения легко, в «жёсткие» же очень сложно. А к какому виду относится Конституция РФ?

Студ.: Конституция РФ является «жёсткой» конституцией. Внести в неё изменения и поправки достаточно сложно.

Преп.: Аргументируйте свой ответ, пожалуйста.

Студ.: …

Диалог 5

Преп.: Какие нормативно-правовые акты действуют в РФ?

Студ.: Помимо конституции к нормативно-правовым актам РФ относятся федеральные основные законы и федеральные конституционные законы, законы субъектов Федерации, подзаконные правовые акты.

Преп.: Кто мог бы подробнее рассказать о федеральных конституционных законах? Назвать их особенности, классифицировать?

Студ.: …

Диалог 6

Преп.: Вы можете напомнить нам, с какой целью принимаются подзаконные правовые акты?

Студ.: Подзаконные правовые акты принимаются для уточнения и исполнения законов.

Преп.: Спасибо. А кто мог бы рассказать о классификации подзаконных правовых актов и их функциях?

Студ.: …

Диалог 7

Преп.: А что представляет собой международный правовой договор?

Студ.: Международный договор представляет собой письменное соглашение с иностранными государствами или организациями.

Преп.: А кто может привести пример международного договора РФ?

Студ.: …

Диалог 8

Преп.: Итак, кто хотел бы подвести итог? Классифицировать основные источники права РФ согласно их юридической силе?

Студ.: …

Часть 2. История отечественного государства и права

Соборное уложение

Задание 80. а) Прочитайте синонимичные предложения. Сравните использование различных форм предиката.

Римское право **оказывало активное влияние (воздействие)** на развитие феодального права. Римское право **активно влияло (воздействовало)** на развитие феодального права.

> **!** **Обратите внимание,** что конструкция *оказывать влияние/воздействие* характерна для научной (книжной) речи. Глаголы *влиять, воздействовать* являются стилистически нейтральными.

б) Передайте смысл данных предложений, используя конструкции, характерные для научной речи *(оказывать влияние/воздействие).*

1. Зарождение буржуазных отношений внутри феодальных отношений влияло на государственное устройство западноевропейских стран.
2. В этот период католическая церковь активно воздействовала на право.
3. Производственные отношения влияют на производительные силы.
4. Обычаи, зафиксированные в Салической Правде, повлияли на формирование европейского права.

Работаем над терминами!

Задание 81. а) Прочитайте микротекст, познакомьтесь с содержанием терминов *вотчина* и *поместье.*

Вотчина – древнейший вид земельной собственности в России. Вотчина возникла в X–XI веках, а в XV–XVII стала господствующей формой феодального землевладения в Русском государстве. Феодальное право собственности на вотчину носило условный характер. Оно предоставлялось при условии службы, прежде всего военной. Характерной особенностью вотчины являлось то, что она могла отчуждаться и передаваться по наследству. Кроме того, вотчину можно было продать, купить и подарить. Однако с переходом права на неё к новому собственнику к нему переходила и обязанность несения службы.

С конца XV века в российском праве понятию «вотчина» противопоставляется понятие «поместье». **Поместье** – это тоже вид земельной собственности в России, предоставляемой государством на условиях несения военной или административной службы, но только на время службы. Помещики не могли свободно распоряжаться своими поместьями, продавать, обменивать или передавать их по наследству.

Но уже в XVI веке поместье по разрешению Ивана Грозного могло переходить по наследству сыновьям, при условии их службы и на срок её несения. В XVII веке стало допускаться завещание поместья в пользу жён и детей. То есть поместье передавалось по наследству. Тем самым стиралось отличие поместья от вотчины.

Соборное уложение 1649 года закрепило стирание отличий вотчины от поместья. Поместье могло быть передано по наследству. По уложению поместье можно было менять на поместье, поместье – на вотчину, и наоборот.

Таким образом, в XVII веке начался процесс сближения юридического положения поместья и вотчины.

б) Ответьте на вопросы.

1. Когда возникли такие формы собственности, как вотчина и поместье?
2. Чем они отличались в XV веке?
3. Когда и как начало происходить сближение этих форм собственности?

в) Назовите термины, которые соответствуют терминам *вотчина* и *поместье* в праве западноевропейских феодальных государств.

г) Проверьте правильность своего ответа. Прочитайте микротекст, познакомьтесь с содержанием терминов *лен* и *бенефиций.*

Ранняя форма земельной собственности в Германии – это **бенефиций**. Бенефиций жаловали кому-либо в пожизненное пользование на условии несения военной или административной службы. Бенефиций не мог передаваться по наследству.

В XII веке начинается процесс превращения бенефиция в **лен (феод)**. Отличие новой формы земельной собственности заключалось в том, что лен (феод) мог передаваться по наследству. Первоначально лен (феод) мог переходить по наследству к одному из сыновей по выбору сеньора, пожаловавшего лен (феод), а позже наследовался на равных основаниях всеми сыновьями, другими родственниками. Некоторые учёные отождествляют термины «лен» и «бенефиций».

Часто термин «лен» употребляется применительно к аналогичному институту других европейских стран (Франции, Италии и др.).

д) Скажите, в чём разница между юридическими понятиями *лен* и *вотчина?*

Задание 82. а) Прочитайте текст «Соборное уложение». Не пользуясь словарём, постарайтесь понять общее содержание. Читайте как можно быстрее!

Соборное уложение 1649 года

Чем являлось государство в России XVII века? Прежде всего, исполнителем воли господствующего класса феодалов в целом. Кроме того, оно выступало в качестве феодала, эксплуататора по отношению к массе трудящегося населения страны.

В 1649 году в России был принят новый свод законов, получивший название «Соборное уложение». Этим законодательным актом завершился и юридически закрепился растянувшийся на полтора века процесс утверждения общегосударственной системы крепостного права. Какие же конкретные меры для оформления крепостной зависимости и завершения крепостнического законодательства предусматривало Соборное уложение?

Глава XI Соборного уложения «Суд о крестьянах» окончательно устанавливала прикрепление крестьян к земле. Во-первых, феодалам было предоставлено право бессрочного розыска и возвращения беглых крестьян. Во-вторых, устанавливалась наследственность крепостного состояния и право землевладельца распоряжаться имуществом крепостного крестьянина. Так, в случае если феодал оказывался несостоятельным по своим долговым обязательствам, для возмещения его долга взималось имущество зависимых от него крестьян и холопов. Феодалам было предоставлено право надзора и суда над крестьянами. В-третьих, крестьяне не имели права самостоятельно выступать в судах со своими исками – защищать эти иски мог только феодал. Заключение браков, семейные разделы, передача по наследству крестьянского имущества могли происходить только с согласия феодала. И ещё одно немаловажное обстоятельство усугубляло и без того тяжёлое положение крепостных. Закреплённые за помещиком крестьяне в то же время считались «казёнными», то есть несли повинность и в пользу государства.

В Соборном уложении особо оговаривался запрет владеть вотчиной холопам, которым раньше иногда удавалось приобретать земельные участки. Тем самым владение землёй закреплялось как привилегия господствующего феодального класса. Соборное уложение 1649 года также закрепило стирание отличий вотчины от поместья. Поместье могло быть передано по наследству. По уложению, поместье можно было менять на поместье, поместье – на волость, и наоборот.

Системе судопроизводства и наказаний по Соборному уложению свойственна типично средневековая жестокость: пытки, избиения, различные виды смертных казней. Уголовное право сохраняло ещё многие патриархальные порядки. Так, убийство родителей каралось смертной казнью, но за убийство детей полагалось лишь годичное тюремное заключение.

Таким образом, мы видим, что система крепостного права, закрепляла отсталые формы общественных отношений. Она обрекала народ на тяжёлый труд, лишала крестьян личной свободы. Право в России XVII века оставалось «кулачным» правом, то есть правом-привилегией господствующего класса.

б) Сформулируйте основные идеи текста.

Задание 83. Найдите в тексте ответы на вопросы.

1. В каком году было издано Соборное уложение?
2. Как называется глава Соборного уложения, в которой говорится о правовом положении крестьян?
3. Кто защищал иски крестьян в суде?
4. В пользу кого несли повинность крестьяне?
5. За кем закреплялась привилегия владеть вотчиной?
6. Как наказывалось убийство?

Задание 84. а) Прочитайте текст «Соборное уложение» ещё раз. Подготовьтесь ответить на вопросы.

1. О чём идёт речь в XI главе Соборного уложения?
2. Чем характеризуется система судопроизводства по Соборному уложению?

б) Докажите, что Соборное уложение юридически закрепило крепостничество.

Судебная реформа 1864 года

Задание 85. а) Познакомьтесь с информацией о реформах в России в XVIII–XIX веках.

1. После крестьянской реформы 1861 года проводится судебная реформа.
2. Судебная реформа проводилась в результате длительной подготовки материалов, составивших 74 тома.
3. Судебная реформа была проведена изданием четырёх уставов в 1864 году.
4. В целях укрепления вооружённых сил для подавления крестьянских волнений проводятся военные реформы.
5. Правительством были проведены военные реформы в целях перестройки вооружённых сил страны.
6. В 1874 году правительство во главе с Д.А. Милютиным провело военные реформы.
7. После пугачёвского восстания Екатериной II были проведены реформы местного управления.
8. В целях упрощения административно-полицейского контроля Екатерина II провела реформу местного управления.

б) Проанализируйте структуры, которые часто используются в высказываниях о реформах.

Реформа → проводится / проводилась / была проведена } *с какой целью? когда? кем/чем? каким образом?*

S → провёл (-а, -и) реформу

Работаем в парах!

в) Задайте вопросы к выделенным фрагментам предложений из ***Задания а)***. Ответьте на вопросы.

! **Обратите внимание** на то, что предложение, в котором существительное *реформа* выступает в роли субъекта, является пассивной конструкцией.

Задание 86. а) Познакомьтесь с таблицей и вспомните конструкции, с помощью которых называется предмет реформирования. В случае необходимости уточните значение незнакомых слов в словаре.

Обозначение предмета реформирования

б) Проверьте, помните ли вы суть функционирования основных государственных органов и структур, которые могут подвергаться реформированию. Выберите правильный вариант:

1. Законодательные органы … . 2. Исполнительные органы … . 3. Судебные органы … .	А. отправляют правосудие Б. принимают нормативно-правовые акты В. осуществляют государственное руководство
4. Органы правительства … . 5. Органы полиции … . 6. Органы самоуправления … .	А. обеспечивают поддержание правопорядка Б. осуществляют исполнительную власть В. осуществляют внутреннее саморуководство
7. Институт присяжных заседателей вводится для … . 8. Институт адвокатуры вводится для … . 9. Институт прокуратуры вводится для … .	А. осуществления надзора за исполнением повелений Сената и государя Б. участия в объективном рассмотрении судебного дела. В. осуществления защиты обвиняемого в суде

Задание 87. а) Познакомьтесь со словосочетаниями, которые часто используются при описании правовых реформ, направленных на создание новых государственных структур и должностей.

создавать – создать
учреждать – учредить } *что?* →

вводить – ввести *(что?)* →

→ новый (полицейский) орган
(управленческий) аппарат
систему (нотариальных контор),
(две) судебные системы
прокуратуру, (профессиональную) армию, (окружной) суд
институт *(кого/чего?)* следователей, прокуратуры
должность *(кого?)* губернатора, полицмейстера

б) Познакомьтесь с синонимичными конструкциями.

При Петре I → создаётся (учреждается) / была создана (учреждена) } прокуратура.

> ! **Обратите внимание** на то, что, как правило, в языке юристов, пассивные конструкции с глаголами (причастиями) несовершенного вида имеют значение не процесса, а достигнутого результата, поэтому они синонимичны конструкциям с глагольными формами совершенного вида.

в) Прослушайте предложения. Выразите ту же мысль синонимичными конструкциями.

1. При окружных судах учреждался институт следователей.
2. Окружные суды учреждались на несколько уездов.
3. Первые специализированные полицейские органы были учреждены в Петербурге в 1718 году Петром I.
4. Для надзора за законностью Петром I была учреждена должность генерал-губернатора («ока государя»).
5. В 1864 году в результате судебной реформы создаются две судебные системы: местные и общие суды.
6. Для удостоверения деловых бумаг учреждается система нотариальных контор.

г) Примите участие в микродиалоге на экзамене. Слушайте вопрос преподавателя, в ответе используйте пассивную конструкцию.

Пример: – Как в России появился институт следователей?

Институт следователей → учреждался / был учреждён / был создан } при окружных судах.

1. Какой территориальный признак лежал в основе создания окружных судов?

2. Где и когда в России появились первые специализированные полицейские органы?

3. С какой целью Пётр I учредил должность генерал-губернатора?

4. Когда и в результате чего в России появились две судебные системы?

5. С какой целью государство учреждает систему нотариальных контор?

Задание 88. а) Познакомьтесь с информацией о способах введения в должность должностных лиц административных и судебных органов XVIII–XIX веков.

1. Присяжные в Российской империи не избирались населением, а назначались председателями судов.

2. Дворянское собрание избирало губернских и уездных предводителей дворянства для укрепления дворянского самоуправления на местах.

3. В XIX веке городничими обычно назначались офицеры, уволенные со службы из-за ранения.

4. Члены городской думы («гласные») избирались на четыре года крупными и мелкими собственниками.

б) Проанализируйте структуры, которые часто используют в высказываниях о введении в должность нового должностного лица.

S (название должностного лица) → назначался / был назначен / избирался / был избран } *кем/чем когда? с какой целью? на какой срок?*

S → назначал/назначил / избирал/избрал } название должностного лица

! **Обратите внимание** на то, что предложение, в котором *название должностного лица* выступает в роли субъекта, является пассивной конструкцией.

Работаем в парах!

в) Задайте вопросы к выделенным фрагментам предложений из ***Задания а)***. Ответьте на вопросы.

Задание 89. а) Познакомьтесь со словосочетаниями, которые часто используются при описании реформ правовой системы, проводимых с целью реорганизации государственных структур.

реформировать
реорганизовать
преобразовать
} *что?* →
(государственный) аппарат
систему (местного) управления
орган власти, управления
институт (*чего?*) прокуратуры
прокуратуру, Сенат

б) Познакомьтесь с синонимичными конструкциями.

Система местного управления →
реорганизована
была реформирована
преобразована
→ правительством Екатерины II.

в) Прочитайте предложения. Выразите ту же мысль синонимичными структурами, принятыми в языке юриспруденции.

1. В связи с переходом к абсолютизму при Петре I был реорганизован государственный аппарат.

2. При Екатерине I Сенат был частично реорганизован: многие его функции перешли к Верховному тайному совету.

3. Из-за угрозы войны и нехватки средств на реформу, Сенат не был реформирован при Александре I.

4. В начале XIX века центральные органы власти и управления были реформированы на основе проектов советника Александра I М.М. Сперанского.

5. В 1861 –1870 годах в связи с отменой крепостного права, революционной ситуацией в стране был реформирован полицейский аппарат.

6. Военной реформой 1870 года был реорганизован аппарат военного управления: теперь его отрасли подчинялись не великим князьям, а военному министру.

Работаем в парах!

Задание 90. а) Прочитайте предложения, скажите, в каком предложении используется пассивная конструкция?

Почему Пётр I провёл реорганизацию государственного аппарата?

– При Петре I государственный аппарат был реорганизован в связи с переходом к абсолютизму.

! **Обратите внимание,** что в языке юриспруденции обычно используются пассивные конструкции.

б) Примите участие в микродиалоге на экзамене. Слушайте вопрос преподавателя, в ответе используйте пассивную конструкцию.

1. Как при Екатерине I меняется положение Сената?
2. Почему Александр I не реализовал проект переустройства Сената?
3. Кто провёл реформу по реорганизации центральных органов власти и управления в эпоху правления Александра I?
4. Почему в 1861 –1870 годах в России реформировали полицейский аппарат?
5. Почему аппарат военного управления после 1870 года стал подчиняться военному министру?

Задание 91. а) Познакомьтесь со словосочетаниями, которые используются при описании правовых реформ, направленных на упразднение государственных структур, должностей.

ликвидировать
упразднять } *что?* ⟶ должность, орган власти и т. д.

б) Познакомьтесь с синонимичными конструкциями.

Должность губернатора (была) < упразднена / ликвидирована } в 1917 году.

в) Прочитайте предложения. Выразите ту же мысль с помощью синонимической структуры.

1. В 1722 году с образованием Сената была ликвидирована Боярская дума.
2. Сенат был упразднён декретом советской власти в 1917 году.
3. Должность генерал-губернатора была ликвидирована в 1917 году (вместо генерал-губернаторов появились комиссары Временного правительства).
4. Существенным недостатком Судебной реформы 1864 года было то, что в результате её не были упразднены все сословные суды.

Работаем в парах!

Задание 92. Примите участие в микродиалоге на экзамене. Ответьте на вопросы преподавателя.

1. Когда и каким образом упразднили Сенат?
2. Какова связь между должностью генерал-губернатора и должностью комиссара Временного правительства?
3. В чём заключается ключевой недостаток Судебной реформы 1864 года?

4. Почему прекратила своё существование Боярская дума?
5. Когда ликвидировали должность губернатора?

Задание 93. а) Прочитайте микротекст, найдите в нём предложения, где содержится информация о

- создании органов прокуратуры;
- реорганизации, преобразовании органов прокуратуры.

Прокуратура была создана при Петре I. В 1722 году Пётр учредил должность генерал-прокурора, которого называли «око государево». Генерал-прокурору были подчинены обер-прокуроры в Сенате (правительственный орган, осуществляющий функции высшего суда и функции надзора за деятельностью правовых институтов), в Синоде (высший государственный орган по делам церкви), а также прокуроры в коллегиях. Прокуроры должны были присутствовать на заседании учреждений и осуществлять прокурорский надзор за законностью и исполнением указов и повелений императора и Сената.

При Екатерине II система прокурорских органов была преобразована: были созданы должности прокуроров при всех сословных губернских судах и губернском правлении.

Во время Судебной реформы 1864 года институт прокуратуры был реорганизован. Прокурорские органы были вновь реформированы: во главе прокуратуры стоял министр юстиции, получивший звание генерал-прокурора, в каждом департаменте Сената был обер-прокурор. Прокуроры имелись при учреждённых реформой новых судебных органах – судебных палатах и окружных судах. Главной задачей прокуратуры стало поддержание государственного обвинения в суде и внесение протестов на решения судов.

б) Из данного выше текста выпишите словосочетания со словом *прокурор* и с однокоренными ему словами.

в) Ответьте на вопросы. Пользуясь своими записями, скажите,

- каков был институт прокуратуры, учреждённый Петром I;
- как была реорганизована прокуратура во время реформ Екатерины II;
- какие изменения претерпели органы прокуратуры во время Судебной реформы.

Задание 94. а) Познакомьтесь с материалами о территориальном делении России и скажите,

- на какие территориальные единицы делилась Россия в XIX веке;

- что было критерием территориального деления.

В XIX веке территория России делилась на губернии, уезды и волости. Критерием территориального деления была численность населения, проживающего на территории одной административной единицы:

Россия ≈ 50 губерний
(в губернии проживает 300–400 тыс. душ)

↓

уезды
(в уезде проживает 10–30 тыс. душ)

↓

волости
(в волости проживает 300–2000 душ)

б) Опираясь на схему (***Задание 94. а***), расскажите об административно-территориальном делении России.

Задание 95. а) Запишите терминологические словосочетания со словом *суд*.

1. местный, общий — суд
2. суд — первой инстанции, второй инстанции
3. сословный, бессословный — суд
4. мировой, коронный, окружной — суд

б) Прочитайте микротекст, расширьте ваш список новыми словосочетаниями со словом *суд* и однокоренными с ним словами.

Местные и общие судебные органы

По Судебной реформе 1864 года были созданы бессословные судебные учреждения двух типов – местные суды и общие суды, или местные и общие судебные органы.

К **местным судебным органам** относились мировые судьи и съезды мировых судей. Деятельность мирового судьи осуществлялась в пределах мирового судебного участка. Единоличный мировой судья являлся судом первой инстанции, то есть мировым судом. Мировые судьи рассматривали мелкие гражданские (с ценой иска до 500 рублей) и уголовные дела (наказания, за которые не превышало 1,5 лет).

Мировые участки одного уезда (с входящими в него городами) составляли мировой округ, а все мировые судьи данного округа образовывали съезд мировых судей. Этот съезд являлся апелляционной инстанцией для мировых судов, то есть судом второй инстанции. Основаниями для рассмотрения дела на съезде мировых судей являлись: жалоба частного лица, сообщение полицейских или других административных органов, инициатива мирового судьи.

В систему **общих судебных органов** входили окружные суды и судебные палаты. Окружной суд создавался на несколько уездов. В состав окружных судов входили коронные судьи, которые назначались из числа дворян императором по представлению министра юстиции, и председатель. Вместе они составляли коронный суд.

Окружной суд рассматривал как гражданские, так и уголовные дела. Гражданские дела рассматривались только коронным судом, а уголовные дела – в составе коронного суда при участии 12 присяжных.

Судебная палата создавалась в качестве суда второй инстанции по делам окружных судов, рассмотренных без присяжных, а также в качестве суда первой инстанции по наиболее важным делам. В качестве суда первой инстанции она рассматривала дела о государственных, должностных и некоторых других преступлениях. Судебные палаты учреждались по одной на несколько губерний. В 1864 году их общее число составляло 11 на всю Россию.

в) Назовите судебные органы первой и второй инстанции, созданные в рамках Судебной реформы 1864 года.

Задание 96. а) Познакомьтесь с конструкциями, которые используются при характеристике судебного органа по административному признаку.

1. Деятельность мирового суда осуществлялась в пределах мирового судебного участка.
2. Деятельность одной судебной палаты осуществлялась в пределах нескольких губерний.
3. Деятельность одной судебной палаты распространялась на несколько губерний.
4. Судебные палаты учреждались (создавались) по одной на несколько губерний.

! **Обратите внимание,** что 2-я и 3-я конструкции используются, когда деятельность судебного органа распространяется на несколько административных единиц.

б) Охарактеризуйте местные и общие суды по административному признаку: расскажите, в пределах какой территории осуществлялась деятельность

- мировых судов;
- съезда мировых судей;
- окружных судов;
- судебных палат.

в) Охарактеризуйте деятельность

- мировых судов;
- съезда мировых судей;
- окружных судов;
- судебных палат.

Задание 97. а) Прочитайте предложения. Найдите в тексте предложения, выражающие эту мысль по-другому. Запомните конструкции, которые передают один и тот же смысл.

Пример: Решения окружных судов подлежали апелляции в суде второй инстанции – в судебной палате. = Судебная палата в качестве суда второй инстанции рассматривала апелляции на решения окружных судов.

1. Мелкие гражданские и уголовные дела решались мировыми судьями.
2. Уголовные дела рассматривались окружным судом в составе коронного суда и присяжных
3. На судебную палату возлагались дела о государственных и некоторых должностных преступлениях.

б) Используя конструкции из ***Задания 97. а)***, расскажите о направлении деятельности

- мировых судов;
- волостных судов;
- окружных судов;
- уездных съездов мировых судей;
- судебных палат.

Задание 98. а) Вспомните содержание терминов: *следователь, нотариус, адвокат, присяжный заседатель* (в случае необходимости используйте словарь юридических терминов).

б) Соотнесите термины с определениями, приведёнными справа, и запишите полученные определения.

1. Следователь … .	А. – выборный представитель населения, участвующий в рассмотрении судебного дела и давший присягу (то есть официальное торжественное обещание) объективно подходить к процессу и результату расследования
2. Нотариус … .	Б. – должностное лицо, осуществляющее под надзором прокурора предварительное следствие, то есть расследование преступления без предъявления обвинения
3. Присяжный заседатель … .	В. – юрист, который оказывает профессиональную правовую помощь (защиту) обвиняемому в суде, путём составления юридических документов, дачи консультаций и другими способами
4. Адвокат (или защитник) … .	Г. – в XVIII веке в Российской империи делопроизводитель, служащий судебного ведомства, в задачу которого входило удостоверение деловых бумаг;
	Д. – в РФ – должностное лицо, совершающее нотариальные действия (оформляет сделки, выдаёт различные свидетельства и т. д.)

в) Скажите,

- как связаны профессиональные действия следователя и прокурора;
- кто являлся профессиональным юристом – адвокат или присяжный;
- есть ли институт присяжных в вашей стране;
- какие функции имел нотариус в XVIII веке и каковы они сегодня.

Задание 99. а) Прочитайте микротексты. Выпишите определения выделенных юридических понятий, важных для понимания процесса реформирования органов управления и полиции в России в XVII–XVIII веках.

1. Органы управления губернией

Губернатор – это высший правительственный чиновник в России с начала XVIII века, возглавлявший управление губернией. Он осуществлял административные, полицейские и военные функции. Должность была учреждена Петром I в 1708 году после введения новой административно-территориальной единицы – губернии. В 1764 году Екатериной II был закреплён широкий круг прав и обязанностей губернаторов. Они обладали всей полнотой административной власти и определёнными судебными правами (могли снимать с должности чиновников губернии), осуществляли при необходимости (в случае восстания) военные функции. Должность губернатора была упразднена в 1917 году.

По Губернской реформе 1775 года при губернаторе было учреждено **Губернское правление**. Это был государственный коллегиальный (то есть образованный несколькими лицами) орган управления губернией. Он осуществлял совещательные и исполнительные функции. После государственного переворота 1917 года Губернское правление было упразднено.

2. Земские органы самоуправления

Земское собрание – всесословный выборный представительный орган местного самоуправления в уездах и губерниях. Он был введён Земской реформой в 1864 году. Во всех губерниях и уездах избирались губернские и уездные земские собрания. Члены уездных земских собраний избирались населением уезда, причём избиратели делились на три избирательные курии: землевладельцы, городские избиратели, избиратели от сельских общин. Депутаты от избранных земских собраний в свою очередь избирали губернские земские собрания. И уездные, и губернские собрания избирали свои исполнительные органы – земские управы. Земским органам (собраниям и управам) поручалось общее управление хозяйственными делами губернии или уезда. Земские органы не подчинялись местной администрации, а действовали под контролем министра внутренних дел и губернатора. Земское собрание просуществовало до 1917 года

3. Органы городского самоуправления

Городская дума – распорядительный орган городского самоуправления в России. В 1785 году была учреждена правительством Екатерины II. При Екатерине Дума избиралась городскими жителями, разделёнными на 6 сословий. Городская реформа 1870 года упразднила сословное начало представительства и основала его на имущественном цензе. Правом участвовать в выборах пользовались только плательщики городских налогов – владельцы домов, предприятий. Городские думы создавали исполнительные органы городского самоуправления – **городские управы**. Возглавлял городскую думу и городскую управу председатель – **городской голова**. В небольших городах он выполнял функции городской управы. Городская дума была упразднена во время октябрьского переворота 1917 года.

4. Органы дворянского самоуправления

С 1785 года в России существовали органы дворянского самоуправления – **губернские и уездные дворянские собрания**. Состав и функции дворянских собраний были регламентированы «Грамотой на права и преимущества благородного российского дворянства». Возглавлял дворянское собрание предводитель дворянства, который имел огромное влияние в своей губернии (или своём уезде). Губернский предводитель дворянства был вторым лицом в губернии после губернатора. Он контролировал все кадровые назначения в губернии, представлял интересы местного дворянства в губернском правлении. Кроме того, уездные представители дворянства составляли родословные книги, решали вопросы о допустимости в число дворян тех или иных лиц.

5. Органы местного крестьянского самоуправления

В 1837 году был создан **волостной сход**, орган местного крестьянского самоуправления. С 1861 года его возглавлял волостной староста. Он объявлял законы и распоряжения правительства, следил за их исполнением, отвечал за порядок в волости, следил за исполнением повинностей, имел право штрафовать крестьян (до 1 рубля) и арестовывать (до 20 дней), выполнял требования судебных и полицейско-административных властей. Должность была упразднена после революции в 1917 году.

6. Местные полицейские органы

В 1782 году в Российской империи в результате реформирования органов полиции были созданы местные (городские) коллегиальные полицейские органы – **управы благочиния**. Они, как и прежние полицейские органы, обеспечивали поддержание правопорядка. Однако по сравнению с прежними полицейскими органами их функции расширились: в обязанность управ благочиния входило знать занятия и источники доходов всех жителей, контролировать деятельность общественных и религиозных организаций, которые учреждались только с разрешения полиции. В то же время они выполняли и некоторые судебные функции. Как судебный орган, управа благочиния рассматривала мелкие гражданские и уголовные дела (на сумму до 20 рублей). Управы благочиния были ликвидированы в результате реформы органов полиции в 80-е годы XIX века.

б) Используя материал ***Задания 99. а***), закончите заполнение таблицы.

Орган	*Время учреждения*	*Законодательный акт/правитель*	*Функции*	*Время упразднения*
Губернатор	1708 г. 1764 г.	ввёл Пётр I Екатерина II закрепила полномочия	осуществлял административные, полицейские и военные функции	1917 г.
Губернское правление		учреждено по Губернской реформе 1775 г.		
Земское собрание		введено Земской реформой		
Городская дума			распорядительный орган городского самоуправления	
		регламентировано «Грамотой на права и преимущества благородного российского дворянства»		
Волостной сход				
	1782 г.			

в) Пользуясь таблицей, ответьте на вопросы.

1. Когда и в результате каких реформ были учреждены и упразднены
Губернское правление;
Земское собрание;
городская дума;
Дворянское собрание;
волостной сход.

2. Какие из перечисленных органов местного самоуправления относятся к сословным, а какие – к внесословным?

3. Каковы были их функции?

4. Каковы были функции губернатора в России? Когда и в связи с чем появилась эта должность? Где она существует сейчас? Есть ли такая должность в вашей стране?

5. Какие функции осуществляла управа благочиния?

Задание 100. а) Используя схему, расскажите, как происходили выборы земских органов.

б) Расскажите о специфике избрания городской думы.

Задание 101. а) Запишите тему и план лекции «Судебная реформа 60-х годов XIX века».

П л а н

1. Причины проведения судебной реформы.
2. Основные законодательные акты реформы.
3. Основные положения реформы
   а) создание двух судебных систем:
      – местные суды;
      – общие суды;
   б) создание новых правовых институтов:
      – институт присяжных заседателей;
      – институт судебных следователей;
      – адвокатура;
      – нотариат.
   в) реорганизация института прокуратуры.
4. Достоинства и недостатки судебной реформы.

б) Прослушайте и запишите опорные слова и словосочетания. В случае необходимости уточните их значение по словарю или у преподавателя.

Следствие, исполнительный приговор, губернское правление, бюрократия, произвол.

Суд первой инстанции, мировой суд, волостной суд, недвижимость, обжаловать приговор, апелляция (в апелляционном порядке).

Окружные суды, должностные преступления, сословные представители, предводитель дворянства, городской голова, волостной староста.

Присяжные заседатели, судебные следователи, нотариат, ценз оседлости, демократизация, в кассационном порядке.

Земский суд, управа благочиния, предварительное следствие.

Генерал-прокурор, прокурор, обер-прокурор.

Внесословный суд, сословный суд, прокурорский надзор, выборность.

в) Прослушайте и законспектируйте лекцию.

Судебная реформа 1864 года

60-е годы XIX века – это время правления Александра II, период крупнейших реформ в России. Важнейшей из них стала Судебная реформа. Чем же была вызвана её необходимость?

Во-первых, тем, что дореформенная судебная система находилась в большой зависимости от административной власти. Административные органы оказывали сильное давление на суд. Ведение следствия и исполнение приговора предоставлялось полиции, которая могла принимать на себя даже судебные функции (правда, по маловажным делам). Суд мог знакомиться с делом только по материалам полиции.

Во-вторых, судебная реформа была необходима, так как судебная система была весьма сложной. Существовали особые суды для дворян, крестьян, горожан, специальные коммерческие суды и множество других судов. Отдельные судебные функции исполняли и административные органы. Это были не только органы полиции (о чём мы только что говорили), но и губернские правления. Многие судьи не имели специального образования. Делопроизводство могло длиться годами. За формальной справедливостью скрывался судебный произвол. Известнейший русский историк права А.Ф. Кони писал, что «общество уже не могло питать уважение к закону».

Работа по подготовке реформы началась в начале 50-х годов и продолжалась более 10 лет. Наконец в 1864 году были учреждены и вступили в силу основные акты судебной реформы. Их было четыре. Назовём их. Это

«Учреждения судебных установлений», «Устав гражданского судопроизводства», «Устав уголовного судопроизводства» и «Устав о наказаниях, налагаемых мировыми судьями». Часто для краткости их называют просто судебными уставами.

Какие же изменения внесла реформа в судебную систему и судопроизводство? В основе всех преобразований был один главный принцип – принцип разделения властей. Судебная власть отделялась от законодательной и административной. Система судебных учреждений стала чёткой, поскольку был отменён принцип сословности судов.

Судебная реформа создала две судебные системы. Первая система – это система местных судов, а вторая – система общих судов. Посмотрим, что представляла собой система местных судов.

Местные суды состояли из мировых судов и съездов мировых судей. Мировой округ включал уезд и входящие в него города и делился на мировые участки. В пределах мирового участка мировые судьи осуществляли свою деятельность. А единоличный мировой судья являлся мировым судом, то есть судом первой инстанции. Именно мировые судьи вели основную массу дел. Прежде всего это были уголовные дела с наказанием до полутора лет лишения свободы и гражданские дела с ценой иска до 500 рублей. Мировые участки одного уезда (с входящими в него городами) составляли мировой округ, а все мировые судьи данного округа образовывали съезд мировых судей. Этот съезд являлся апелляционной инстанцией для мировых судов, то есть судом второй инстанции. Основаниями для рассмотрения дела на съезде мировых судей являлись жалоба частного лица, сообщение полицейских или других административных органов, инициатива мирового судьи. Приговоры и решения мировых судей могли быть обжалованы в апелляционном порядке на съездах мировых судей.

Волостные суды были созданы не судебной реформой, а ещё раньше крестьянской реформой 1861 года. Это были чисто сословные суды по крестьянским делам.

Теперь поговорим об общих судебных органах. К общим судебным органам реформа относила окружные суды и судебные палаты. Окружные суды учреждались на несколько уездов. Апелляции на решения окружных судов рассматривала судебная палата. В качестве суда первой инстанции судебная палата также рассматривала дела о государственных и некоторых должностных преступлениях. Эти дела рассматривались с участием сословных представителей. К сословным представителям относились губернатор и уездный предводитель дворянства (от дворян), городской голова (от горожан) и волостной староста (от крестьян).

В ходе реформ были созданы новые специальные институты и реорганизована система старых. К новым институтам относились: институт присяжных заседателей, институт адвокатуры, институт судебных следователей.

Главным новым институтом был институт присяжных заседателей. Присяжный заседатель, как вы знаете, – это выборный представитель населения, который участвует в рассмотрении уголовных дел в окружном суде. Гражданские дела окружной суд рассматривал без присяжных. По реформе, присяжным могло стать лицо в возрасте от 25 до 70 лет, если оно обладало цензом оседлости в 2 года. Присяжными были и крестьяне, и служащие, и ремесленники. На судебном заседании должно было присутствовать 12 присяжных заседателей. Введение в России суда присяжных говорило о демократизации общества. При рассмотрении уголовных дел именно присяжные решали вопрос о виновности или невиновности подсудимого. Приговоры по уголовным делам, которые суд рассмотрел с участием присяжных, не подлежали апелляции и вступали в силу немедленно.

Важным новшеством было создание и специального института адвокатуры. Особенно важна была роль адвокатов в уголовном процессе. Многие из них смело и результативно выступали на политических процессах.

Изменилась и организация предварительного следствия. До реформы его осуществляли земский суд и управа благочиния. Реформа же учреждала при окружных судах институт следователей. Именно следователи осуществляли теперь под надзором прокуратуры предварительное расследование преступлений.

Были реформированы и сами прокурорские органы. Реформа чётко устанавливала структуру и полномочия прокуратуры. Во главе прокуратуры находился министр юстиции. Он имел звание генерал-прокурора. Прокуратура состояла при общих судебных органах и Сенате. Органы прокуратуры осуществляли надзор за судом, следствием и местами заключения. Они также участвовали в судебном процессе в качестве стороны обвинения.

Также следует упомянуть ещё об одном новшестве. Важное значение имело введение нотариата. Задачей нотариата, различных нотариальных контор было удостоверять различные деловые бумаги, оформлять сделки.

Таким образом, реформа судебной системы закрепила новые основные принципы судопроизводства. К ним относилось следующее: во-первых, отделение суда от административной власти; во-вторых, введение внесословного суда; в-третьих, равенство всех перед судом; в-четвёртых, прокурорский надзор; и наконец, в-пятых, выборность мировых судей и присяжных заседателей.

Конечно, реформа имела и свои минусы. Она не смогла упразднить все сословные суды. В частности, кроме волостных судов продолжали работать особые церковные суды. Наконец, в некоторых регионах России (например, в отдельных губерниях в Сибири) судебная реформа вообще не проводилась, а в некоторых местах она проводилась в урезанном виде без мировых судов и без окружных судов с присяжными.

г) Пользуясь своим конспектом, выберите правильный ответ:

1. Судебная реформа 1864 года была проведена прежде всего для … .	А. регламентации прав и обязанностей каждого сословия Б. отделения судебной власти от административной В. перестройки системы местного управления
2. Реформа была закреплена … .	А. указами Б. положениями В. уставами
3. Во время реформы были учреждены … .	А. волостные суды Б. мировые суды В. дворянские суды
4. Мировые судьи разбирали … .	А. мелкие гражданские и уголовные дела Б. торговые и промышленные дела В. дела веры и внутрицерковные дела
5. Решения мировых судей обжаловались … .	А. в судебных палатах Б. на съезде мировых судей В. в окружном суде
6. Окружной суд в составе присяжных рассматривал … .	А. уголовные дела Б. гражданские дела В. уголовные и гражданские дела
7. Судебная палата выполняла функции … .	А. суда первой инстанции Б. суда первой и второй инстанции В. суда второй инстанции
8. Судебная палата в качестве суда первой инстанции рассматривала … .	А. государственные и должностные дела Б. гражданские и уголовные дела В. дела высших должностных лиц и особо важные дела
9. В ходе реформы был реорганизован … .	А. институт прокуратуры Б. институт адвокатуры В. институт нотариата
10. Функцией прокуратуры было … .	А. осуществление предварительного следствия Б. надзор за деятельностью судов, следствия, местами лишения свободы В. удостоверение деловых бумаг, оформление сделок

Задание 102. а) Прочитайте отрывок из учебника «История отечественного государства и права». Информацию какой части лекции он расширяет?

Судебная реформа была наиболее последовательной по сравнению с другими реформами. Но и у неё был ряд недостатков. Отделение суда от администрации было неполным: Сенат, высший судебный орган страны, был административным учреждением. Местные суды контролировались губернаторами. Принцип несменяемости судей и следователей правительство обходило. Например, часто назначались исполняющие обязанности судебные следователи, которых годами не утверждали в должности, так как в этом случае на них не распространялся принцип несменяемости. Не соблюдался и принцип создания бессословного суда. Бессословные по принципам организации мировые и общие суды почти полностью состояли из дворян, так как высшее образование и необходимый имущественный ценз в те времена в основном имели дворяне.

б) Дополните свой конспект новой информацией из текста (***Задание 101. в***).

Работаем в парах!

Задание 103. Прослушайте фрагмент семинарского занятия. Примите участие в обсуждении Судебной реформы 1864 года. Реагируйте на заключительную реплику преподавателя (в случае необходимости используйте свой конспект).

Диалог 1

Преп.: С какой целью была проведена Судебная реформа 1864 года?

Студ.: Реформа была проведена с целью отделения судебной власти от административной. Административные органы оказывали влияние на деятельность суда и даже сами могли выполнять судебные функции. Например, органы полиции самостоятельно рассматривали так называемые маловажные дела.

Преп.: Какие ещё цели проведения реформы вы могли бы назвать?

Студ.: …

Диалог 2

Преп.: Каким образом были законодательно закреплены основные положения реформы 1864 года?

Студ.: С помощью четырёх уставов.

Преп.: Перечислите их, пожалуйста.

Студ.: …

Диалог 3

Преп.: Что вы можете рассказать о реформировании судебной системы 1864 года?

Студ.: В ходе реформы создавались две судебные системы: местные и общие суды.

Преп.: Это верный ответ, но слишком краткий, кто мог бы назвать судебные органы, входящие в состав местных и общих судов, и охарактеризовать их функции?

Студ.: …

Диалог 4

Преп.: Какие новые институты были созданы реформой 1864 года?

Студ.: В ходе проведения реформы были созданы новые институты присяжных заседателей и судебных следователей. Присяжные участвовали в рассмотрении уголовных дел окружным судом. Следователи под надзором прокуратуры осуществляли предварительное расследование дел.

Преп.: Кто добавит, какие ещё новые институты появились в ходе реформы? Каковы были их функции?

Студ.: …

Диалог 5

Преп.: Какие правовые институты были реформированы в ходе Судебной реформы 1864 года?

Студ.: Был преобразован институт прокуратуры.

Преп.: А как он был преобразован? Как изменились его функции?

Студ.: … .

Диалог 6

Преп.: Какие достоинства судебной реформы 1864 года вы могли бы назвать?

Студ.: Реформа закрепила принципы создания сословного суда, отделения суда от администрации.

Преп.: Кто мог бы добавить?

Студ.: …

Диалог 7

Преп.: А каковы были недостатки Судебной реформы 1864 года?

Студ.: Отделение суда от администрации было неполным. Сенат, высший судебный орган страны, был и административным органом. Местные суды контролировались губернаторами. Не соблюдался принцип создания бессословного суда. Например, продолжали существовать волостные, крестьянские суды и церковные суды.

Преп.: Спасибо. Кто может добавить или привести свои примеры?

Студ.: …

Задание 104. а) Расскажите о предпосылках, целях, достоинствах и недостатках Судебной реформы 1864 года.

б) Охарактеризуйте функции реформированных и учреждённых в её ходе судебных органов.

в) Подготовьте сообщение о наиболее значимой судебной реформе вашей страны.

Часть 3. История зарубежного государства и права

Акт о гарантиях прав личности

Задание 105. а) Составьте и запишите все возможные словосочетания с данными ниже глаголами.

Образец: завоевать ⟶ завоевать власть, право, свободу.

Образовать, рассмотреть, освободить, обеспечить, устранить, обвинить, трактовать.

б) Трансформируйте составленные вами глагольные словосочетания в именные, следите за изменением управления.

Образец: завоевать *(что?)* власть, право, свободу ⟶ завоевание *(чего?)* власти, права, свободы.

Задание 106. а) Запишите тему и план лекции «Из истории английского права. Акт о гарантиях прав личности».

План

1. Политическая обстановка в Англии в конце XVII века.
2. Основные юридические положения Акта о гарантиях прав личности:
   а) предъявление арестованному письменного приказа об аресте;
   б) право обвиняемого на ходатайство в суде;

в) право обвиняемого на освобождение под денежный залог;
г) наказание должностных лиц за нарушение норм Акта;
д) исключения из правил.

3. Достоинства и недостатки Акта о гарантиях прав личности.

б) Прослушайте и запишите опорные слова и словосочетания. В случае необходимости уточните их значение по словарю или у преподавателя.

Парламент; двухпартийная система; тори; виги; оппозиция; обеспечение неприкосновенности; арест (арестовать, арестованный); основания к аресту; ходатайство; освобождение под денежный залог; тяжкое уголовное преступление.

Задание 107. а) Прослушайте и законспектируйте лекцию.

Акт о гарантиях прав личности

70-е годы XVII века вошли в историю Англии как годы активной политической борьбы. В это время в английском парламенте сложились и оформились две политические партии. Они получили название «тори» и «виги». Партию «тори» образовали сторонники короля. Это были представители земледельческой аристократии и духовенства. Партия «виги» была оппозиционной – она находилась в оппозиции к королю и его сторонникам. В партию «виги» входили представители финансовых и торговых кругов, то есть представители зарождающейся буржуазии. Позже, в середине XIX века, на основе первой партии – партии «тори» – сложилась Консервативная партия Англии. На основе второй – партии «виги» – сформировалась Либеральная партия. Но возвратимся в XVII век. Как только представители партии «виги» завоевали большинство в парламенте, они разработали проект закона «Об обеспечении неприкосновенности прав личности» и внесли его на рассмотрение парламента. Этот закон был принят в 1679 году и получил название «Habeas corpus», или «Акт о гарантиях прав личности» .

Перечислим основные положения этого важного юридического документа. Во-первых, этот закон предписывал, что арестованному должен быть предъявлен письменный приказ об аресте, выданный каким-либо уголовным судом. В противном случае арестованного должны либо освободить, либо представить ближайшему суду. Не найдя оснований для ареста, суд вправе отпустить арестованного на свободу. Во-вторых, арестованный вправе обратиться с ходатайством об освобождении к лорду-канцлеру или к любому из судей. Тот из судей, к которому это ходатайство поступило, был обязан выдать предписание о немедленной доставке арестованного в суд для решения вопроса об аресте или освобождении под денежный залог. Подчеркну, что подобные ходатайства могли исходить как от самого арестованного, так и от лиц, действующих в его интересах. Если же начальник тюрьмы (или надзиратель) отказывался предъявить приказ об аресте, то его наказывали штрафом и могли в дальнейшем даже отстранить от должности. Интересно, что штраф поступал в пользу обвиняемого. Акт предусматривал освобождение обвиняемого из-под ареста и в том случае, если дело осталось нерассмотренным в течение 6 месяцев.

И наконец, об исключениях. Действие акта о гарантии прав личности не распространялось на те случаи, когда арест производился по обвинению в государственной измене или в так называемом тяжком уголовном преступлении.

И теперь поговорим о роли, которую сыграл акт о гарантиях прав личности в истории зарубежного государства и права.

б) Представьте себе, что прозвенел звонок и лектор не успел подвести итоги. Закончите конспект, сделав вывод самостоятельно.

в) Прослушайте выводы лектора. Сравните их с вашими выводами.

И теперь поговорим о роли, которую сыграл акт о гарантиях прав личности в истории зарубежного государства и права. Нельзя не отметить, что для теоретиков права того времени этот закон являлся одним из основополагающих. Он не потерял своего значения и в наши дни. Благодаря принятию этого закона прежнее «кулачное» право было ограничено рамками законности. Кроме того, была предпринята попытка сделать судопроизводство более динамичным. Новый закон предоставлял некоторые гарантии против неправосудных арестов. В то же время хотелось бы обратить ваше внимание на следующие недостатки, минусы акта. Во-первых, английское правосудие трактует понятия «государственная измена» и «тяжкое уголовное преступление» крайне расплывчато, а ведь именно на эти категории преступлений не распространялось действие закона. Во-вторых, английский парламент обладал полномочиями приостановить действие акта.

г) Запишите выводы, сделанные лектором в свой конспект (сформулируйте недостатки и достоинства акта).

Задание 108. а) Прочитайте свой конспект. Опираясь на план лекции (***Задание 106. а***), выделите в нём смысловые части, основные тезисы.

б) Пользуясь конспектом, кратко ответьте на вопросы, затем прослушайте ответ диктора. Если вы ошиблись, повторите правильный ответ, внесите изменения в свой конспект.

1. Какой теме была посвящена лекция? – Лекция была посвящена Акту о гарантиях прав личности.

2. С чего начал лектор рассмотрение этой темы? – В начале лекции говорилось о политической обстановке в Англии накануне принятия акта.

3. Какие партии образовались в Англии в конце XVII века? – В конце XVII века в Англии образовались партия «тори» и партия «виги».

4. Какая партия поддерживала власть короля, а какая находилась в оппозиции? – Партия «виги» находилась в оппозиции к королевской власти, а партия «тори» поддерживала короля.

5. Как вы думаете, почему именно партия «виги» разработала акт о гарантиях личности? – Партия «виги» находилась в оппозиции к королевской власти, поэтому ей необходимо было обезопасить себя от неправомочных посягательств со стороны сильного противника.

6. Какой документ должен был быть предъявлен арестованному перед арестом? – Арестованному должен был быть предъявлен письменный приказ об аресте, выданный каким-либо уголовным судом.

7. Какие меры наказания должностных лиц за невыполнение норм акта вам известны? – Акт предусматривал штрафы, взыскиваемые в пользу арестованного, и отстранение от должности.

8. Существовало ли в английской юриспруденции XVII века чёткое определение понятий «государственная измена» и «тяжкое уголовное преступление»? – Нет, не существовало. Эти понятия были определены крайне расплывчато.

Задание 109. а) Следующее практическое занятие лектор начал с краткого изложения содержания лекции. Прослушайте аннотацию лекции.

Предыдущая лекция, как вы помните, была посвящена рассмотрению Акта о гарантиях прав личности. Мы проанализировали политическую ситуацию, в которой возникли предпосылки для появления акта. Затем остановились на некоторых нормах, предусмотренных актом. В конце лекции, в выводах мы охарактеризовали достоинства и недостатки данного юридического документа.

б) Прочитайте прозвучавший текст, обратите внимание на выделенные выражения, которые часто используются в аннотациях. Запишите их.

Задание 110. Прочитайте и дополните диалог двух студентов (выполняя задание, вы можете пользоваться своим конспектом).

– Петя, ты видел, что я опоздала на практическое занятие?

– Видел-видел! На 15 минут!

– Понимаешь, автобус подвёл! Ты лучше скажи, что было в начале урока?

– Не волнуйся, Катя, ничего нового ты не пропустила. Дмитрий Борисович начал с аннотации прошлой лекции об «Акте о гарантиях прав личности». Он сказал, что предыдущая лекция, как мы помним, была посвящена … .

– Петя, ты будешь смеяться, но на предыдущей лекции я тоже не была.

– Что, тоже автобус подвёл?

– Да нет, голова болела. Извини, но ты не можешь мне напомнить о политической ситуации, которая вызвала появление акта?

– … .

– Очень интересно. Молодцы «виги»! Ну а в чём суть этого акта?

– … .

– Потрясающий акт! В XVII веке такой зрелый юридический документ!

– Ну, ты знаешь, в нём тоже были свои слабые стороны, свои минусы.

– Какие?

– … .

– Очень познавательно. Спасибо тебе большое. Обещаю ходить на все занятия!

– Так я тебе и поверил!

Задание 111. Вернитесь к материалам ***Заданий 84–88***. Расскажите об отличиях Соборного уложения и Акта о гарантиях прав личности.

Декларация прав человека и гражданина

Задание 112. Прочитайте текст. Не пользуясь словарём, постарайтесь понять общее содержание. Читайте как можно быстрее!

Декларация прав человека и гражданина

Декларация прав человека и гражданина – это программный документ Великой французской революции, провозгласивший её основные принципы: народный суверенитет и естественные неотъемлемые права человека. Декларация была принята Учредительным собранием Франции в 1789 году. Но она имела огромное значение не только для этой страны. Декларация ускорила разложение феодального строя и в других европейских государствах. В семнадцати статьях этого манифеста излагаются принципы демократии нового времени.

Остановимся на основных положениях этой программы Великой французской революции.

Первая статья в Декларации прав человека и гражданина гласила: «Люди рождаются и остаются свободными и равными в правах». Во второй статье декларации говорится о цели «государственного союза». Она состоит в обеспечении «естественных и неотъемлемых прав человека», которыми являются «свобода, собственность, безопасность и сопротивление угнетению».

Верховная власть в государстве принадлежит нации (статья 3). Сфера законодательства ограничена; закон может воспрещать только такие действия, которые вредны обществу: «Всё, что не запрещено законом, то дозволено» (статьи 4–5). В этой формулировке заключено явное противопоставление феодальному принципу: разрешается только то, что дозволено. Кроме того, четвёртая и пятая статьи были призваны стимулировать предпринимательскую деятельность и частную инициативу.

Шестая статья утверждает, что закон должен выражать волю всех членов общества, и призывает граждан участвовать в его создании – лично или через представителей, депутатов. Все граждане имеют право занимать государственные должности; единственный критерий – способности и добродетель.

Статьи 7 и 8 декларации устанавливали два важных принципа, относящихся к уголовному праву: «Нет преступления, не указанного в законе», «Нет наказания, не указанного в законе». Никто не может быть наказан иначе, кроме как в силу закона, изданного до совершения правонарушения, то есть закон обратной силы не имеет.

Статья 9 формулировала принцип презумпции невиновности: «Так как каждый предполагается невиновным, пока не установлено обратное, то в случае задержания лица всякая излишняя строгость, не вызванная необходимостью, должна сурово караться законом».

В декларации утверждается свобода мнений, мыслей, слова и печати, но высказывается предупреждение об ответственности «за злоупотребление этой свободой в случаях, предусмотренных законом».

Статья 17, завершающая декларацию, объявляла, что «собственность есть право неприкосновенное и священное».

Хотя декларация была принята, как отмечалось выше в 1789 году, её демократические принципы были осуществлены только после свержения монархии, созыва Национального конвента и провозглашения республики в 1792 году. Значение декларации как юридического документа невозможно переоценить. Этот документ повлиял не только на историческую судьбу Великой французской революции, но и на развитие мировой демократии.

Задание 113. а) **За 10 секунд!** Найдите в тексте ответ на каждый из вопросов.

1. Где и когда была принята Декларация прав человека и гражданина?
2. Сколько статей содержит декларация?

3. О чём говорится в статьях 1–2?

4. Что говорится в декларации о верховной государственной власти?

5. Как ограничена в декларации сфера законодательства?

6. Как могли участвовать граждане в процессе законотворчества?

7. Какие принципы уголовного права устанавливали статьи 7 и 8 декларации?

8. Как в декларации сформулирован принцип презумпции невиновности?

9. Как определяется понятие «право собственности»?

б) Кратко сформулируйте, в чём заключается основное значение Декларации прав человека и гражданина.

в) Напишите аннотацию текста «Декларация прав человека и гражданина» (в случае необходимости обращайтесь к материалам ***Задания 45. б)***.

Задание 114. Проверьте себя, готовы ли вы к зачётной контрольной работе по составлению конспекта. Для этого:

- вспомните основные правила конспектирования;
- составьте конспект текста «Декларация прав человека и гражданина» .

Готовимся к зачёту!

Задание 115. Проверьте, как вы ориентируетесь в материале по темам «Сущность и история права», «Нормы права», «Источники права»; укажите лишний термин. Объясните свой выбор.

1.
гражданское право
трудовое право
государственное право
субъективное право

2.
институт гражданства
институт страхования
институт прокуратуры
институт купли-продажи

3.
государственное принуждение
совесть
общественное мнение
уважение

4.

правовой обычай обряд традиция пословица

5.

управомочивающая норма обязывающая норма запрещающая норма императивная норма

6.

Совет Федерации Государственная дума Министерство Московская городская дума

7.

Федеральный закон закон субъекта Федерации конституция указ

8.

положение постановление распоряжение кодекс

Задание 116. Выберите правильный вариант: соотнесите термины с определением.

1. Право представляет собой … . 2. Субъективное право представляет собой … . 3. Норма права представляет собой … .	А. общеобязательное правило должного поведения, установленное и охраняемое государством Б. охраняемую государством возможность совершать что-либо В. совокупность норм и правил, регулирующих общественные отношения, устанавливаемых и охраняемых государством
4. Институт права – это … . 5. Источник права – это … . 6. Мораль – это … .	А. определённая форма, в которой выражается и закрепляется норма права Б. совокупность норм права в какой-либо сфере общественных отношений В. совокупность норм, которые выражаются в поступках людей и опираются на их представления о добре и зле

7. Согласно марксистско-ленинской теории право – это … . 8. Согласно нормативистской теории право – это … . 9. Согласно естественной теории право – это… .	А. пирамида норм Б. совокупность нравственных ценностей В. возведённая в закон воля господствующего класса
10. Гипотеза – это часть нормы права, … . 11. Диспозиция – это часть нормы права, … . 12. Санкция – это часть нормы права … .	А. содержащая правила поведения либо формулирующая признаки неправомерного поведения Б. указывающая на условия, при которых норма права вступает в силу В. указывающая на правовые последствия
13. Норма права временного действия – это норма, действующая … . 14. Норма права постоянного действия – это норма, действующая … . 15. Норма права общего действия – это норма, действующая … .	А. до её официальной отмены Б. определённое время В. на территории всей страны
16. Нормативно-правовой акт представляет собой … . 17. Правовой обычай представляет собой … . 18. Прецедент представляет собой … .	А. обязательное правило поведения, соблюдаемое по традиции и обеспечиваемое мерами государственного принуждения Б. выраженное в письменной форме решение государственных органов, в котором содержатся правовые нормы В. решение судебного органа по конкретному делу, которое становится образцом для решения аналогичных дел
19. Закон – … . 20. Подзаконный правовой акт – … . 21. Нормативный договор – … .	А. нормативно-правовой акт, принятый государственным органом исполнительной власти Б. соглашение субъектов права, содержащее юридические нормы В. нормативно-правовой акт, принятый высшим законодательным органом

22. Коран – … . 23. Федеральный закон – … . 24. Прецедент – … .	А. основной вид закона РФ Б. один из основных источников права Великобритании В. важнейший источник мусульманского права
25. Постановление – это подзаконный правовой акт … . 26. Приказ – это подзаконный правовой акт … . 27. Указ – это подзаконный правовой акт … .	А. Президента РФ Б. правительства, имеющий нормативный характер В. управления, содержащий властное распоряжение должностного лица

Задание 117. а) Проверьте, как вы ориентируетесь в материале по темам «Соборное уложение», «Судебная реформа», «Акт о гарантиях прав личности», «Декларация прав человека»; укажите лишний термин. Объясните свой выбор.

В соответствии с Судебной реформой были учреждены

институт следователей институт присяжных институт адвокатуры институт прокуратуры

мировой суд окружной суд церковный суд

поместье вотчина имение лен

Декларация прав человека закрепила

свободу слова презумпцию невиновности неприкосновенность частной собственности бессословность суда

б) Выберите правильный вариант.

1. Акт о гарантиях прав человека был принят в Англии … . 2. Судебная реформа в России была проведена … . 3. Соборное уложение было принято … .	А. в 1864 году Б. в 1679 году В. в 1649 году

4. Декларация прав человека закрепила … . 5. Соборное уложение закрепило … . 6. Судебная реформа 1864 года в России закрепила … .	А. крепостную зависимость Б. принцип бессословности судов В. принципы демократии
7. Соборное уложение закрепило … .	А. наследственность крепостного состояния Б. отмену крепостного состояния В. вольность дворянства
8. По Соборному уложению крестьянам было запрещено … .	А. владеть землёй Б. продавать землю В. передавать землю по наследству
9. Соборное уложение вводило … .	А. право бессрочного розыска Б. замену суда розыском В. отмену розыска
10. Соборное уложение закрепило … .	А. появление новой формы земельной собственности – имения Б. отличие волости от поместья В. стирание отличий волости от поместья
11. По Соборному уложению убийство родителей каралось … .	А. каторжными работами Б. пожизненным тюремным заключением В. смертной казнью
12. К общим судебным органам относились … .	А. волостной суд Б. окружной суд В. мировой суд
13. К местным судебным органам относились … .	А. церковный суд Б. мировой судья В. судебная палата
14. Благодаря Судебной реформе 1864 года был создан институт … .	А. присяжных Б. стряпчих В. поверенных
15. Во время Судебной реформы 1864 года был реорганизован институт … .	А. адвокатуры Б. прокуратуры В. следователей

16. Управа благочиния – это … .	А. распорядительный орган городского самоуправления Б. орган дворянского самоуправления В. местный (городской) коллегиальный полицейский орган
17. Нотариус – это … .	А. юрист, оказывающий профессиональную правовую помощь обвиняемому в суде Б. служащий судебного ведомства, удостоверяющий деловые бумаги В. выборный представитель населения, участвующий в судебном процессе и давший присягу объективно подходить к процессу
18. Согласно Акту о гарантиях прав личности арестованного должны были освободить, если … .	А. дело оставалось нерассмотренным шесть месяцев Б. арестованный внёс штраф в казну В. дело оставалось нерассмотренным в течение года
19. Согласно Акту о гарантиях прав личности арестованный мог обратиться с ходатайством об освобождении … .	А. к лорд-канцлеру или любому судье Б. к судье В. к лорд-канцлеру
20. Действие Акта о гарантиях прав личности не распространялось на те случаи, когда арестованного обвиняли в … .	А. преступлении против церкви Б. вырубке лесов В. государственной измене
21. Декларация прав человека провозглашала … .	А. диктатуру пролетариата Б. диктатуру дворянства В. народный суверенитет
22. Декларация прав человека закрепила свободу … .	А. собраний Б. слова В. передвижения
23. Декларация прав человека закрепила … .	А. многообразие форм собственности Б. собственность государства на землю В. неприкосновенность собственности
24. Декларация прав человека вводила презумпцию … .	А. знания закона Б. непризнания обратной силы закона В. ответственности родителей за вред, нанесённый несовершеннолетними детьми

Задание 118. а) Выберите правильный вариант в предложениях 1–6.

1. В связи с переходом к абсолютизму Пётр I … государственный аппарат. 2. При Екатерине I частично … Сенат. 3. Аппарат военного управления, … реформой 1870 года, перешёл в подчинение к военному министру.	А. был реорганизован Б. реорганизовал В. реорганизованный Г. реорганизовавший
4. По сравнению с нормой права институт права является … элементом системы права. 5. Из всех элементов системы права … элементом является отрасль права. 6. Норма права – … элемент системы права.	А. ёмкий Б. более ёмким В. самым ёмким Г. ёмким

б) Выберите правильный вариант в предложениях 7–9.

7. Все нормативно-правовые акты по своему характеру государственные, так как являются актами правотворчества, … государством.	А. санкционируемые Б. санкционирующие В. санкционировавшими Г. санкционируемыми
8. Царь Вавилона Хаммурапи, … известные законы Хаммурапи, правил в Вавилоне в VIII веке до н. э.	А. создающий Б. создавший В. создавшего
9. Наличие в социалистическом обществе классов закрепляла … в 1936 году Конституция СССР.	А. изданная Б. издавшая В. издаваемая Г. издающая

в) В предложениях 10–17 выберите вариант, синонимичный подчёркнутому фрагменту.

10. Институт прокуратуры, <u>введённый Пётром I</u>, был реорганизован Судебной реформой.	А. которые вводит Пётр I Б. который должен ввести Пётр I В. который введёт Пётр I Г. который ввёл Пётр I
11. Диспозиция – часть нормы права, <u>указывающая на</u> условия реализации нормы.	А. которая указывала Б. которая будет указывать В. которая указывает Г. которая может указывать
12. Мораль – совокупность нравственных норм, <u>устанавливаемых</u> в обществе, благодаря общественному мнению.	А. которые должны устанавливать Б. которые устанавливаются В. которые устанавливали Г. которые будут устанавливать

13. Выполнение требований морали гарантируется давлением общественного мнения на индивида, допустившего нарушение моральных норм.	А. который может допустить Б. который допускает В. который допускал Г. который допустил
14. Закон, который сейчас принимают в Думе, имеет важное значение.	А. принятый Б. принявший В. принимаемый Г. принимающий
15. Должность генерал-губернатора, которую упразднили в 1917 году, была заменена должностью комиссара Временного правительства.	А. упраздняющая Б. упразднённая В. упразднившая Г. упраздняемая
16. Смертная казнь, которую применяют в Китае, США, Японии, юридически отменена почти во всех странах Европы.	А. применявшаяся Б. применяемая В. применяющая Г. применяющаяся
17. Первые попытки отделить суд от администрации предпринял Пётр I, который учредил специальные судебные органы.	А. учреждающий Б. учреждаемый В. учреждённый Г. учредивший

г) Выберите правильный вариант в предложениях 18–26.

18. Государство … разжигание национальной розни. 19. Государство … соблюдение прав гражданина. 20. Государство … нормы права.	А. гарантирует Б. запрещает В. устанавливает
21. Нормативно-правовые акты … общественные отношения. 22. Нормативно-правовые акты … главы статьи. 23. Нормативно-правовые акты … волю народа	А. регулируют Б. выражают В. содержат
24. Прокурор субъекта РФ … на должность Генеральным прокурором. 25. При окружных судах … институт следователей. 26. Первое государство … в Египте.	А. возникает Б. назначается В. учреждается

Урок четвёртый

Часть 1. **Теория государства и права**
- Правонарушение и юридическая ответственность
- Законность и правопорядок

Часть 2. **История отечественного государства и права**
- Конституции России 1918, 1936 и 1993 годов

Часть 3. **История зарубежного государства и права**
- Понятие прав человека
- Всеобщая декларация прав человека

Часть I. Теория государства и права

Правонарушение и юридическая ответственность

Работаем над терминами!

Задание 1. а) Прочитайте словосочетания. Найдите в них однокоренные слова. Определите их значение по словарю.

Правомерный поступок, противоправное действие, правоспособный субъект.

б) Соотнесите данные словосочетания со словами *правомерный, противоправный, правоспособный*.

Противоречащий праву	
Опирающийся на право	
Способный иметь права и нести установленные государством обязанности	

в) Дополните высказывания, используя прилагательные *правомерный, противоправный, правоспособный.*

1. Неисполнение своих обязанностей продавцом влечёт … отказ покупателя принять и оплатить товар.

2. Каждый … человек имеет право наследования.

3. Налоговое правонарушение признаётся совершённым умышленно, если лицо, его совершившее, осознавало … характер своего деяния.

Задание 2. а) Образуйте существительные с суффиксом *-ость-* по образцу.

Образец: неизбежн(ый) → неизбежность

Правомерный, противоправный, правоспособный.

б) Дополните высказывания, используя образованные вами существительные. Где возможно, предложите варианты.

1. Необходимо предоставить документы, подтверждающие … юридического лица.

2. Отсутствие … деяния лишает его общественной опасности.

3. Генпрокуратура РФ признала … прекращения производства по данному уголовному делу.

Задание 3. а) Прочитайте текст об основных признаках правонарушения. Выделите незнакомые слова, запишите их на полях, определив значение этих слов по словарю.

Признаки правонарушения

Правонарушение – это действие, противоречащее закону, нарушающее нормы права. Правонарушение имеет ряд весьма характерных признаков, наиболее важными из которых являются следующие: общественная вредность, противоправность, характер деяния (действие или бездействие), дееспособность лица, совершившего деяние, виновность лица, совершающего правонарушение. Рассмотрим эти признаки более подробно.

Общественная вредность. Это определяющий признак правонарушения, отличающий его от правомерного поведения. Всякое правонарушение наносит вред интересам личности, общества, государства. Негативные последствия, причинённые правонарушением, могут проявляться по-разному – гибель человека, уничтожение, повреждение или утрата имущества, дополнительные расходы. Таким образом, общественная вредность правонарушения состоит в том, что оно посягает на важные общественные ценности, дезорганизуя тем самым существующие общественные отношения.

Противоправность. Противоправность понимается как неисполнение предписанных правовыми актами обязанностей, нарушение нормативно установленных запретов. Этот признак тесно связан с предыдущим, но при этом подчёркивает формальную, юридическую сторону правонарушения. Вред, причиняемый нарушением тех или иных правил, существует объективно, независимо от указания на это законодателем. Однако деяние может повлечь применение мер ответственности только тогда, когда оно признаётся в качестве общественно вредного в нормативных правовых актах. В цивилизованном правовом государстве действует принцип – разрешено всё, что прямо не запрещено. Поэтому запреты в форме описания противоправных деяний должны быть чётко сформулированы в нормах права, которые не могут толковаться распространительно или применяться по аналогии.

Характер деяния. Правонарушение – это всегда только деяние, то есть акт поведения лица, выражающийся в действии или бездействии. Действие представляет собой активное поведение, нарушающее правовые предписания, например, убийство, дача взятки, клевета и другие. Бездействие характеризуется пассивным поведением, заключающимся в воздержании от правомерных действий, в невыполнении предписанной законом обязанности. Таковы, например, непредставление налоговой декларации, просрочка в поставке товара, проезд без билета в общественном транспорте.

В соответствии с рассматриваемым признаком не признаются правонарушением мысли, чувства, политические, экономические, религиозные взгляды людей, не реализованные в фактических поступках. Не могут считаться противоправными свойства личности, черты характера, родственные или дружеские связи, если они не нашли воплощения в реальном поведении лица. Так, нельзя привлечь к налоговой ответственности гражданина, считающего несправедливой существующую систему налогообложения, но исправно исполняющего все обязанности налогоплательщика.

Дееспособность лица, совершившего деяние. Под дееспособностью понимается способность лица сознавать значение и характер своих действий (своего бездействия), добровольно осуществлять их и самостоятельно нести юридическую ответственность. В связи с этим не признаются правонарушениями противоправные поступки психически больных и малолетних граждан. Критерии признания лица дееспособным в разных отраслях права различны. Так, уголовной ответственности за некоторые преступления подлежат лица, достигшие четырнадцати лет, а к налоговой ответственности граждане привлекаются только с шестнадцатилетнего возраста.

Виновность лица, совершающего правонарушение. Этот признак тесно связан с предыдущим, поскольку также относится к личности правонарушителя. В правовой науке под виной принято понимать внутреннее отношение дееспособного лица к своему неправомерному поведению и его результатам. Лицо действует виновно, когда из реально возможных вариантов поведения избирает именно противоправный, учитывая или игнорируя его негативные последствия. Такой подход к пониманию вины как субъективного отношения к совершаемому правонарушению характерен для таких отраслей права, как уголовное, административное, налоговое, где ответственность носит карательный, штрафной характер. В гражданском праве в большинстве случаев вина характеризуется несколько иначе – лицо признаётся виновным в совершении гражданского правонарушения, когда не принимает всех объективно возможных мер по недопущению негативных последствий своего поведения.

🔑 *б)* Выберите все правильные варианты, соответствующие содержанию текста.

1. Общественная вредность правонарушения состоит в том, что оно … .	А. является плохим примером подрастающему поколению Б. посягает на важные общественные ценности В. заставляет общество тратить ресурсы на ликвидацию последствий правонарушения
2. Противоправность представляет собой … .	А. неисполнение предписанных правовыми актами обязанностей Б. нарушение нормативно установленных запретов В. нарушение установленных обществом правил поведения
3. Запреты в форме описания противоправных деяний должны быть чётко сформулированы в нормах права, потому что … .	А. на них должен ссылаться суд при вынесении приговора Б. в противном случае возможно различное толкование противоправных деяний В. в цивилизованном правовом государстве действует принцип – разрешено всё, что прямо не запрещено
4. Деяние может повлечь применение мер ответственности только тогда, когда … .	А. оно признаётся в качестве общественно вредного в нормативных правовых актах Б. нанесён материальный вред В. выдвигается обвинение пострадавшей стороной
5. Бездействие характеризуется … .	А. активным поведением, нарушающим правовые предписания. Б. пассивным поведением, заключающимся в воздержании от правомерных действий В. пассивным поведением, заключающимся в невыполнении предписанной законом обязанности

6. Не признаются правонарушениями противоправные поступки … .	А. психически больных граждан Б. иностранных граждан В. малолетних граждан
7. Лицо виновно, когда … .	А. из реально возможных вариантов поведения избирает именно противоправный Б. в результате действий наносится материальный вред В. свидетели определяют действия лица как противоправные

Задание 4. Охарактеризуйте признаки правонарушений (продолжите заполнение таблицы). Используйте конструкции *что состоит в чём, что является чем, что представляет собой что, что понимается под чем, что характеризуется чем, что заключается в том, что.*

Общественная вредность	**Общественная вредность правонарушения состоит в том**, что оно посягает на важные общественные ценности, дезорганизуя существующие общественные отношения.
Противоправность	…
Характер деяния (действие или бездействие)	…
Дееспособность совершившего деяние лица	…
Виновность лица, совершающего правонарушение	…

Задание 5. а) Скажите, какие виды деяний существуют и чем они отличаются.

б) Дайте определение понятиям *действие* и *бездействие*.

в) Продолжите заполнение таблицы, распределив данные виды деяний на две группы:

непредставление налоговой декларации, клевета, дача взятки, просрочка в поставке товара, убийство, проезд без билета в общественном транспорте, шантаж, вымогательство, хищение, кража.

Действие	*Бездействие*
дача взятки …	просрочка в поставке товара …

г) Используя заполненную таблицу, скажите, какие деяния относятся к действиям, а какие к бездействиям.

Задание 6. а) Соотнесите термин и его содержание.

1. Вина	А. Акт поведения лица, выражающийся в действии или бездействии.
2. Деяние	Б. Виновное, противоправное, наносящее вред обществу деяние правоспособного лица или лиц, влекущее за собой юридическую ответственность.
3. Дееспособность	В. Внутреннее отношение дееспособного лица к своему неправомерному поведению и его результатам.
4. Правонарушение	Г. Способность гражданина своими действиями приобретать и осуществлять гражданские права, создавать для себя гражданские обязанности и исполнять их (гражданская дееспособность). Возникает в полном объёме с наступлением совершеннолетия, то есть по достижении восемнадцатилетнего возраста.

б) Используя материал ***Задания 6. а)***, дайте определения терминам *вина, деяние, дееспособность, правонарушение.*

Задание 7. Ответьте на вопросы.

1. В чём состоит общественная вредность правонарушения?

2. Каким образом проявляются негативные последствия, причинённые правонарушением?

3. Как соотносятся понятия «общественная вредность» и «противоправность»? В чём их основные отличия?

4. В каком случае деяние может повлечь применение мер юридической ответственности?

5. Что понимается в правовой науке под виной?

6. О каком принципе цивилизованного правового государства говорится в тексте? Почему в соответствии с принципом *разрешено всё, что прямо не запрещено* запреты в форме описания противоправных деяний должны быть чётко сформулированы?

7. Почему нельзя считать правонарушением агрессивные мысли?

8. Поступки каких лиц не признаются противоправными?

9. Каковы критерии признания лица дееспособным в уголовном и налоговом праве?

10. С какого возраста человек считается совершеннолетним в вашей стране?

Задание 8. Прочитайте и восстановите микродиалоги преподавателя и студента на семинарском занятии.

Диалог 1

Преп.: Какие признаки правонарушений вы можете назвать?

Студ.: Можно назвать пять признаков правонарушений: общественная вредность, противоправность … .

Преп.: Какой признак правонарушений является основным?

Студ.: … .

Преп.: Обоснуйте свой ответ.

Студ.: Общественная вредность представляет собой определяющий признак правонарушения, который отличает его от правомерного поведения, потому что любое правонарушение наносит вред … .

Диалог 2

Преп.: Пожалуйста, дайте определение признаку противоправность.

Студ.: Признак противоправность представляет собой … .

Преп.: А вы можете вспомнить, чем признак противоправность отличается от признака общественная вредность?

Студ.: Признак противоправность тесно связан с признаком общественная вредность, но он подчёркивает … .

Диалог 3

Преп.: Скажите, что такое действие?

Студ.: Действие представляет собой активное поведение, которое нарушает … .

Преп.: Какие примеры действий вы можете привести?

Студ.: Действием являются … .

Преп.: Тогда чем характеризуется бездействие?

Студ.: … .

Преп.: Объясните, почему нельзя привлечь к налоговой ответственности гражданина, считающего несправедливой существующую систему налогообложения, но исправно исполняющего все обязанности налогоплательщика?

Студ.: Я думаю, что в данном случае нельзя привлечь гражданина к налоговой ответственности, потому что … .

Диалог 4

Преп.: Вспомните, что понимается под дееспособностью лица?

Студ.: Под дееспособностью лица понимается способность лица … .

Преп.: В таком случае, почему не признаются правонарушениями противоправные поступки психически больных и малолетних граждан?

Студ.: Потому что эта группа лиц не является … .

Преп.: А вы знаете, с какого возраста наступает уголовная ответственность в вашей стране?

Студ.: … .

Диалог 5

Преп.: Как определяется вина в правовой науке?

Студ.: Под виной принято понимать внутреннее отношение дееспособного лица к … .

Преп.: А для каких отраслей права характерно такое понимание вины?

Студ.: … .

Преп.: Вы знаете, каким образом характеризуется вина в гражданском праве?

Студ.: Вина в гражданском праве характеризуется как неосуществление лицом всех возможных мер для … .

Работаем над терминами!

Задание 9. а) Познакомьтесь с содержанием терминов.

Преступление – запрещённое уголовным законом общественно опасное, виновное деяние, наносящее существенный вред общественным отношениям и сложившемуся в обществе правопорядку.

Проступок – виновное, противоправное деяние, которое характеризуется меньшей по сравнению с преступлениями степенью общественной опасности и которое влсчёт за собой применение не уголовно-правовых санкций, а мер административного, дисциплинарного или гражданско-правового воздействия.

б) Ответьте на вопросы.

1. Какое из правонарушений (преступление или проступок) характеризуется меньшей степенью общественной опасности?
2. Каковы основные отличия преступления от проступка?
3. Какой вид правонарушения влечёт за собой применение уголовных санкций?

Задание 10. а) Познакомьтесь с сочетаемостью глаголов, часто используемых в языке юристов.

Применять/применить *(что?)* —
- нормы права
- меры воздействия/ответственности
- взыскание
- наказание
- санкции

Наносить/нанести (*что?*)
- вред (*только в ед. числе*)
- ущерб (*только в ед. числе*)
- удар
- оскорбление

а) Устанавливать/установить (*что?*)
- признак правонарушения
- наличие вины (*только в ед. числе*)
- факт правонарушения

б) Устанавливать/установить (*что?*)
- санкции
- правило поведения
- ограничение

Совершать/совершить (*что?*)
- правонарушение
- проступок
- преступление

Выносить/вынести (*что?*)
- постановление
- решение
- предупреждение
- приговор

Накладывать/наложить (*что?*)
- наказания
- штраф
- взыскание
- ограничения

Лишать/лишить (*чего?*)
- права
- свободы
- помощи (*только в ед. числе*)
- звания
- гражданства

б) Трансформируйте глагольные сочетания из ***Задания а)*** в именные; если это возможно, используйте и единственное, и множественное число зависимого существительного.

Образец 1:

применять/применить наказание → применение
- ↗ наказания (*ед. ч.*)
- ↘ наказаний (*мн. ч.*)

Образец 2:

наносить/нанести ущерб (*только ед. ч.*) → нанесение ущерба (*ед. ч.*)

в) Ответьте на вопросы, используя словосочетания из ***Заданий 10. а)*** и ***б)***.

1. Какие противоправные деяния вам известны?
2. Какие действия производят следственные органы?
3. Какие действия могут предприниматься правоохранительными органами в ответ на противоправные деяния граждан?

Задание 11. а) Прочитайте текст: познакомьтесь с классификацией правонарушений.

Классификация правонарушений

Правонарушения классифицируются по разным основаниям в зависимости от характера правонарушений, от степени вредности правонарушений и опасности для общественных отношений, а также от характера применяемых санкций за совершение правонарушений.

Согласно данным критериям, все правонарушения делятся на преступления и проступки.

Преступлениями называются запрещённые уголовным законом общественно опасные, виновные деяния, наносящие существенный вред общественным отношениям и сложившемуся в обществе правопорядку. За любые преступления применяются наиболее строгие меры государственного принуждения – уголовно-правовые санкции, устанавливающие значительные ограничения на поведение и правовой статус лиц, виновных в их совершении.

Проступки представляют собой виновные, противоправные деяния, которые характеризуются меньшей по сравнению с преступлениями степенью общественной опасности и которые влекут за собой применение не уголовно-правовых санкций, а мер административного, дисциплинарного или гражданско-правового воздействия.

В зависимости от сферы общественных отношений, которым противоправным поведением причиняется вред, и в зависимости от характера применяемого при этом взыскания все проступки подразделяются на административные, дисциплинарные и гражданско-правовые.

Особенность *административных проступков* заключается в том, что они совершаются в сфере деятельности исполнительных органов власти государства и за их совершение предусматривается административная ответственность. Она может выражаться в вынесении предупреждения, наложении штрафа, лишении права управления транспортными средствами и др. К административным относятся правонарушения в области торговли и финансов, жилищно-коммунального хозяйства, охраны окружающей среды, памятников истории и культуры, нарушения различных правил: на транспорте, в промышленности, санитарии и т. д.

Согласно российскому законодательству, повторность одного и того же административного проступка в ряде случаев может повлечь за собой трансформацию административной ответственности в уголовную.

Дисциплинарные проступки представляют собой вредные для общественных отношений противоправные деяния физических лиц, направленные на нарушение внутреннего распорядка предприятий, объединений и учреждений, а также на нарушение трудовой, служебной, учебной, воинской и иной дисциплины.

Гражданско-правовые проступки понимаются как правонарушения, совершаемые в сфере имущественных и неимущественных отношений, имеющих интеллектуальную ценность как для конкретных лиц, так и для всего общества. Своё внешнее выражение гражданские правонарушения находят в причинении гражданам или их организациям имущественного вреда, неисполнении договорных обязательств, распространении сведений, порочащих честь и достоинство гражданина, заключении незаконных сделок, нарушении гражданских прав тех или иных лиц либо организаций.

б) Прослушайте высказывания. Выразите согласие или несогласие со следующими утверждениями (Да/Нет).

1. Все правонарушения делятся на преступления и проступки в зависимости от характера правонарушений, степени их вредности и опасности для общественных отношений, а также от характера применяемых санкций за их совершение.

2. Проступки характеризуются меньшей по сравнению с преступлениями степенью общественной опасности.

3. Подразделение проступков на административные, дисциплинарные и гражданско-правовые зависит исключительно от сферы общественных отношений, которой противоправным поведением причиняется вред.

4. Административные проступки совершаются в сфере деятельности исполнительных органов власти.

5. Если один и тот же дисциплинарный проступок повторяется несколько раз, то дисциплинарная ответственность может трансформироваться в уголовную.

6. Гражданско-правовые проступки представляют собой правонарушения, которые совершаются только в сфере имущественных отношений.

7. Неисполнение договорных обязательств является примером административного проступка.

Задание 12. а) Представьте содержание текста в виде схемы.

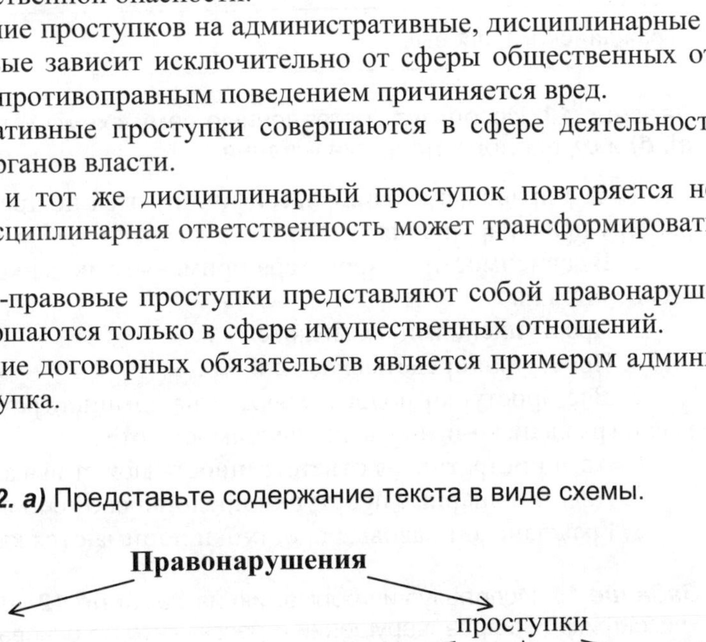

б) Вспомните основания классификации правонарушений и закончите заполнение схемы.

Основания классификации правонарушений

характер правонарушений

в) Заполните данную ниже таблицу, распределив правонарушения по типу проступка.

Правонарушения: нарушение учебной дисциплины; неисполнение договорных обязательств; нарушение правил на транспорте; правонарушения в области торговли; нарушение внутреннего распорядка предприятия; заключение незаконных сделок; нарушение гражданских прав тех или иных лиц либо организаций, порочащих честь и достоинство гражданина; проступки в сфере деятельности исполнительных органов власти государства; причинение гражданам имущественного вреда

Тип проступка	*Правонарушения*
административные	
дисциплинарные	
гражданско-правовые	

Задание 13. Используя составленные вами схемы и таблицы (***Задания 12. а), б)*** и ***в)***), продолжите высказывания.

1. Все правонарушения классифицируются по трём основаниям: по характеру правонарушения … .
2. В зависимости от характера применяемых санкций все правонарушения делятся на … .
3. Преступлениями называются … .
4. Проступки представляют собой … .
5. Все проступки подразделяются на административные, дисциплинарные и гражданско-правовые в зависимости от … .
6. Административная ответственность может выражаться в … .
7. Дисциплинарные проступки представляют собой … .
8. Гражданско-правовые проступки понимаются как … .

Задание 14. Используя информацию из ***Задания 12. а), б)*** и ***в)***, представьте классификацию правонарушений и расскажите об основаниях такой классификации; приведите примеры разного типа преступлений и правонарушений.

Задание 15. Обобщив информацию текстов «Признаки правонарушений» (***Задание 3. а***) и «Классификация правонарушений» (***Задание 11. а***), подготовьте выступление на семинарском занятии по теме «Правонарушение как юридическая категория».

Работаем над терминами!

Задание 16. а) Прочитайте предложения, запомните глагольные словосочетания, в которых часто используется слово *ответственность*.

1. Экстремистская организация **взяла на себя ответственность за взрывы.**
2. Министр внутренних дел **признал ответственность за гибель двух журналистов.**
3. Глава МВД готов **понести ответственность за ранения** четырёх человек.
4. Парламент отказался **ввести ответственность за коррупцию** для членов правительства.
5. Попытки властей **переложить ответственность за покушение на арестованных ими граждан** лишены какого-либо основания.
6. Проигравшая партия **возлагает ответственность за низкую явку избирателей** на выборах президента на губернатора.
7. Ненадлежащее исполнение соглашения **влечёт ответственность одной из сторон**.

б) Запишите частотные словосочетания с термином *ответственность*.

Брать/взять на себя
Признавать/признать
Нести/понести
Вводить/ввести
→ ответственность *(за что?)*

Перекладывать/переложить
Возлагать/возложить
→ ответственность *(за что? на кого?)*

Влечь/повлечь ответственность *(кого? чего?)*

в) Используя записанные вами словосочетания из ***Задания 16. б)***, употребите в данных ниже контекстах термин *ответственность*.

1. Правительство области хочет … за непогашение госдолга на министра финансов области.
2. Торговый представитель … только за те операции, в осуществлении которых он принимал непосредственное участие.

3. Министр обороны заявил, что не собирается … на пограничников за инцидент.

4. Депутат решил … за потери воды с жильцов на муниципалитет.

5. В ГУВД (Государственное управление внутренних дел) Москвы предлагают … за использование нелегальной рабочей силы.

6. Не следует … за коррупцию, социальные проблемы и трудности на крупный бизнес.

7. Индивидуальные предприниматели …, как должностные лица.

8. Парламентарии предлагают … на государство за сохранность вкладов населения.

9. Неправомерное получение льгот …, предусмотренную налоговым законодательством.

Задание 17. а) Познакомьтесь с терминами, обозначающими наказания за совершение определённых правонарушений.

Штраф – денежное взыскание, назначаемое в пределах, предусмотренных законами. В Российском законодательстве размер штрафа определяется федеральными законами и соответствует определённому количеству минимальных размеров оплаты труда, установленных законодательством РФ на момент назначения наказания, либо в размере заработной платы или иного дохода осуждённого за определённый период.

Конфискация – мера юридической ответственности, в соответствии с которой собственник по решению суда лишается прав на определённое имущество, а право собственности переходит к государству.

Пеня – санкция в виде денежного штрафа, накладываемого за несвоевременное выполнение денежных обязательств. Пеня начисляется за каждый календарный день просрочки исполнения обязательств.

б) Ответьте на вопросы.

1. Каким образом определяется сумма денежного штрафа?

2. Какая санкция применяется в том случае, если просрочено исполнение денежных обязательств?

3. По решению какого органа у собственника может быть изъято его имущество?

4. К кому переходит право собственности на конфискованное имущество?

в) Употребите в данных ниже контекстах термины *штраф, конфискация, пеня.* Запишите в тетради глагольные словосочетания, в которых употребляются существительные, данные в ***Задании 17 а).***

1. Получив зарплату, я иду в банк, протягиваю в окошко счёт. Кассир-контролёр интересуется: «Почему задерживаем оплату? После 15-го числа

начисляется … в размере 0,5% от суммы платежа за каждый день просрочки. А сегодня уже 20-е. С вас ещё 135 рублей!»

2. Исполнительная власть ЕС (Европейский Союз) предлагает **взыскать** с корпорации … в размере не менее 100 миллионов долларов.

3. Ирландия **ввела** … за курение в общественных местах.

4. Если водитель нарушил правило, полиция может **наложить** … и, кроме того, лишить водителя прав на вождение автомобиля.

5. Правоохранительные органы **произвели** … сырья на подпольной фабрике по производству наркотиков.

Задание 18. а) Познакомьтесь с сочетаемостью глаголов, часто употребляемых в языке юриспруденции.

Нарушать/нарушить (*что?*)
- закон
- правовые нормы
- права и свободы
- правовые предписания

Влечь/повлечь (*что?*)
- наказание
- юридическую ответственность
- осуждение поведения

Обеспечить/обеспечивать (*что?*)
- выполнение правил поведения
- безопасность
- защиту прав человека

Оказывать/оказать (*что?*)
- воздействие
- влияние
- давление

Возлагать/возложить (*что?*)
- обязанность
- ответственность
- вину
- расходы

Предоставлять/предоставить (*что?*)
- права
- услуги
- возможность
- льготы

Лишаться/лишится (*чего?*)
- материальных благ
- прав
- возможности
- льгот

б) Дополните предложения, в случае необходимости используйте слова для справок.

1. Газета полагает, что поражение правящей партии во многом произошло потому, что власти сознательно старались … за взрывы на сепаратистов.

2. Клевета, то есть распространение заведомо ложной информации, унижающей честь и достоинство гражданина либо подрывающей его репутацию, может … в виде тюремного заключения сроком до пяти лет.

3. Большинство граждан считают, что вооружённые силы способны … страны.

4. Попытка … может привести к преследованиям нарушителя со стороны правоохранительных органов государства.

Слова для справок: обеспечить безопасность, повлечь наказание, возложить вину, нарушить правовые нормы.

Задание 19. а) Подготовьтесь к слушанию лекции. Запишите тему и план лекции.

Понятие юридической ответственности и её основные признаки

План

1. Понятие ответственности в широком смысле.
2. Понятие ответственности в праве.
3. Определение понятия «юридическая ответственность».
4. Признаки юридической ответственности:
   а) государственное принуждение;
   б) государственно-правовое осуждение;
   в) негативные последствия, имущественного или личного характера;
   г) меры принуждения, установленные законодательно;
   д) правовая обоснованность и формальная определённость юридической ответственности;
   е) юридическая ответственность как результат правонарушения.

б) Прослушайте лекцию, запишите определение термина *юридическая ответственность* и перечислите основные признаки юридической ответственности.

Дорогие коллеги! Сегодня мы будем говорить о понятии «юридическая ответственность». Но сначала давайте попробуем разобраться, как понимается ответственность в широком смысле этого слова.

Мы часто слышим и используем само слово «ответственность» в разных сочетаниях: чувство ответственности, ответственное положение, общество с ограниченной ответственностью, взять на себя ответственность, привлечь к ответственности. Однако, несмотря на многообразие оттенков значения этого слова, во всех случаях оно характеризует взаимную связь человека с другими людьми, с обществом, государством. Эта связь проявляется в том, что человек, вступая в разнообразные общественные отношения, отвечает за своё поведение: он должен учитывать требования, которые предъявляет к нему общество, и он должен соотносить свои поступки с существующими в обществе правилами и ценностями. Ведь и окружающие, и общество, и государство, в свою очередь, соответствующим образом реагируют на различные варианты поведения человека – одобряют, поощряют, наказывают. Таким образом, мы можем говорить о том, что ответственность в широком смысле означает осознание лицом своих обязанностей и способность отвечать за свои поступки.

В праве использование термина «ответственность» также указывает на существование связи между отдельными гражданами или организациями и государством, в то же время слово «ответственность» имеет более узкое значение. В юридическом смысле ответственность представляет собой реакцию государства на нарушение правовых норм, то есть на совершение правонарушения.

Каковы признаки юридической ответственности? Во-первых, юридическая ответственность, в отличие от других видов ответственности, *всегда связана с государственным принуждением,* то есть с практическим применением к правонарушителю установленных законом санкций. Выполнение устанавливаемых государством правил поведения, которые закреплены в правовых нормах, обеспечивается всей силой государственной власти. Можно сказать, что защита общества от вредных или опасных деяний, нарушающих правовые предписания, одна из главных задач права и государства. Именно государство оказывает принудительное воздействие на нарушителя правовых норм, защищая тем самым интересы общества в целом. Государственное принуждение, таким образом, представляет собой способ обеспечения исполнения правовых норм, который реализуется посредством применения мер юридической ответственности.

Вторым признаком юридической ответственности является то, что она всегда влечёт за собой *государственно-правовое осуждение* поведения лица, нарушившего закон, а не только общественное осуждение.

Следующий признак юридической ответственности заключается в том, что юридическая ответственность сопровождается *наступлением отрицательных последствий для правонарушителя* в виде ограничений личного или имущественного порядка. Этот обязательный признак юридической ответственности означает, что на правонарушителя возлагается новая юридическая обязанность, которой ранее у него не было, либо его лишают имевшегося права. С точки зрения правовой науки содержанием любых правовых отношений выступают юридические права и обязанности участников этих отношений.

Устанавливая определённые правила поведения, нормы права одним лицам предоставляют права, а на других – возлагают обязанности. При этом ограничение может носить личный или имущественный характер. Негативные последствия могут иметь имущественный или личный характер. К имущественным негативным последствиям мы можем отнести штраф, конфискацию, пеню, а к личным – лишение свободы, выговор, лишение родительских прав.

Четвёртый признак юридической ответственности заключается в следующем. Юридическая ответственность всегда выступает в *форме общественного отношения между правонарушителем и государством* в лице уполномоченных на то органов (например, суд, прокуратура, полиция и другие), то есть меры принуждения установлены законодательством. Этот признак указывает на правовую обоснованность и формальную определённость юридической ответственности. Поскольку нарушаются правила поведения, предписанные нормативными правовыми актами, последствия этого нарушения также должны быть зафиксированы в законодательстве. Отметьте, коллеги, что именно нормативными актами чётко определяются характер и объём лишений, наступающих для виновного лица. Во всех отраслях права содержатся нормы, которые описывают конкретные правонарушения и определяют характер и размер ответственности за их совершение. Приведу пример. Все виды преступлений и соответствующих наказаний закреплены в Уголовном кодексе РФ. Налоговые правонарушения и меры ответственности за их совершение указаны в Налоговом кодексе РФ. Положения об ответственности за правонарушения в сфере трудового, административного, гражданского права также зафиксированы в соответствующих нормативных правовых актах.

И наконец, рассмотрим последний, пятый признак юридической ответственности. Суть этого признака в том, что меры государственного принуждения применяются только в тех случаях, когда лицом совершено деяние, которое признаётся законом правонарушением, то есть *юридическая ответственность наступает за совершённое правонарушение*. Иными словами, для привлечения лица к юридической ответственности необходимо установить в его действиях признаки правонарушения, зафиксированные в правовой норме. В противном случае нормы об ответственности не могут применяться.

в) Выберите все правильные варианты, соответствующие содержанию лекции.

1. Ответственность в широком смысле означает … .	А. осознание лицом своих обязанностей и способность отвечать за свои поступки Б. наказание, назначенное судом за правонарушение В. действия общества в отношении лица, совершившего правонарушение

2. Юридическая ответственность всегда влечёт за собой … .	А. общественное и государственно-правовое осуждение поведения лица, нарушившего закон Б. только общественное осуждение поведения лица, нарушившего закон В. только государственно-правовое осуждение поведения лица, нарушившего закон
3. Юридическая ответственность сопровождается наступлением отрицательных последствий для правонарушителя в виде … .	А. ограничений имущественного порядка Б. ограничений личного или имущественного порядка В. ограничений личного порядка
4. Выполнение устанавливаемых государством правил поведения, которые закреплены в правовых нормах, обеспечивается … .	А. органами правопорядка Б. законодательной и исполнительной системами государства В. всей силой государственной власти
5. Содержанием любых правовых отношений выступают … .	А. все виды взаимодействия участников этих отношений Б. юридические права и обязанности участников этих отношений
6. Характер и объём лишений, наступающих для виновного лица, чётко определяются … .	А. уголовным кодексом РФ Б. нормативными актами В. решением суда
7. Все виды преступлений и соответствующих наказаний закреплены в … Кодексе РФ.	А. уголовном Б. налоговом В. гражданском
8. Для привлечения лица к юридической ответственности необходимо установить в его действиях … .	А. признаки правонарушения, которые прописаны в правовой норме Б. умысел, которым руководствовалось лицо при совершении правонарушения В. последовательность действий, составляющих правонарушение

Задание 20. Прослушайте начало предложения, повторите его и закончите высказывание.

1. Ответственность в широком смысле означает … .
2. В юридическом смысле ответственность представляет собой … .
3. Первый признак юридической ответственности состоит в том, что она всегда связана с … .
4. Выполнение правил поведения, которые устанавливает государство, обеспечивается … .
5. Одна из главных задач права и государства – это защита общества от … .
6. Государственное принуждение представляет собой … .
7. Вторым признаком юридической ответственности является то, что … .
8. Юридическая ответственность всегда сопровождается наступлением … .
9. Отрицательные последствия для правонарушителя наступают в виде … .
10. Содержанием любых правовых отношений выступают … .
11. Устанавливая определённые правила поведения, нормы права одним лицам предоставляют права, а на других … .
12. К имущественным негативным последствиям относятся … .
13. Юридическая ответственность всегда выступает в форме общественного отношения между … .
14. Для привлечения лица к юридической ответственности необходимо установить в его действиях … .

Задание 21. Прочитайте диалог по ролям. Восстановите недостающие реплики.

Пётр: Павел, привет! Это Пётр.

Павел: О, здравствуй, дружище! Сколько лет, сколько зим! Надолго в Москву?

Пётр: На месяц-полтора.

Павел: Отдохнуть приехал?

Пётр: В основном экзамены сдать.

Павел: Какие экзамены? Ты ведь теперь учишься в Китае, в Пекинском университете?

Пётр: Да, и в МГУ тоже. После окончания получу два диплома – Пекинского университета и МГУ. Поэтому буду сдавать сессию, как все. Завтра у меня экзамен по теории государства и права. Поможешь?

Павел: А как? Я ведь теорию уже сдал, получил пять баллов и, кажется, всё забыл.

Пётр: Ну, на мои вопросы ты сможешь ответить. Я же не профессор Иванов.

Павел: И много у тебя вопросов?

Пётр: Да нет, это даже не вопросы, а размышления, вызванные отсутствием информации. Я ведь на лекциях не был, ну и возникает путаница. Вот смотри. Я немного запутался в видах юридической ответственности.

Павел: Ну надо же! У меня на экзамене как раз этот вопрос был!

Пётр: Отлично! Значит, я могу рассчитывать на квалифицированную помощь. Меня вот что смущает. С одной стороны, в учебнике написано, что виды наказаний в нашей пенитенциарной системе строго дифференцированы. Вот цитата: «Применяемые на практике к правонарушителям меры государственного принуждения отличаются друг от друга в зависимости от видов правонарушений. Существование нескольких видов юридической ответственности связано с тем, что различны характер и степень общественной вредности правонарушений, а также тяжесть причинённых ими последствий».

Павел: Насколько я помню, нам лектор говорил о том же.

Пётр: Естественно. Дальше речь идёт о том, что существует два крупных (так и написано – крупных) вида юридической ответственности – карательная ответственность и правовосстановительная.

Павел: Да. А что, в китайской юриспруденции этого нет?

Пётр: Есть, но там своя специфика. Дело не в этом. Цитирую: «Карательная юридическая ответственность наступает за уголовные преступления, административные и дисциплинарные проступки, налоговые правонарушения». Как тебе нравится такая постановка вопроса?

Павел: А что тебя смущает?

Пётр: Я не понимаю, как можно один вид юридической ответственности, да ещё карательный, применять и к уголовным, и к административным, и даже к дисциплинарным нарушениям! Ведь буквально в предыдущем абзаце говорилось о дифференцированном подходе к преступлениям!

Павел: Послушай, ты в Китае немного забыл родной язык. Посмотри внимательнее. У меня под рукой нет учебника, но, если я не ошибаюсь, в этом тексте говорится не об уголовных преступлениях, а об административных и дисциплинарных проступках. Ты знаешь, в чём разница между преступлением и проступком?

Пётр: Постой-постой! Да, действительно. В тексте написано: уголовные преступления и административные и дисциплинарные проступки. Конечно, преступление и проступок – это разные категории, хотя, откровенно говоря, я не смогу сейчас дать определение этим понятиям или чётко сформулировать, в чём состоит между ними различие. А ты, отличник, сможешь?

Павел: Попробую. Надеюсь, память меня не подведёт. Определения основополагающих понятий я стараюсь не забывать. Преступление – это запрещённое уголовным законом общественно опасное, виновное деяние, наносящее … (1). А проступок – это тоже виновное и противоправное деяние, но оно характеризуется … (2). Поэтому проступок влечёт за собой применение не уголовно-правовых санкций, а … (3). Уловил разницу?

Пётр: Скорее да, чем нет.

Павел: А если серьёзно?

Пётр: Преступление запрещено законом, то есть преступные действия описаны в Уголовном кодексе, и гражданин, «идя на преступление», как бы сознательно нарушает закон. Последствия весьма устрашающие.

Павел: А какие?

Пётр: В терминологии Уголовно-процессуального кодекса – это «строгие меры государственного принуждения», то есть уголовно-правовые санкции, устанавливающие … (4).

Павел: Да, а по-нашему, по-простому – это тюрьма, исправительное учреждение типа зоны строгого режима, … (5).

Пётр: Да, с преступлениями всё понятно. А вот проступки? Какие санкции, как выражаются юристы, будут применены за проступки?

Павел: Мы, юристы, утверждаем, что проступки влекут за собой применение не уголовно-правовых санкций, а … (6).

Пётр: Да, всё правильно. Но вот что меня смущает. Определяя понятия «преступление» и «проступок», ты указал на существенную разницу между ними. Помнишь?

Павел: Конечно: ... (7).

Пётр: А тебе не кажется, что здесь скрывается лазейка для субъективного подхода при решении вопроса о наказании. Адвокаты, наверное, регулярно этим пользуются: «Мой подзащитный нанёс обществу не существенный вред, а несущественный. То есть он совершил не преступление, а проступок. Поэтому его надо не строго наказать, а мягко предупредить. Понятия «преступление» и «проступок» порой настолько близки, что (цитирую) «согласно российскому законодательству, повторность одного и того же административного проступка в ряде случаев может повлечь за собой трансформацию административной ответственности в…». Продолжишь?

Павел: …(8). И это, на мой взгляд, вполне логично. Если, например, у тебя в квартире неисправный водопровод и ты зальёшь соседей, тебе уголовная ответственность не грозит. Но если ты начнёшь это делать регулярно, расширяя масштабы своих правонарушений, это уже другое.

Пётр: Расширять масштабы – это как?

Павел: Ну, хотя бы оставишь открытыми на ночь краны в факультетском туалете! Вот тогда административная ответственность может быть трансформирована в уголовную. Да ты и сам можешь вспомнить аналогичные случаи из жизни или факты из прессы на эту тему. Ну, например, в какой ситуации обмен дензнаков – это акт бескорыстной помощи, а в какой – незаконная валютная операция?

Пётр: … (9).

Павел: Ну хорошо, а чем футбольные болельщики отличаются от хулиганов на стадионе?

Пётр: … (10).

Павел: Как у тебя всё чётко дифференцируется! А где черта, за которой заканчивается патриотизм и начинается национализм?

Пётр: … (11).

Павел: Ладно, убедил. Квалифицировать какое-либо действие как преступление или проступок не так сложно. Я думаю, что в нашем законодательстве предусмотрены документы, чётко определяющие деяния, влекущие за собой те или иные виды наказаний.

Пётр: «Действие» и «деяние» – это термины?

Павел: Да, но, по-моему, мы слишком отвлеклись от видов юридической ответственности. Если не ошибаюсь, именно это тебя интересовало.

Пётр: Если не возражаешь, я тебе перезвоню через час. Сначала я хочу уточнить некоторые определения и выяснить, в чём разница между действием и деянием.

Павел: Договорились.

Работаем над терминами!

Задание 22. а) Познакомьтесь с содержанием юридических терминов. Запишите определение терминов в тетради.

Наказание – мера государственного принуждения, назначаемая по приговору суда.

Система наказаний – это установленный в уголовном законе перечень наказаний, которые может назначить суд за совершение отдельных преступлений.

б) Опираясь на материал ***Задания 22. а)***, дополните предложения.

1. Государственная дума ужесточит … за терроризм.
2. Для сдерживания проявлений беззакония государство создаёт правоохранительные органы, целью которых является предупреждение, предотвращение и расследование преступлений, а также … и перевоспитание лиц, их совершивших.
3. В странах ЕС вводится единая … за наркопреступления.
4. Закреплённая в Уголовном кодексе (УК) … достаточно гибка.

Задание 23. а) Прочитайте микротекст о системе наказаний, предусмотренных в УК России.

Современное уголовное законодательство Российской Федерации предусматривает несколько возможных наказаний за совершённые преступные деяния. В настоящее время их насчитывается тринадцать, и это позволяет суду выбрать наиболее адекватный вид и меру государственного принуждения в соответствии с принципом индивидуализации уголовной ответственности. Эти возможные виды наказания перечислены в статье 44 УК РФ: штраф; лишение права занимать определённые должности или заниматься определённой деятельностью; лишение специального, воинского или почётного звания, классного чина и государственных наград; обязательные работы; исправительные работы; ограничение по военной службе; конфискация имущества; ограничение свободы; арест; содержание в дисциплинарной воинской части; лишение свободы на определённый срок; пожизненное лишение свободы и, наконец, исключительная мера наказания – смертная казнь.

Необходимо отметить, что некоторые виды наказаний не могут быть применены к несовершеннолетним, поэтому для последних система наказаний в соответствии со статьёй 88 УК РФ выглядит следующим образом: штраф, лишение права заниматься определённой деятельностью, обязательные работы, исправительные работы, арест, лишение свободы на определённый срок.

Существует несколько оснований для классификации видов наказаний. Например, по характеру карательного элемента выделяются наказания, не связанные с лишением или ограничением свободы; наказания, ограничивающие свободу; смертная казнь.

б) Закончите заполнение данной ниже таблицы, распределив наказания, упоминаемые в ***Задании 23. а)*** по характеру карательного элемента.

Классификация наказаний по характеру карательного элемента

Наказания, не связанные с лишением или ограничением свободы	*Наказания, ограничивающие свободу*	*Смертная казнь*
штраф; конфискация имущества …	арест …	…

Задание 24. а) Познакомьтесь более подробно с видами уголовных наказаний, закреплённых в Уголовном кодексе РФ.

1. Штраф

Штраф есть денежное взыскание, назначаемое в пределах, предусмотренных настоящим Кодексом, в размере, соответствующем определённому количеству минимальных размеров оплаты труда, установленных законодательством Российской Федерации на момент назначения наказания, либо в размере заработной платы или иного дохода осуждённого за определённый период.

2. Лишение права занимать определённые должности или заниматься определённой деятельностью

Лишение права занимать определённые должности или заниматься определённой деятельностью состоит в запрещении занимать должности на государственной службе, в органах местного самоуправления либо заниматься определённой профессиональной или иной деятельностью.

3. Лишение специального, воинского или почётного звания, классного чина и государственных наград

При осуждении за совершение тяжкого или особо тяжкого преступления с учётом личности виновного суд может лишить его специального, воинского или почётного звания, классного чина и государственных наград.

4. Обязательные работы

Обязательные работы заключаются в выполнении осуждённым в свободное от основной работы или учёбы время бесплатных общественно полезных работ, вид которых определяется органами местного самоуправления.

5. Исправительные работы

Исправительные работы устанавливаются на срок от двух месяцев до двух лет и отбываются по месту работы осуждённого.

6. Ограничение по военной службе

Ограничение по военной службе назначается осуждённым военнослужащим, проходящим военную службу по контракту, на срок от трёх месяцев до двух лет в случаях, предусмотренных соответствующими статьями Особенной части настоящего Кодекса за совершение преступлений против военной службы, а также осуждённым военнослужащим, проходящим военную службу по контракту, вместо исправительных работ, предусмотренных соответствующими статьями Особенной части настоящего Кодекса.

7. Конфискация имущества

Конфискация имущества есть принудительное безвозмездное изъятие в собственность государства всего или части имущества, являющегося собственностью осуждённого.

8. Ограничение свободы

Ограничение свободы заключается в содержании осуждённого, достигшего к моменту вынесения судом приговора восемнадцатилетнего возраста, в специальном учреждении без изоляции от общества в условиях осуществления за ним надзора.

9. Арест

Арест заключается в содержании осуждённого в условиях строгой изоляции от общества и устанавливается на срок от одного до шести месяцев. В случае замены обязательных работ или исправительных работ арестом он может быть назначен на срок менее одного месяца.

10. Содержание в дисциплинарной воинской части

Содержание в дисциплинарной воинской части назначается военнослужащим, проходящим военную службу по призыву, а также военнослужащим, проходящим военную службу по контракту на должностях рядового и сержантского состава, если они на момент вынесения судом приговора не отслужили установленного законом срока службы по призыву.

11. Лишение свободы на определённый срок

Лишение свободы заключается в изоляции осужденного от общества путём направления его в колонию-поселение или помещения в исправительную колонию общего, строгого или особого режима либо в тюрьму.

12. Пожизненное лишение свободы

Пожизненное лишение свободы устанавливается только как альтернатива смертной казни за совершение особо тяжких преступлений, посягающих на жизнь, и может назначаться в случаях, когда суд сочтёт возможным не применять смертную казнь.

13. Смертная казнь

Смертная казнь как исключительная мера наказания может быть установлена только за особо тяжкие преступления, посягающие на жизнь.

б) Ответьте на вопросы.

1. Сколько видов наказаний составляют систему наказания в РФ в настоящее время?
2. По какому принципу располагаются наказания в уголовном кодексе РФ?
3. Назначается ли смертная казнь, как высшая мера наказания на нынешнем этапе развития общества?
4. В чём заключается лишение свободы на определённый срок?
5. В какие пенитенциарные учреждения направляется осуждённый при лишении свободы на определённый срок?
6. Чем отличается арест от ограничения свободы?
7. В каком случае суд лишает его специального, воинского или почётного звания, классного чина и государственных наград?
8. В чём состоит лишение права занимать определённые должности или заниматься определённой деятельностью?
9. Какой категории граждан может быть назначено содержание в дисциплинарной воинской части?
10. Какой вид наказания является альтернативой смертной казни за совершение особо тяжких преступлений?

Задание 25. а) Используя слова, данные справа, составьте все возможные словосочетания с глаголами, данными слева.

конфисковать *(что?)*	имущество, собственность, свобода, квартира, оружие, наркотики, права, звание, имущество
лишить *(чего?)*	
ограничить *(что?)*	

б) Опираясь на материал ***Задания 25. а)***, дополните предложения.

1. Власти намерены … имущество у племянника экс-президента.

2. Парламент принял закон, позволяющий … имущество в случае, если владелец не сможет доказать получение этого имущества законным путём.

3. В ходе антитеррористической операции планируется произвести аресты и … оружие.

4. Таможенники нашли и … наркотики на сумму в миллиард долларов.

5. Имущество было … незаконным путём.

6. Государственный обвинитель требует … генерала звания и посадить на восемь лет.

7. Власти страны хотят … права иностранных инвесторов.

в) Трансформируйте глагольные сочетания из ***Задания 25. а)*** в именные и запишите их:

Образец: конфисковать имущество → конфискация имущества

г) Опираясь на материал ***Задания 25. в)***, дополните предложения. Где возможно, предложите варианты.

1. Подсудимому может грозить … свободы на срок до пяти лет.

2. Принудительное … права собственности происходит только в случаях, предусмотренных законом.

3. Суд первой инстанции установил, что … имущества была незаконной.

4. Всякое … свободы является насилием.

Задание 26. а) Прочитайте и сравните два предложения. Обратите внимание на синонимию конструкций.

Полицейские успешно *провели задержание* преступников. =
Полицейские *задержали* преступников.

> **!** **Обратите внимание,** что конструкция **«произвести** +*В. п.***»** используется в официальной, книжной речи, второе же предложение является нейтральным.

б) Познакомьтесь с таблицей. Обратите внимание, что не все словосочетания с глаголом *проводить/провести* можно заменить синонимичным глаголом.

Проводить/провести	обыск	обыскивать/обыскать
	задержание	задерживать/задержать
	допрос	допрашивать/допросить
	экспертизу	–
	эксперимент	–

в) Закончите предложения, используя словосочетания с глаголами *проводить/провести*.

1. Полицейским штата можно … обыск частной квартиры или офиса фирмы, не имея на то официального ордера.

2. Следователь вправе, если признает это необходимым, … допрос в месте нахождения допрашиваемого.

3. Операция по разгону разбушевавшихся футбольных болельщиков заключалась в том, чтобы любыми способами … задержание бегущих и отбивающихся молодых людей.

4. Судмедэксперты … экспертизу тел, погибших в авиакатастрофе.

5. Прокурор предложил … следственный эксперимент.

г) Выразите смысл предложений из ***Задания 26. в)*** нейтральными языковыми средствами.

Задание 27. а) Трансформируйте глагольные словосочетания в именные.

-енij-

разрешать споры → разреш**ение** споров

причинять ущерб → …
возмещать причинённый ущерб/вред → …
возбуждать уголовное дело → …
обнаружить виновных лиц/проступок → …
совершить преступление /дисциплинарный проступок → …
выдворить за пределы Российской Федерации → …
распорядиться (д → ж) или постановить (в → вл) о применении дисциплинарного взыскания →…
привлекать (к→ ч) к уголовной/административной/дисциплинарной/налоговой/ гражданско-правовой/материальной ответственности → …

! **Обратите внимание:** взыскать соответствующую сумму → взыскание соответствующей суммы.

б) Прочитайте текст. Выделите незнакомые слова, запишите их на полях, определив значение этих слов по словарю.

Виды и меры юридической ответственности

Применяемые на практике к правонарушителям меры государственного принуждения отличаются друг от друга в зависимости от видов правонарушений. Существование нескольких видов юридической ответственности связано с тем, что характер и степень общественной вредности правонарушений, а также тяжесть причинённых ими последствий различны. Кроме того, неодинаковы порядок привлечения виновного лица к ответственности и сами меры принуждения, применяемые к правонарушителю.

Можно выделить два крупных вида юридической ответственности, каждому из которых свойственны свои основания возникновения, функции и порядок осуществления:

– карательная или штрафная ответственность;

– правовосстановительная ответственность.

Рассмотрим каждый из видов ответственности более подробно.

Карательная юридическая ответственность наступает за уголовные преступления, административные и дисциплинарные проступки, налоговые правонарушения. Её основная цель – наказание виновного и предупреждение правонарушений. Различают отдельные разновидности карательной ответственности. *Уголовная ответственность* – самый строгий вид ответственности, основанием применения которого является только преступление. Исчерпывающий перечень видов уголовных наказаний закреплён в Уголовном кодексе РФ. Следует сказать, что уголовное законодательство Российской Федерации содержит наибольшее количество наказаний по сравнению с другими развитыми странами мира. В УК РФ – тринадцать видов наказания. В зарубежных же государствах применяются два – четыре основных наказания, в их числе лишение свободы, штраф и смертная казнь (там, где она не отменена).

Все наказания делятся на основные и дополнительные. Основные наказания – это наказания, которые применяются только самостоятельно, они не могут назначаться дополнительно к другим видам наказаний и сочетаться друг с другом. К основным видам наказаний относятся:

а) обязательные работы;

б) исправительные работы;

в) ограничение по военной службе;

г) ограничение свободы;

д) арест;

е) содержание в дисциплинарной воинской части;

ж) лишение свободы на определённый срок;

з) пожизненное лишение свободы;

и) смертная казнь.

Дополнительные наказания – это наказания, которые присоединяются к основным видам наказаний и не могут применяться самостоятельно. К дополнительным видам наказаний относятся лишение специального, воинского или почётного звания, классного чина, государственных наград, а также конфискация имущества.

Штраф и лишение права занимать определённые должности или заниматься определённой деятельностью могут применяться в качестве как основных, так и дополнительных видов наказаний.

Порядок привлечения к уголовной ответственности строго регламентирован. По факту совершения преступления правоохранительными органами возбуждается уголовное дело, в рамках которого принимаются меры по обнаружению виновных лиц, осуществляются следственные действия по сбору и исследованию доказательств, необходимых и достаточных для применения к субъекту преступления уголовной ответственности. Такими следственными действиями являются, в частности, обыск, допрос, экспертиза, задержание, следственный эксперимент.

Затем уголовное дело поступает в суд, так как только по приговору суда обвиняемое лицо может быть признано виновным в совершении преступления и подвергнуто уголовному наказанию. Если в деянии подсудимого нет состава преступления, выносится оправдательный приговор. Если в процессе судебного следствия будет доказана виновность подсудимого в совершении преступления, суд выносит обвинительный приговор и назначает правонарушителю наказание.

Административная ответственность применяется к лицам, виновным в совершении административных проступков. Законодательством предусмотрены следующие меры административной ответственности:

а) предупреждение;

б) штраф;

в) изъятие предмета с последующим возвратом, явившегося орудием совершения административного правонарушения или его непосредственным объектом;

г) конфискация предмета, явившегося орудием

совершения или непосредственным объектом административного правонарушения;

д) лишение специального права, предоставленного данному гражданину (права управления транспортными средствами, права охоты);

е) исправительные работы;

ж) административный арест;

з) административное выдворение за пределы Российской Федерации иностранного гражданина или лица без гражданства.

Административное взыскание может быть наложено не позднее двух месяцев со дня совершения правонарушения, а при длящемся правонарушении (например, незаконной торговле товарами, свободная реализация которых запрещена, проживании без регистрации) не позднее двух месяцев со дня его обнаружения.

Дела об административных правонарушениях рассматриваются комиссиями по делам несовершеннолетних, районными (городскими) судами, органами внутренних дел, органами государственных инспекций и другими органами (должностными лицами), уполномоченными на то законодательными актами, например органами государственного пожарного надзора, таможенными, налоговыми органами.

Дисциплинарная ответственность наступает за совершение дисциплинарных проступков, то есть применяется к нарушителям трудовой, служебной, учебной дисциплины. Мерами дисциплинарной ответственности могут быть, в частности:

а) замечание;

б) выговор;

в) строгий выговор;

г) увольнение;

д) понижение в должности, воинском звании или классном чине;

е) предупреждение о неполном служебном соответствии.

Дисциплинарное взыскание применяется непосредственно после обнаружения проступка, но не позднее одного месяца со дня его обнаружения. Меры дисциплинарного взыскания налагаются на нарушителя администрацией организации или специальными коллегиальными органами. Приказ, распоряжение или постановление о применении дисциплинарного взыскания с указанием мотивов его применения объявляется (сообщается) лицу, подвергнутому взысканию, под расписку.

Правовосстановительная юридическая ответственность направлена не столько на формальное наказание правонарушителя, сколько на восстановление нарушенных законных прав и интересов других лиц, устранение вреда, причинённого нормальным общественным отношениям. В таких случаях на правонарушителя возлагается обязанность возместить вред, причинённый пострадавшему лицу.

В отличие от карательной, правовосстановительная ответственность может быть реализована без вмешательства органов государственной власти или уполномоченных должностных лиц. Правонарушитель может добровольно исполнить свои обязанности по компенсации вреда, причинённого его деянием.

Выделяются отдельные разновидности правовосстановительной ответственности.

Например, за гражданско-правовые нарушения применяется **гражданско-правовая ответственность.** Меры гражданско-правовой ответственности, как правило, носят имущественный характер:

а) возмещение убытков;

б) уплата неустойки;

в) компенсация морального вреда.

В случае когда нарушитель отказывается добровольно исполнить обязанность по возмещению причинённого вреда, пострадавшая сторона вправе обратиться в суд за защитой своих прав, потребовав взыскания соответствующих сумм.

Материальная ответственность работников наступает в случае причинения ими ущерба имуществу работодателя. Как и в предыдущем случае, меры материальной ответственности носят имущественный характер – работник, причинивший ущерб, должен возместить его либо в деньгах, либо с согласия администрации передать для возмещения причинённого ущерба равноценное имущество или исправить повреждённое.

Размер этой ответственности не должен превышать прямого действительного ущерба и, как правило, ограничивается определённой частью заработка работника.

в) Прослушайте высказывания. Выразите согласие или несогласие со следующими утверждениями (Да/Нет).

1. Существование нескольких видов юридической ответственности связано с тем, что характер и степень общественной вредности правонарушений различны, а также тяжесть причинённых ими последствий.

2. Уголовное законодательство Российской Федерации содержит наибольшее количество наказаний по сравнению с другими развитыми странами мира.

3. Штраф и лишение права занимать определённые должности или заниматься определённой деятельностью применяются в качестве основных наказаний.

4. Административная ответственность применяется к лицам, виновным в совершении преступлений.

5. Дисциплинарное взыскание применяется не позднее 15 дней с момента обнаружения проступка.

6. Правовосстановительная ответственность может быть реализована без вмешательства органов государственной власти или уполномоченных должностных лиц.

7. Материальная ответственность работников наступает в случае причинения ими морального ущерба работодателю.

8. Меры дисциплинарного взыскания налагаются на нарушителя администрацией организации или специальными коллегиальными органами.

9. Выдворение за пределы Российской Федерации иностранного гражданина является одним из видов уголовного наказания.

10. Меры гражданско-правовой ответственности, как правило, носят имущественный характер.

Задание 28. а) Используя информацию текста, заполните таблицу.

Меры уголовной ответственности	
основные наказания	*дополнительные наказания*

б) Расскажите о видах уголовных наказаний, закреплённых в Уголовном кодексе РФ.

Задание 29. а) Трансформируйте глагольные словосочетания в именные.

конфисковать имущество → …
арестовать правонарушителя → …
изъять орудие совершения правонарушения → …
лишить специального права, предоставленного данному гражданину → …
выдворить иностранного гражданина за пределы РФ → …

б) Запишите названия мер административной ответственности.

Задание 30. а) Трансформируйте глагольные словосочетания в именные.

возместить убытки → …
уплатить неустойку → …
компенсировать моральный вред → …

б) Запишите названия мер гражданско-правовой ответственности.

Задание 31. Подготовьте сообщение о мерах административной и гражданско-правовой ответственности в РФ.

Задание 32. Подготовьте сообщение о системе наказаний в УК вашей страны.

Задание 33. Прослушайте микродиалоги преподавателя и студента на семинарском занятии. Дополните ответы студента.

Диалог 1

Преп.: Объясните, пожалуйста, почему меры государственного принуждения, которые применяются к правонарушителям, отличаются друг от друга.

Студ.: Это связано в первую очередь с тем, что правонарушения различаются по характеру и степени общественной вредности. Также тяжесть последствий, которые могут причинить правонарушения, неодинаковы. В связи с этим различаются порядок привлечения виновного лица к ответственности и сами меры принуждения, которые применяются к правонарушителю.

Преп.: А от чего зависит порядок привлечения виновного лица к ответственности?

Студ.: … .

Диалог 2

Преп.: Какие два вида юридической ответственности вы можете назвать?

Студ.: Выделяются два крупных вида юридической ответственности: карательная ответственность и правовосстановительная ответственность.

Преп.: Сформулируйте, в чём сущность карательной ответственности и в чём сущность правовосстановительной ответственности.

Студ.: … .

Диалог 3

Преп.: Скажите, как в юриспруденции классифицируются наказания.

Студ.: Все наказания делятся на основные и дополнительные.

Преп.: Перечислите, какие наказания относятся к основным.

Студ.: К основным видам наказаний относятся обязательные работы, исправительные работы, ограничение по военной службе, ограничение свободы, арест, содержание в дисциплинарной воинской части, лишение свободы на определённый срок, пожизненное лишение свободы, смертная казнь.

Преп.: А к каким наказаниям относится конфискация имущества?

Студ.: К дополнительным.

Преп.: Могут ли в качестве наказаний за правонарушение быть назначены и арест, и исправительные работы?

Студ.: Нет, не могут.

Преп.: Аргументируйте свой ответ.

Студ.: … .

Диалог 4

Преп.: Какой из видов юридической ответственности является самым строгим?

Студ.: Самым строгим видом ответственности считается уголовная ответственность.

Преп.: В каком случае она может быть применена?

Студ.: … .

Диалог 5

Преп.: Сколько видов наказаний содержит Уголовный кодекс России?

Студ.: Если я не ошибаюсь, тринадцать.

Преп.: А уголовный кодекс зарубежных стран?

Студ.: … .

Диалог 6

Преп.: Расскажите о порядке привлечения к уголовной ответственности в соответствии с российским законодательством.

Студ.: В российском законодательстве порядок привлечения к уголовной ответственности строго регламентирован … .

Задание 34. Прочитайте диалог по ролям. Восстановите недостающие реплики.

Пётр: Привет! Это я.

Павел: Как успехи? Нашёл материал?

Пётр: Да. Я просмотрел раздел «Признаки правонарушения», там речь идёт и о действии, и о деянии. Но я опять не всё понял.

Павел: Для начала выясним, что такое правонарушение.

Пётр: … (1).

Павел: Неплохо. Значит, правонарушение – это именно деяние, противоречащее закону. А каковы признаки правонарушения?

Пётр: … (2).

Павел: Отлично! Ты обратил внимание на то, что под характером деяния может подразумеваться… (3).

Пётр: Да, в том фрагменте текста, где подробно говорится о характере деяния, уточняется, что правонарушение – это всегда только деяние, то есть… (4).

Павел: Да, а противоправное действие представляет собой… (5).

Пётр: Например?

Павел: … (6).

Пётр: Соответственно бездействие характеризуется пассивным поведением, заключающимся в … (7).

Павел: Вот именно, и примером воздержания от правомерных действий может служить… (8).

Пётр: А существует ли связь между дееспособностью и виновностью лица?

Павел: ... (9).

Пётр: Но, насколько я понял, понимание вины как субъективного отношения к совершаемому правонарушению характерно для уголовного права.

Павел: Не только. ... (10).

Пётр: А в гражданском праве?

Павел: ... (11).

Пётр: Ну что же, картина как будто проясняется. Не перейти ли нам к видам юридической ответственности?

Павел: А ты готов?

Пётр: Надеюсь.

Павел: Тогда скажи, пожалуйста, с чем связано существование нескольких видов юридической ответственности.

Пётр: ... (12).

Павел: Так, а какие существуют основные виды юридической ответственности?

Пётр: ... (13).

Павел: И кто же, какие лица, должны нести, например, уголовную ответственность?

Пётр: Могу процитировать, я запомнил дословно: карательная юридическая ответственность наступает ... (14).

Павел: Отлично! А в уголовных кодексах каких стран представлено больше видов наказаний?

Пётр: ... (15).

Павел: А по какому принципу различаются основные и дополнительные наказания?

Пётр: ... (16).

Павел: Ну а …

Пётр: Минуточку. Я бы хотел уточнить один момент. Как ты прокомментируешь следующий тезис? «Порядок привлечения к уголовной ответственности строго регламентирован».

Павел: Это значит, что по факту совершения преступления ... (17).

Пётр: Точно! А теперь поговорим об административной и дисциплинарной ответственности. Какие меры, кроме предупреждения и штрафа, применяются к лицам, виновным в совершении административных проступков?

Павел: ... (18).

Пётр: А по отношению к кому применяется дисциплинарная ответственность?

Павел: ... (19).

Пётр: А налоговая?

Павел: ... (20).

Пётр: Прекрасно! А…

Павел: Нет, это я говорю: «А». А что ты можешь сказать по поводу правовосстановительной ответственности? Каковы цели и задачи функционирования этого института?

Пётр: ... (21).

Павел: А существуют какие-либо разновидности правовосстановительной ответственности?

Пётр: Разумеется. Это ... (22). Ну что же, картина как будто бы проясняется.

Павел: Тогда пока. А то мне звонят по мобильному.

Пётр: Спасибо тебе!

Павел: Рад был помочь! До встречи на факультете.

Задание 35. а) Опираясь на материал текста «Виды и меры юридической ответственности» (***Задание 27. б***), закончите заполнение таблицы.

<table>
<tr><th colspan="2">Виды юридической ответственности</th><th>Меры юридической ответственности</th></tr>
<tr><td colspan="2"></td><td>Меры уголовной ответственности</td></tr>
<tr><td rowspan="5">Карательная (штрафная) юридическая ответственность</td><td>1. Уголовная ответственность</td><td>1. предупреждение
2. штраф
3.
4.
5.
6.
7.
8.
9.
10.
11.
12.
13.</td></tr>
<tr><td rowspan="2">2. Административная ответственность</td><td>Меры административной ответственности</td></tr>
<tr><td>1.
2.
3.
4.
5.
6. исправительные работы
7
8.</td></tr>
<tr><td rowspan="2">3. Дисциплинарная ответственность</td><td>Меры дисциплинарной ответственности</td></tr>
<tr><td>1.
2.
3.
4.
5.
6.</td></tr>
<tr><td rowspan="2">Правовосстановительная ответственность</td><td>1.</td><td>1.
2.
3.</td></tr>
<tr><td>2. Материальная ответственность</td><td>1.
2.
3.</td></tr>
</table>

б) Используя материал таблицы, подготовьте выступление на семинарском занятии по теме «Виды и меры юридической ответственности в РФ».

Задание 36. Прочитайте текст. Выделите незнакомые слова, запишите их на полях, определив значение этих слов по словарю. Дайте ответ на вопрос, что такое смертная казнь.

Понятие «смертная казнь»

Смертная казнь – одно из древнейших наказаний, известных человечеству. Собственно говоря, смертная казнь применялась ещё до того, как возникло уголовное право в современном смысле этого понятия.

Долгие годы среди учёных и общественных деятелей не прекращаются споры, имеет ли право на существование такое наказание, как смертная казнь. Видимо, эта дискуссия закончится ещё не скоро.

На первый взгляд кажется ясным, что такое смертная казнь. Это лишение человека жизни. Между тем человек может быть лишён жизни по разным причинам. Даже если оставить в стороне случаи естественной смерти (от болезни, от старости), можно назвать немало причин и насильственной смерти. Много людей гибнет в результате действия сил природы (наводнения, землетрясения, оползни, грозы и т. п.), от голода, холода, несчастных случаев, в силу собственной неосторожности. Много жизней уносят самоубийства. Люди беспощадно убивают друг друга во время войн, межнациональных конфликтов, на почве кровной мести. Но все эти случаи лишения жизни в социальном и юридическом отношении не имеют ничего общего со смертной казнью. Что же такое смертная казнь?

Первый, наиболее существенный признак смертной казни заключается в том, что она представляет собой **наказание**. Это значит, что ей присущи те черты, которые характеризуют именно эту меру государственного принуждения. Сущность любого наказания – кара. Кара представляет собой лишение человека его прав или интересов, уменьшение их объёма либо введение особого порядка их осуществления, установление обязанностей, которые обусловлены наказанием и на других граждан обычно не возлагаются. В смертной казни кара проявляется в максимальной степени. У осуждённого отнимается самое дорогое, что есть у человека, – жизнь.

Второй признак смертной казни заключается в следующем. Все исследователи наказания отмечают, что оно вызывает **страдания**. Это, бесспорно, является признаком любого наказания, но применительно к смертной казни нельзя не отметить весьма существенную особенность. Осуждённый на смертную казнь ощущает страдания в момент вынесения ему приговора и ожидания результатов рассмотрения поданных им жалоб, ходатайства о помиловании. Но страдания преступника уже не нужны обществу, так как смертная казнь не ставит своей задачей исправить его, в чём-то убедить, что-то ему доказать. Общество вычёркивает его из числа своих членов – он перестаёт существовать.

Говоря о страданиях, которые вызывает осуждение на смертную казнь, следует иметь в виду также **страдания родных и близких приговорённого.** Если страдания последнего прекращаются в момент приведения в исполнение приговора, то близкие расстрелянного особенно остро начинают ощущать свою потерю именно в это время. Данное обстоятельство можно рассматривать как третий признак смертной казни.

Изложенное позволяет сформулировать четвёртый признак смертной казни: она представляет собой **самое суровое наказание.** Это предопределяется в первую очередь тем, что осуждённый лишается самого ценного блага человека – жизни.

Пятый признак смертной казни заключается в том, что она, как и всякое наказание, являясь принуждением, **применяется независимо от желания осуждённого** и, как правило, **вопреки ему.** Если виновный, раскаявшись, сам принимает решение уйти из жизни (такие случаи иногда бывают, хотя и достаточно редко) и ему удаётся реализовать это решение, то налицо самоубийство, а не наказание.

Шестой признак смертной казни заключается в том, что она **применяется от имени государства**. Любой приговор, в том числе и смертный, всегда начинается словами «именем Российской Федерации». Это значит, что государство своей властью санкционирует приговор, выносимый от его имени судом. Законность, обоснованность, справедливость приговора также проверяются специальными органами государства. Поэтому смертной казнью не могут считаться случаи самосуда и даже правомерного убийства в результате необходимой обороны или в состоянии крайней необходимости. Смертной казнью не могут быть и случаи правомерного убийства преступника при его задержании.

Седьмой, важный признак смертной казни – **применение** её **только по приговору суда**.

Восьмой признак смертной казни заключается в том, что она **может быть назначена только за преступление,** то есть за деяние, предусмотренное в Уголовном кодексе. Недопустимо назначение этого наказания (как, впрочем, и любого другого) за деяние, прямо не предусмотренное в Особенной части Уголовного кодекса. Однако в законе оговорено условие, касающееся исключительно смертной казни. Конституция указывает, что рассматриваемое наказание может устанавливаться только за особо тяжкие преступления против жизни.

Девятый признак смертной казни связан с тем, что она **может назначаться только лицу, признанному виновным в совершении преступления**. Этот признак характерен для любого наказания, но применительно к смертной казни он имеет свои особенности. Как известно, за преступления, совершённые по неосторожности, даже если речь идёт о преступлениях, повлекших весьма тяжкие последствия (вспомните Чернобыльскую аварию и др.), смертная казнь назначена быть не может.

Укажем ещё один, десятый, признак смертной казни как меры наказания – **достаточно редкое** её **применение**, особенно в последнее десятилетие. Так, если в начале 60-х годов число приговорённых к смертной казни исчислялось тысячами (например, в 1961 году – 2159 человек), то в 1990–1997 годах оно составляло ежегодно 140–160 человек, а в 1998 году – ещё меньше – 115 человек. Среди всех наказаний это единственная столь редко применяемая мера.

В настоящее время мы можем указать и одиннадцатый признак смертной казни, проявивший себя в России главным образом в последние годы, – **широкое применение помилования осуждённых** к этой мере наказания. Особенно широкое распространение оно получило в 1992–1994 годах (до 98% рассмотренных дел). Вместе с тем необходимо отметить, что начиная с 1995 и 1996 годов практика массовых помилований была прекращена. Однако в 1999 году президентом помилованы все осуждённые на смертную казнь.

Двенадцатый признак смертной казни связан с целями, которые она преследует. Как и любое другое наказание, смертная казнь имеет своей целью **достижение частной превенции**, то есть она должна не допустить совершения новых преступлений осуждённым. Поэтому он надёжно изолируется до исполнения приговора. Вопроса о возможности совершения новых преступлений после исполнения приговора по понятным причинам не возникает. Особенностью смертной казни является то, что перед ней не стоит цель исправления осуждённого. Его физическое уничтожение исключает саму постановку вопроса о достижении такой цели.

Наконец, необходимо указать последний, тринадцатый признак смертной казни. Статья 59 УК РФ называет её **исключительной мерой наказания.** Такая характеристика представляется обоснованной всеми теми признаками, о которых речь шла выше. Исключительность смертной казни определяется тем, что она является самым суровым наказанием, назначается за очень узкий круг наиболее тяжких умышленных преступлений, применяется достаточно редко и ещё реже приводится в исполнение вследствие помилования весьма значительной части осуждённых.

Задание 37. а) Закончите таблицу. Используйте конструкции *состоять в том, что/в чём, заключаться в том, что/в чём, представлять собой что, быть связанным с тем, что/с чем.*

Признаки смертной казни

Первый признак – наказание.	Первый признак смертной казни заключается в том, что смертная казнь является наказанием.
Второй признак – вызывает страдания.	Второй признак состоит в том, что смертная казнь вызывает страдания.
Третий признак – страдания родных и близких приговорённого.	…
Четвёртый признак – … .	…
Пятый признак – … .	…
Шестой признак – … .	…
Седьмой признак – … .	…
Восьмой признак – … .	…
Девятый признак – … .	…
Десятый признак – … .	…
Одиннадцатый признак – … .	…
Двенадцатый признак – … .	…
Тринадцатый признак – … .	…

б) Используя таблицу из ***Задания 37. а),*** расскажите о признаках смертной казни.

Задание 38. Сформулируйте ваше отношение к смертной казни. Аргументируйте своё мнение.

Задание 39. а) Прочитайте микротекст. Перечислите основные принципы юридической ответственности.

Юридическая ответственность независимо от её видов реализуется в строгом соответствии с установленными в рамках той или иной правовой системы *принципами.* Среди них общепризнаны такие принципы, как законность, обоснованность, справедливость, неотвратимость, целесообразность и недопустимость повторной или двойной (например, одновременно уголовной и административной) ответственности за совершение одного и того же правонарушения. Существуют и другие принципы юридической ответственности, которые не имеют, однако, столь важного и глобального значения.

б) Трансформируйте атрибутивные словосочетания в именные. Закончите заполнение таблицы.

<table>
<tr><td>Неотвратимая</td><td rowspan="5">юридическая ответственность</td><td>неотвратимость юридической ответственности</td></tr>
<tr><td>Справедливая</td><td>…</td></tr>
<tr><td>Обоснованная</td><td>…</td></tr>
<tr><td>Целесообразная</td><td>…</td></tr>
<tr><td>Законная</td><td>…</td></tr>
</table>

Задание 40. Обобщив информацию лекции «Понятие юридической ответственности и её основные признаки» (***Задание 19. б***), текста «Виды и меры юридической ответственности» (***Задание 27. б***) и микротекста (***Задание 39. а***), подготовьте сообщение о признаках, видах, мерах и принципах юридической ответственности.

Законность и правопорядок

Работаем над терминами!

Задание 41. а) Познакомьтесь с определениями понятия *закон*.

Закон – нормативный акт, принимаемый высшим законодательным органом государственной власти либо непосредственным волеизъявлением народа и регулирующий наиболее значимые общественные отношения.

Закон – это принятый в особом порядке первичный правовой акт по основным вопросам жизни государства, непосредственно выражающий общую государственную волю и обладающий высшей юридической силой.

Закон – это нормативный акт, принимаемый в особом порядке, обладающий после Конституции наибольшей юридической силой и направленный на регулирование наиболее важных общественных отношений.

б) Ответьте на вопросы.

1. Каким образом принимается закон?
2. Каким органом принимается закон?
3. Может ли закон приниматься волеизъявлением народа?
4. Какие отношения регулируются законом?
5. Что выражает закон?
6. Какова юридическая сила закона?

в) Дайте наиболее полное, с вашей точки зрения, определение закона. Запишите его в свои тетради.

Задание 42. а) Познакомьтесь с основными признаками закона.

В системе различных нормативно-правовых актов законы выделяются следующими особенностями.

Во-первых, закон – это нормативно-правовой акт, принимаемый *только высшим законодательным органом государства* (Федеральным собранием – в России, Конгрессом – в США, парламентом – в Италии, Франции, Японии и др.), представляющим в формально-юридическом смысле весь народ, или же непосредственно самим народом *путём референдума.*

Во-вторых, закон обладает после конституции *верховенством*, то есть *высшей юридической силой* среди всех остальных источников права, и является *главенствующей формой права.*

В-третьих, закон как источник права, исходящий от высшего представительного органа, выражающего волю и интересы всего общества, тоже должен отражать *волю и интересы всего общества.*

В-четвёртых, закон, в отличие от других нормативно-правовых актов, издаётся по *наиболее важным вопросам государственной и общественной жизни.* С его помощью упорядочиваются и регулируются наиболее важные общественные отношения.

В-пятых, закон *принимается, изменяется и дополняется в особом законодательном порядке.* Законодательная процедура существует в каждом государстве. Она закрепляется, как правило, особыми актами (положениями или регламентами высших органов государственной власти) и является объективно необходимой.

б) Прослушайте высказывания. Выразите согласие или несогласие с утверждениями (Да/Нет).

1. Закон принимается исключительно путём волеизъявления народа на референдуме.

2. Закон по сравнению с другими нормативно-правовыми актами не обладает высшей юридической силой.

3. Закон отражает интересы только той части общества, которая принимает данный закон.

4. Закон издаётся по наиболее важным вопросам государственной и общественной жизни.

5. Закон может изменяться только в особом законодательном порядке.

в) Охарактеризуйте основные признаки закона.

Задание 43. а) Познакомьтесь с сочетаемостью глаголов, часто используемых в языке юриспруденции.

Обладать *(чем?)*
- юридической силой
- правами и свободами, льготами
- знаниями, способностями
- оружием

а) Принимать/принять *(что?)*
- закон
- нормативно-правовой акт
- конституцию

б) Принимать/принять *(что?)*
- решение
- участие
- помощь

Выражать/выразить *(что?)*
- волю народа
- интересы народа
- общественное мнение

Исходить *(от кого/ чего?)* от
- демократических сил общества
- парламента
- народа
- президента
- депутата

б) Опираясь на материал ***Задания 42. а)***, дополните предложения.

1. Данная законодательная инициатива … парламента республики.

2. Молодые семьи … правом получения социального жилья.

3. Юридическая комиссия утвердила законопроект, запрещающий президенту … решение об изменении первоначального приговора суда.

4. Страхователь должен … правом собственности, пользования или распоряжения автотранспортным средством, полученным в установленном законом порядке.

5. Жители края избрали депутата, который будет … их интересы в Госдуме.

6. Президент заявил, что страна имеет право … оружием массового уничтожения.

7. Европейские лидеры так и не смогли … конституцию.

Задание 44. а) Познакомьтесь со значениями существительного *произвол* и со значением прилагательного *произвольный*.

! **Обратите внимание,** что прилагательное *произвольный* во втором значении отличается от значения существительного *произвол*.

Произвол – своеволие, самовластие, беззаконие власти:

Инвесторы пожаловались президенту на **произвол** некоторых депутатов.

Произвольный –1) незаконный:

Произвольный арест запрещён статьёй 9 Международного пакта о гражданских и политических правах.

2) ничем не стесняемый, свободный:

Напишите заявление в **произвольной** форме.

б) Дополните предложения, используя существительное *произвол* или прилагательное *произвольный*. Определите, в каких предложениях прилагательное *произвольный* выступает в первом значении, а в каких – во втором.

1. Законы должны иметь правовой характер, то есть выражать интересы всего населения, а не … властей.
2. Никто не может быть подвергнут … аресту, задержанию или изгнанию.
3. Именно … характер репрессий отличает тоталитаризм от авторитаризма.
4. Счёт в банке можно открыть на … срок.

Задание 45. а) Прочитайте текст о понятии *законности*. Выделите незнакомые слова, запишите их на полях, определив значение этих слов по словарю.

Понятие «законность» в теории права

Законность – это сложное явление, и в теории права оно понимается по-разному: как принцип, как метод, как режим государственного руководства обществом. Различают два понимания законности: законность в широком смысле и законность в узком смысле. Законность в широком смысле представляет собой господство законов в общественной жизни, то есть правовой режим, при котором нормативные предписания осуществляются всеми участниками правовых отношений. Под законностью в узком смысле понимается правомерная деятельность государственных органов, которая соответствует принципу законосообразности.

Значение законности состоит в охране личности от насилия, от произвола и анархии. Отсутствие законности порождает административный произвол и беззаконие. Отказ от законности способствует росту коррупции, преступности, насилию во всех его формах и ведёт к деградации общества.

Сущность законности заключается в точном и неуклонном соблюдении, исполнении и применении законов и подзаконных актов всеми субъектами права: гражданами, должностными лицами, государственными и общественными организациями. В содержание законности включают два элемента: наличие законов и реализацию законов. Однако законы как таковые не входят в содержание законности. Они являются нормативной основой законности. При этом законы должны иметь правовой характер, то есть выражать интересы всего населения, а не произвол властей.

Существуют определённые принципы и гарантии законности, которые представляют собой принципиальные положения правовой жизни общества. К принципам законности относят всеобщность законности, верховенство закона, единство законности и целесообразности, связь законности с культурой, неотвратимость ответственности и контроль за реализацией законов.

Всеобщность законности означает равенство всех перед законом независимо от социального положения, благосостояния, национальности и других признаков. Последовательное проведение в жизнь принципа обеспечивает права и свободы личности, а также равную ответственность всех перед законом.

Единство законности означает, что законы имеют одинаковую силу на территории всего государства.

Верховенство закона показывает, что законы обладают высшей юридической силой и выступают основным регулятором общественных отношений. Все другие нормативные акты являются подзаконными и принимаются на основе и во исполнение законов. Этот принцип направлен против создания ведомственных нормативных актов, не соответствующих законам, и самочинных распоряжений должностных лиц.

Единство законности и целесообразности означает недопустимость отступлений от предписаний закона по соображениям мнимой либо пресловутой целесообразности, так как высшая целесообразность заключается в неукоснительной реализации требований законов.

Неразрывная **связь законности с культурой** состоит в том, что законность должна опираться на правовые (культурные) законы и правовую культуру. Цивилизованные законы создают нормативную базу законности, а правовая культура выступает в качестве условия создания правовых законов и качественной их реализации.

Принцип **неотвратимости ответственности** означает, что укрепление законности связано не с суровостью законов, а с неизбежностью наказания. На практике реализация этого принципа должна проявляться в повышении раскрываемости преступлений и своевременном рассмотрении административных, уголовных и гражданских дел.

Принцип **контроля за реализацией законов** заключается в осуществлении контроля за деятельностью государственных органов, должностных лиц и правоохранительной системы в целом в форме прокурорского и конституционного надзора, так как бесконтрольность порождает беззаконие.

Принципы законности взаимосвязаны и образуют систему принципов, позволяющую судить о состоянии законности, её уровне и характере.

б) Выберите все правильные варианты, соответствующие содержанию текста.

1. Законы выступают … .	А. силовым инструментом управления страной Б. основным регулятором общественных отношений В. отражением взглядов общественности на порядок и мораль в обществе

2. Законы должны выражать интересы … .	А. всего населения Б. власти В. парламентского большинства
3. Единство законности означает, что … .	А. законы имеют одинаковую силу на территории всего государства Б. все равны перед законом В. судьи по всей стране выносят одинаковые приговоры по типичным делам
4. Принцип верховенства закона направлен … .	А. на ограничение власти местных органов самоуправления в пользу централизованных Б. против создания ведомственных нормативных актов, не соответствующих законам В. против самочинных распоряжений должностных лиц
5. Неразрывная связь законности с культурой состоит в том, что … .	А. первые известные письменные памятники – своды законов Б. развитие культуры в анархическом обществе невозможно В. законность должна опираться на правовые законы и правовую культуру
6. На практике неотвратимость ответственности проявляется … .	А. в повышении раскрываемости преступлений Б. в своевременном рассмотрении административных, уголовных и гражданских дел В. в уменьшении числа совершённых преступлений
7. Укрепление законности связано … .	А. с неизбежностью наказания Б. с увеличением численности правоохранительных органов В. с правовой активностью обычного населения

в) Ответьте на вопросы.

1. Как понимается понятие «законность» в теории права?
2. Какие два понимания термина «законность» различаются в теории права? Охарактеризуйте их.
3. В чём заключается сущность законности?
4. Что входит в содержание законности?
5. Входят ли законы в содержание законности?
6. Интересы каких групп населения должны выражать законы?
7. К каким последствиям может привести отсутствие законности?
8. Какие принципы законности вы можете назвать?
9. На что направлен принцип всеобщности законности?
10. В чём проявляется связь законности с культурой?
11. Каким образом на практике должна проявляться реализация принципа неотвратимости ответственности?
12. Как осуществляется контроль за реализацией законов?

Работаем над терминами!

Задание 46. а) Прочитайте словосочетания. Найдите в них однокоренные слова.

Правоспособность личности, правосознание общества, участники правоотношений, силы правопорядка.

б) Познакомьтесь с содержанием терминов.

Правопорядок – система общественных отношений, при которой все субъекты права должны строго следовать предписаниям правовых норм.

Правоспособность – способность иметь гражданские права и нести обязанности, которая приобретается с момента рождения и прекращается со смертью.

Правоотношение – урегулированное нормами права общественное отношение, участники которого имеют определённые субъективные права и несут установленные законами обязанности.

Правосознание – отражение правовой действительности в сознании человека.

в) Опираясь на материал ***Задания 46. б)***, дополните предложения.

1. Чем выше уровень … , тем крепче законность и правопорядок.
2. Участники … наделяются взаимными юридическими правами и обязанностями.
3. На состоявшейся пресс-конференции шёл разговор о необходимости обеспечения … в стране.
4. Никто не может быть ограничен в … и дееспособности, иначе как в случаях, установленных законом.

Задание 47. а) Трансформируйте глагольные словосочетания в именные.

-енij-

укреплять государственный строй/идеологию → укрепл**ение** государственного строя/идеологии

расширять гласность → …
осуществлять правовые предписания → …
обеспечивать правопорядок/права личности → …
достигать результатов (г/ж) → …
соблюдать правовые/социальные нормы → …
нарушать правовые/социальные нормы → …
устранять монополизм → …
предотвращать правонарушения → …
предупреждать преступления → …
пресекать незаконные действия (к/ч) →…
нарушать закон →…

-нij-

формировать открытую политическую систему → формиров**ание** открытой политической системы

совершенствовать нормативные базы → …
нормировать идеологию → …

б) Ответьте на вопросы, используя в ответе словосочетания с отглагольными существительными.

Образец: – О чём говорил докладчик? (устранять монополизм)
– Он говорил об устранении монополизма.

1. О чём идёт речь в статье? (предупреждать преступления)
2. Против чего выступили демонстранты? (нарушать правовые нормы)
3. О чём говорил представитель прокуратуры? (пресекать незаконные действия)
4. О каких политических задачах говорил президент? (формировать открытую политическую систему и укреплять государственный строй)
5. Какая статья вызвала наибольший интерес? (совершенствовать нормативные базы)
6. Выступлением на какую тему была открыта конференция? (обеспечивать права личности)

Задание 48. а) Трансформируйте именные словосочетания в глагольные.

поддержание порядка → поддерживать порядок
развитие идеологии →
реализация правовых норм/законов →

б) Опираясь на материал ***Задания 48. а)***, дополните предложения.

1. Способны ли миротворцы … порядок в стране?

2. Необходимо последовательно … идеологию демократических преобразований.

3. Уже давно нужно … законы о защите авторских прав.

Задание 49. а) Познакомьтесь с содержанием понятия *гарантии законности*. Запишите сокращённо определение данного понятия в тетрадь.

Гарантиями законности являются объективные и субъективные факторы, которые создают прочную основу точной и неуклонной реализации законов всеми субъектами права. В систему гарантий законности входят социально-экономические, политические, идеологические, юридические и общественные гарантии.

Социально-экономическими гарантиями законности являются высокий уровень и стабильность экономики, многообразие форм собственности, устранение монополизма, отсутствие социальных кризисов, высокий уровень социальной защищённости и материального обеспечения граждан.

Политические гарантии заключаются в укреплении демократизма государственного и общественного строя, расширении гласности и общественного контроля за деятельностью администраций всех уровней, в формировании и развитии открытой политической системы.

Идеологические гарантии включают в себя нормирование, развитие и укрепление идеологии, рассматривающей человека в качестве высшей ценности общества, а гражданина – в качестве высшей ценности государства.

Юридические гарантии заключаются в совершенствовании нормативной базы, разделении властей, своевременном предотвращении, предупреждении и пресечении правонарушений, в обеспечении прав личности законными средствами.

Общественные гарантии включают в себя высокий уровень правового сознания и правовой культуры общества, нетерпимость к нарушениям законов, активность общественных организаций и массовых правозащитных движений.

б) Прослушайте высказывания. Выразите согласие или несогласие с ними (Да/Нет).

1. Гарантиями законности являются только объективные факторы.

2. Отсутствие социальных кризисов является одним из проявлений социально-экономических гарантий.

3. Политические гарантии заключаются, в частности, в формировании и развитии открытой политической системы.

4. Идеологические гарантии включают укрепление идеологии, которая рассматривает человека в качестве высшей ценности общества, а гражданина – в качестве высшей ценности государства.

5. Юридические гарантии заключаются в обеспечении прав личности любыми средствами.

6. Общественными гарантиями являются высокий уровень и стабильность экономики.

Задание 50. а) Продолжите заполнение таблицы: охарактеризуйте гарантии законности, используйте конструкции: *что состоит в чём, что является чем, что представляет собой что, что включает в себя что, что понимается под чем.*

Социально-экономические гарантии	**Социально-экономическими гарантиями законности являются** высокий уровень и стабильность экономики, многообразие форм собственности, устранение монополизма, отсутствие социальных кризисов, высокий уровень социальной защищённости и материального обеспечения граждан
Политические гарантии	…
…	…
…	…
…	…

б) Используя материал таблицы из ***Задания 50. а)***, подготовьте сообщение о гарантиях законности.

Задание 51. а) Прочитайте текст. Выделите незнакомые слова, запишите их на полях, определив значение этих слов по словарю.

Соотношение правопорядка, законности и дисциплины в юриспруденции

Законность в юридической науке соотносится с тремя явлениями: общественным порядком, правопорядком и дисциплиной.

Общественный порядок представляет собой систему упорядоченных стабильных общественных отношений, сложившихся под воздействием социальных норм, норм права, морали и обычаев.

Правопорядок – это часть общественного порядка, которая складывается под воздействием правовых норм и составляет ядро общественного порядка. По своей сути правопорядок представляет собой реализованную законность, поскольку правовая упорядоченность общественных отношений предполагает повсеместную и всестороннюю реализацию правовых норм.

Правопорядок – это результат законности, то есть упорядоченная система всех правоотношений: конституционных, административных, гражданско-правовых и других.

Однако правопорядок и законность не тождественные понятия: они соотносятся между собой как цель и средство. Причём целью является правопорядок, а средством выступает законность. Это означает, что правопорядок может быть обеспечен только правовыми средствами и законными методами. Незаконные способы поддержания порядка разрушают его изнутри, так как противоречат природе правопорядка как порядка законного.

Там, где порядок в обществе держится только на узаконенной силе, выдаваемой за право, правовой порядок отсутствует. Его место занимает законопорядок – суррогат правопорядка. Законопорядок находит свою опору не в правосознании граждан, а в законопослушании, основу которого составляют негативные санкции закона. Подлинный правопорядок тесно связан со свободой личности. Такой правопорядок основывается, с одной стороны, на сознательном и добровольном осуществлении правовых предписаний гражданами, а с другой – на защите прав и свобод граждан органами государства.

Дисциплина – это система общественных отношений, которая складывается в учреждениях, организациях, на предприятиях и в других общественных местах в соответствии с нормами права, правилами внутреннего распорядка и другими социальными нормами, способствующими достижению социально-значимых результатов. Сущность дисциплины заключается в сознательном самоограничении индивида в процессе коллективной деятельности. Внешняя дисциплина – проявление муштры, внутренняя – явление культуры.

Законность – более узкое понятие, чем дисциплина, так как если первое означает соблюдение лишь правовых норм, то второе – соблюдение всех социальных норм, включая нравственные, этические и правовые. Если результатом законности выступает правопорядок, то результатом дисциплины – порядок общественный.

б) Используя информацию текста (***Задание 51. а***), замените выделенные слова синонимичными.

1. Правопорядок – это часть общественного порядка, которая складывается под воздействием правовых норм и составляет **основу** общественного порядка.

2. Если порядок в обществе держится только на узаконенной силе, выдаваемой за право, то место правового порядка в таком обществе занимает законопорядок – **заменитель** правопорядка.

3. Законопорядок находит свою опору не в правосознании граждан, а в законопослушании, основу которого составляют **негативные меры** закона.

Задание 52. Ответьте на вопросы.

1. С какими явлениями соотносится понятие «законность»?
2. В чём разница между правопорядком и законопорядком?
3. Каким образом соотносятся понятия «общественный порядок» и «правопорядок»?
4. Что представляет собой правовая упорядоченность общественных отношений?
5. Каким образом может быть обеспечен правопорядок?
6. Чем отличается правопорядок от законопорядка?
7. Почему правопорядок связан со свободой личности? Аргументируйте свой ответ.
8. Объясните, в чём заключается сущность дисциплины?
9. Каким образом соотносятся понятия законности и дисциплины?

Задание 53. Прослушайте высказывания. Выразите согласие или несогласие с утверждениями (Да/Нет).

1. Законность соотносится с двумя понятиями – «правопорядок» и «дисциплина».
2. Правопорядок представляет собой результат законности.
3. Понятия «правопорядок» и «законность» тождественны.
4. Незаконные способы поддержания порядка противоречат природе правопорядка.
5. Правовой порядок существует только в обществе, в котором порядок держится на узаконенной силе.
6. Подлинный правопорядок тесно связан со свободой личности.
7. Сущность дисциплины заключается в сознательном самоограничении индивида в процессе коллективной деятельности.

Задание 54. Согласны ли вы с тезисом, что внешняя дисциплина – проявление муштры, внутренняя – явление культуры. Аргументируйте свою точку зрения.

Задание 55. Прочитайте и восстановите микродиалоги преподавателя и студента на семинарском занятии.

Диалог 1

Преп.: Назовите, пожалуйста, три явления, с которыми соотносится понятие «законность».

Студ.: Законность соотносится с общественным порядком … .

Преп.: А что представляет собой общественный порядок?

Студ.: … .

Преп.: Как вы думаете, под воздействием чего формируется общественный порядок?

Студ.: Я полагаю, что общественный порядок складывается под воздействием … .

Диалог 2

Преп.: Дайте, пожалуйста, определение понятия «дисциплина».

Студ.: … .

Преп.: Скажите, пожалуйста, как соотносятся понятия «законность» и «дисциплина»?

Студ.: Они соотносятся как более узкое понятие с более широким. Законность является … .

Преп.: Результатом законности является правопорядок, а что представляет собой результат дисциплины?

Студ.: … .

Диалог 3

Преп.: Как вы думаете, почему основу законопослушания составляют негативные санкции закона?

Студ.: Я считаю … .

Преп.: А с чем связан подлинный правопорядок?

Студ.: … .

Преп.: Обоснуйте свой ответ.

Студ.: … .

Диалог 4

Преп.: Назовите, пожалуйста, факторы, которые являются гарантиями законности?

Студ.: … .

Преп.: Что является результатом этих гарантий?

Студ.: … .

Преп.: Как вы думаете, почему в систему социально-экономических гарантий входит устранение монополизма?

Студ.: С моей точки зрения … .

Преп.: А что входит в общественные гарантии?

Студ.: … .

Преп.: Объясните, пожалуйста, почему так необходим высокий уровень правовой культуры в обществе?

Студ.: Как мне кажется, необходимость высокого уровня правовой культуры связана … .

Задание 56. а) Прочитайте микротекст. Сформулируйте его основную идею. Как вы думаете, как можно озаглавить данный текст?

Режим законности неразрывно связан с демократией, в условиях которой признаются и реализуются в действительности принципы народовластия, равенства граждан, созданы условия для их участия в решении вопросов государственной и общественной жизни. Можно сказать: законность – основа демократии, демократического режима общества.

В условиях режима законности становятся реальными демократические права граждан, общественных движений и организаций, осуществляется принцип разделения властей, принцип всеобщего избирательного права, соблюдаются необходимые, основанные на законе процедуры как в правотворческой, так и в правоприменительной практике.

б) Приведите аргументы, демонстрирующие необходимую связь демократии с законностью.

Часть 2. История отечественного государства и права

Конституции России 1918, 1936 и 1993 годов

Задание 57. а) Скажите, от каких глаголов образованы следующие слова:

соотношение, ограничение, соблюдение, осуществление, изменение, толкование, реализация, носитель

б) Составьте все возможные словосочетания с отглагольными существительными, используя слова, данные справа.

Соотношение	государство и народ
Ограничение	произвол власти
Соблюдение	конституция
Осуществление	государственная власть
Изменение	суверенитет
Носитель	власть и свобода
Реализация	конституционные положения
	законы

Задание 58. а) Прочитайте текст. Выделите незнакомые слова, запишите их на полях, определив значение этих слов по словарю.

Что такое конституция?

Конституция – базовый закон любого демократического государства. В самом общем виде конституцию можно определить как нормативный правовой акт (или совокупность правовых актов), обладающий высшей юридической силой и регулирующий основы взаимоотношений человека (общества) и государства, а также устанавливающий принципы организации самого государства.

Демократическое государство всегда конституционное, но не всякое государство, имеющее конституцию, может быть названо конституционным и демократическим. Поскольку любому государству присуща тенденция к злоупотреблению властью, то одной из целей конституционализма является ограничение произвола публичной власти в отношении прав и свобод человека и гражданина.

Следовательно, мало принять конституцию, необходимо создать режим её неукоснительного соблюдения. Но для этого она должна занимать особое место в правовой системе страны.

Первые конституции в современном понимании этого слова появились в конце XVII – начале XVIII века.

В это время началась серия демократических революций, вызванных потребностью переустройства власти. Развивающееся общество искало оптимальное соотношение между государством и народом, властью и свободой.

В современном демократическом государстве носителем суверенитета и единственным источником власти является народ. Только он обладает учредительной властью. Именно поэтому конституции принимаются народом или от имени народа. Особенность субъекта, принимающего конституцию, обусловливает важнейшую черту конституции: она носит учредительный характер. Конституция учреждает основы общественного и государственного строя, механизм осуществления государственной власти. Учредительный характер конституции проявляется и в том, что все её предписания являются первичными и им не могут противоречить другие, издаваемые государственными органами акты.

Конституцию, занимающую особое место в правовой системе каждой страны, отличают от других правовых актов и такие её черты и свойства, как *легитимность, реальность, стабильность, верховенство*. Рассмотрим эти свойства более подробно.

Конституция считается **легитимной** тогда, когда она принята законным путём, то есть в том порядке, который предусмотрен в действовавшей до этого конституции. Конституции, навязанные военными хунтами и другими диктаторскими режимами, вместо принятых ранее законным путём не могут считаться легитимными.

Если ранее в стране конституция отсутствовала или действующая не исполняла свои функции и не могла быть использована для принятия новой, то конституция принималась посредством референдума (всеобщее голосование) или представительным органом. Этот способ принятия конституции также является легитимным.

Второй важной чертой конституции, её свойством является **реальность**. О реальности конституции можно говорить тогда, когда её предписания исполнимы и гарантированы в условиях режима законности и правопорядка. Реальной является такая конституция, которая предусматривает и гарантирует народовластие, права и свободы человека и гражданина. Конституции, не отвечающие этим требованиям, являются фиктивными. Они декларативны, наполнены социальной демагогией и реально не гарантируют элементарных гражданских прав. Фиктивные конституции характерны для стран с авторитарными и недемократическими режимами.

Следующее свойство конституции – **стабильность**. Стабильность конституции проявляется в незыблемости её предписаний, в сохранении высокой степени устойчивости и неподверженности воздействию политических сил, меняющихся у власти. Стабильность и жёсткость конституции не только не исключает возможности её изменения, но и предполагает приведение её в соответствие с новыми условиями социальной действительности. Самая стабильная в мире конституция – это Конституция США, принятая в 1787 году и действующая практически без изменений до настоящего времени.

Крайне важное значение имеет свойство **верховенства** конституции. Определяя верховенство конституции в правовой системе, важно отметить, что она не просто базовый закон, но такой закон, который обладает особой юридической силой по сравнению с другими законами. При этом конституция является актом наивысшей юридической силы, и это особое свойство выражается в следующем: её нормы являются основополагающим источником не только конституционного права, но и других отраслей права – гражданского, административного и др. Текущие законы и другие нормативные акты должны приниматься только указанными в конституции государственными органами и соответствовать конституции; государственные органы, органы местного самоуправления, должностные лица, граждане и их объединения обязаны соблюдать конституцию.

Верховенство конституции в правовой системе обеспечивается эффективным механизмом её реализации и охраны. Вопросами обеспечения конституционности законов и других нормативно-правовых актов занимается в России Конституционный суд.

Сущность конституции заключается не только в том, что она базовый закон государства и обладает высшей юридической силой, хотя это – её первейшее и важнейшее назначение. Конституция является также политическим и идеологическим документом.

Как политический документ, конституция отражает определённое соотношение политических сил на момент её разработки и принятия. Конституция в демократическом государстве – результат политического согласия. Она является общественным компромиссом, в котором согласованы политические интересы, представленные различными политическими силами. Их интересы отражены в конституции в той мере, в какой их удалось отстоять и согласовать с другими политическими силами. Разумеется, больше учтены интересы тех политических сил, чьё влияние в обществе оказалось более сильным или даже определяющим.

Кроме того, конституция всегда является идеологическим документом. Её идеологический характер заключается в том, что она выражает определённое мировоззрение. Конституция декларирует важнейшие ценности: права человека, демократические институты, частную собственность, свободу экономической деятельности, составляющие основу конституционного строя.

Всё вышеперечисленное определяет значение конституции как базы для развития демократического общества. Отсюда и название – базовый закон.

б) Выберите все варианты продолжения фразы, соответствующие содержанию текста.

1. Одной из целей конституционализма является … .	А. упорядочение законодательства Б. ограничение произвола публичной власти в отношении прав и свобод человека и гражданина В. определение прав человека в обществе
2. Первые конституции в современном понимании этого слова появились … .	А. в конце XVII – начале XVIII века Б. в конце XVIII – начале XIX века В. в конце XVI – начале XVII века
3. В современном демократическом государстве носителем суверенитета и единственным источником власти является … .	А. система органов законодательной власти Б. система органов исполнительной власти В. народ
4. Конституция учреждает … .	А. основы общественного и государственного строя Б. механизм осуществления государственной власти
5. Принятие конституции посредством референдума происходит … .	А. всегда Б. в случае отсутствия в стране конституции В. при смене государственного строя Г. в случае, если действующая конституция не исполняла свои функции и не могла быть использована для принятия новой

6. Фиктивные конституции характерны для стран с … .	А. авторитарными режимами Б. недемократическими режимами В. конституционной монархией
7. Как политический документ конституция отражает … .	А. политику власти по отношению к народу Б. определённое соотношение политических сил на момент её разработки и принятия В. понятия большинства о правилах поведения в обществе
8. Идеологический характер конституции заключается в том, что … .	А. она выражает определённое мировоззрение Б. её утверждает руководство страны В. с её помощью навязывается определённое мировоззрение

Задание 59. а) Найдите в тексте и запишите существительные, которые имеют следующие значения.

1. независимость государства во внешних и верховенство во внутренних делах – …
2. соответствие закону – …
3. военная группировка, захватившая власть и установившая диктатуру террора – …
4. голосование по важнейшим вопросам государственной и общественной жизни – …
5. соглашение на основе взаимных уступок – …

б) Опираясь на материал ***Задания 59. а)***, дополните предложения.

1. Носителем … и единственным источником власти в Российской Федерации является её многонациональный народ.
2. Граждане не признают … президентских выборов.
3. Классическая … приходит к власти в результате переворота.
4. Подавляющее большинство избирателей, принявших участие в … , высказались за предоставление действующему главе государства возможности участвовать в борьбе за пост президента в третий раз.
5. Достигнут … по одному из крупнейших компенсационных исков в истории страны.

Задание 60. Ответьте на вопросы.

1. Каким образом определяется понятие «конституция» в тексте?
2. Любое ли государство, имеющее конституцию, может быть названо конституционным и демократическим? Почему?

3. С чем была связана серия демократических революций в конце XVII века?

4. Почему конституции принимаются народом или от имени народа?

5. В чём проявляется учредительный характер конституции?

6. Какие черты и свойства конституции отличают её от других правовых актов?

7. В каком случае конституция считается легитимной?

8. Какая конституция является реальной?

9. В чём проявляется стабильность конституции?

10. Какая конституция считается самой стабильной в мире? Почему?

11. В чём выражается наивысшая юридическая сила конституции?

12. Почему конституция в демократическом государстве – результат политического согласия?

13. Почему конституция является идеологическим документом? Какие важнейшие ценности декларируются в конституции?

Задание 61. Составьте план текста «Что такое конституция?».

Задание 62. а) Запишите главную информацию текста в соответствии с планом.

б) Используя свой конспект, расскажите об основных свойствах конституции.

Задание 63. Выпишите все определения конституции из текста. Приведите аргументы, почему конституция является базовым законом государства.

Задание 64. а) Скажите, от каких глаголов образованы слова:

опубликование, декларация, отражение, преобразование, национализация, устройство, принятие, займ, управление, влияние, формирование.

б) Составьте все возможные словосочетания с отглагольными существительными, используя слова, данные справа.

Опубликование	государство
Преобразование	основной закон
Устройство	земля
Влияние	страна
Формирование	конституция
Управление	банки
Принятие	общество
Национализация	законодательные акты

Задание 65. а) Познакомьтесь со значением некоторых существительных, которые встретятся вам в тексте о Конституции РСФСР 1918 года.

Декрет – в ряде государств нормативный акт, изданный главой государства или правительства.

*Президент издал **декрет** о создании национальной армии.*

Комиссар – руководящее лицо с общественно-политическими или административными обязанностями.

***Комиссар** Совета Европы по правам человека избирается на шесть лет без права его переизбрания на второй срок.*

Съезд – собрание представителей организаций, групп населения.

***Съезд** судей рассмотрит законодательные инициативы Совета Федерации.*

Делегат – выборный или назначенный представитель, уполномоченный какой-либо организацией.

*Четыре **делегата** будут представлять интересы региона на съезде партии.*

б) Опираясь на материал ***Задания 65. а)***, дополните предложения.

1. Настоящий … вступает в силу с первого числа месяца.
2. В Москву прибыл … Совета Европы по правам человека.
3. Очередной … журналистов прошёл без неожиданностей.
4. На очередном съезде партии интересы врачей представят пять … .

Задание 66. Прочитайте аббревиатуры, скажите, что они обозначают. В случае необходимости используйте слова для справок.

РСФСР, ВЦИК, СНК, избирком, Совнарком, исполком.

***Слова для справок*:** Совет народных комиссаров, Исполнительный комитет, Российская Советская Федеративная Социалистическая Республика, Всероссийский центральный исполнительный комитет, избирательная комиссия.

Задание 67. Прочитайте текст. Выделите незнакомые слова, запишите их на полях, определив значение этих слов по словарю.

Конституция РСФСР 1918 года

Принятие Конституции РСФСР 1918 года. Её структура. 10 июля 1918 года на V Всероссийском съезде Советов была принята *первая советская Конституция* и избран новый состав Всероссийского центрального исполнительного комитета (ВЦИК). 19 июля 1918 года с момента опубликования в «Известиях ВЦИК» конституция вступила в действие. Она создавалась не на пустом месте, так как ещё до её принятия советское государство издало целый ряд актов, имевших конституционное значение (устанавливался принцип единовластия и полновластия Советов, были приняты декреты о мире и о земле, основные положения которых впоследствии вошли в конституцию, были национализированы банки и др.). Конституция состояла из шести разделов:

Декларация прав трудящегося и эксплуатируемого народа.

Общие положения Конституции РСФСР.

Конструкция Советской власти.

Активное и пассивное избирательное право.

Бюджетное право.

О гербе и флаге РСФСР.

Социальная и политическая основа государственности. Политической основой государства стала *система Советов рабочих, солдатских и крестьянских депутатов* (статья 1). Социальная основа государства определялась как *диктатура пролетариата в форме Республики Советов* (статья 9). В Основном законе нашли отражение важнейшие экономические преобразования Советского государства: национализация лесов, земли, недр, вод, транспорта, банков и промышленности; аннулирование внешних займов, заключённых до революции (ст.3).

Государственное устройство РСФСР. Конституция отразила *федеративный принцип государственного устройства РСФСР* (ст. 11): субъектами Федерации были национальные республики.

Система органов власти и управления. Третий раздел конституции («Конструкция Советской власти») закреплял систему центральных и местных органов власти и управления. В основу построения и деятельности советского государственного аппарата был положен принцип демократического централизма. *Высшим органом власти* объявлялся Всероссийский съезд Советов (рабочих, солдатских и крестьянских депутатов). В период между съездами его функции выполнял избираемый на съезде ВЦИК, который являлся *высшим законодательным, распорядительным и контролирующим органом.* Для общего управления страной ВЦИК формировал

Правительство РСФСР, которое называлось Совет народных комиссаров (СНК, или Совнарком). СНК также наделялся законодательными полномочиями.

Органами власти на местах являлись областные, губернские, уездные съезды Советов, городские и сельские Советы, которые избирали свои исполнительные комитеты (исполкомы). Местные Советы обладали всей полнотой власти при решении местных вопросов.

Избирательная система. Конституция провозгласила новую, классовую, пролетарскую демократию – демократию для трудящихся. В результате закреплялась следующая *избирательная система.* В выборах участвовали представители только трудящихся социальных групп, то есть гражданских избирательных прав были лишены около 5 миллионов человек: лица, использующие наёмный труд в целях получения прибыли, частные торговцы, посредники, духовенство и другие.

Конституция закрепила *многоступенчатую и непрямую систему выборов в Советы.* Исключение составляли прямые выборы в сельские и городские советы. Делегаты последующих уровней избирались на соответствующих съездах Советов на основе принципов представительства и делегирования, причём рабочие имели преимущество при выборах перед крестьянами.

Конституция послужила базой для последующего законодательства. Она оказала большое влияние на формирование конституций других советских республик.

Задание 68. Ответьте на вопросы.

1. Когда вступила в действие первая советская Конституция?
2. Что послужило нормативной базой для создания Конституции 1918 года?
3. Из каких разделов состояла конституция?
4. Что декларировалось в качестве политической основы советского государства?
5. Какое государственное устройство закрепила конституция?
6. Какой принцип был положен в основу построения и деятельности советского государственного аппарата?
7. Какой орган объявлялся высшим органом власти?
8. Какие органы обладали законодательными полномочиями?

9. Какие местные органы власти учреждала Конституция 1918 года?

10. Какие группы населения были лишены избирательного права в соответствии с Конституцией 1918 года?

11. Каким образом происходили выборы в Советы?

Задание 69. а) Прочитайте предложения. Передайте смысл выделенных фрагментов синонимическими конструкциями (в случае необходимости обращайтесь к тексту).

1. Конституция **вступила в силу** 19 июля 1918 года, с момента опубликования в «Известиях ВЦИК».

2. Конституция создавалась не на пустом месте, так как ещё до её принятия советское государство издало целый ряд актов, **обладающих конституционным содержанием** (устанавливался принцип единовластия и полновластия Советов, были приняты **законы** о мире и о земле, основные положения которых впоследствии вошли в конституцию, были национализированы банки и др.).

3. В Основном законе нашли отражение **важнейшие мероприятия советского государства в области экономики**: национализация лесов, земли, недр, вод, транспорта, банков и промышленности, а также **объявление недействительными** внешних займов, заключённых до революции.

4. В период между съездами функции Всероссийского съезда Советов выполнял **избираемый съездом** ВЦИК, который являлся высшим законодательным, распорядительным и контролирующим органом.

5. Для общего управления страной ВЦИК **образовывал** Правительство РСФСР, которое называлось Совет народных комиссаров (СНК, или Совнарком).

6. **Основной закон государства** провозгласил новую, классовую, пролетарскую демократию – демократию для трудящихся.

7. Конституция **провозгласила** многоступенчатую и непрямую систему выборов в Советы.

б) Дополните предложения. Предложите синонимичные конструкции.

1. Тридцатого марта … закон, расширяющий полномочия полиции.

2. Депутат считает, что … государства должен больше соответствовать европейским нормам.

3. Проигравший претендент на пост президента потребовал … результаты выборов.

4. Было решено… председателя профсоюза.

5. Конституция … систему органов власти и управления.

Задание 70. а) Составьте план текста.

б) Запишите главную информацию текста в соответствии с планом.

Задание 71. Закончите микротекст и расскажите о полномочиях Всероссийского съезда Советов, ВЦИКа и Совнаркома в соответствии с Конституцией 1918 года.

Конституция 1918 года определила компетенцию Всероссийского съезда Советов, ВЦИКа и Совнаркома. Они наделялись следующими полномочиями: … .

Задание 72. Охарактеризуйте избирательную систему, провозглашённую в Конституции 1918 года. Скажите, соответствует ли такая избирательная система нормам демократического государства? Аргументируйте свой ответ.

Задание 73. а) Познакомьтесь со значением некоторых существительных, которые встретятся вам в тексте о Конституции 1936 года.

Коллективизация – объединение мелких единоличных крестьянских хозяйств в крупные коллективные хозяйства.

*Хорошо известно, как **коллективизация**, голод и всеобщее падение уровня жизни на селе побудили миллионы и миллионы бывших крестьян-землевладельцев покинуть сельскую местность в 1930-е годы.*

Индустриализация – процесс создания крупного машинного производства и на этой основе переход от аграрного к индустриальному обществу.

*Крестьяне перебрались в города и на стройки, где значительно вырос спрос на рабочие руки в связи с **индустриализацией**.*

Кулачество – название состоятельного слоя сельского населения, использующего наёмный труд.

*Богатых крестьян-собственников, которые постоянно пользовались наёмным трудом, называли **кулаками**.*

Середняк – крестьяне, занимавшие среднее экономическое положение между бедняками и состоятельным крестьянством. Обрабатывали землю сами и с помощью членов семьи.

*Новая политика по отношению к среднему крестьянству, провозглашённая Лениным на VIII съезде, требовала от пролетариата, чтобы он опирался на бедноту, держал прочный союз с **середняком** и вёл борьбу с кулаком.*

Артель – объединение группы лиц для совместной работы с определённым по договору участием в доходах и общей ответственностью.

*Имущество **артели** является единой неделимой коллективной собственностью.*

Трудодень – единица учёта труда колхозников, предусматривающая как норму дневной выработки, так и качество работы.

*В 1937 году колхозники в СССР получили в среднем на **трудодень** по 4 килограмма зерна.*

Репрессия – карательная мера, исходящая от государственных органов.

*В 30-е годы в России к кулачеству были применены **репрессии**.*

б) Опираясь на материал задания ***73. а)***, ответьте на вопросы.

1. В чём основнос отличие кулаков от середняков?
2. С какой целью люди объединялись в артель?
3. Каким образом происходило распределение доходов и ответственности между членами артели?
4. Для какой группы населения применялся учёт труда в трудоднях?

в) Опираясь на материал ***Задания 73. а)***, дополните предложения.

1. Съезд партии, проходивший в декабре 1927 года, провозгласил политику … сельского хозяйства важнейшей очередной практической задачей партии в деревне.
2. При всех проблемах и трудностях за 13 лет, в течение которых проводилась … , вступило в строй около 9000 крупных заводов, фабрик, шахт, электростанций, нефтепромыслов.
3. В XVII веке широкое распространение получили … каменщиков, плотников, кузнецов.
4. Как и везде, кулачество и среднее крестьянство не уступало своих позиций без применения насилия и … .
5. Из-за плохого урожая 30% колхозников получили на … до 100 граммов зерна.

Задание 74. Прочитайте аббревиатуры, скажите, что они обозначают. В случае необходимости используйте слова для справок.

РКП(б), ВКП(б), ЦК ВКП(б), НКВД

Слова для справок: Центральный комитет Всесоюзной коммунистической партии (большевиков), Российская коммунистическая партия (большевиков), Народный комиссариат внутренних дел, Всесоюзная коммунистическая партия (большевиков),

Задание 75. Прочитайте текст. Выделите незнакомые слова, запишите их на полях, определив значение этих слов по словарю.

Советское государство и право в 30-40-е годы. Конституция СССР 1936 года

На рубеже 20-30-х годов XX века в СССР сложилась тоталитарная система власти. Предпосылки её возникновения появились в 1918 году, когда РКП(б) – ВКП(б) стала единственной правящей партией в стране. После ликвидации оппозиции её власть стала бесконтрольной. В 30-е годы сложился культ личности Сталина. К 1935 году сторонники

Сталина заняли все ключевые посты в государстве. Партийная линия превратилась в догму. Складывалась **административно-командная система управления**, при которой государственные и хозяйственные органы действовали под жёстким контролем партийных органов.

Принижалась роль судов и прокуратуры. Сталин ещё в 1928 году обосновал тезис об обострении классовой борьбы по мере продвижения страны к социализму. Органы НКВД были выведены из-под контроля партийных и государственных органов, они наделялись правом внесудебного решения дел, создавались такие внесудебные органы, как «двойки» и «тройки». Попиралась презумпция невиновности, обвинения строились на признании обвиняемых, которое из них выколачивали, применяя пытки и другие незаконные методы ведения дознания и предварительного следствия. Усилились политические репрессивные меры, была установлена уголовная ответственность для семей репрессированных и т. д. В результате политики беззакония пострадали миллионы невиновных людей.

Сталин и его окружение объявили 1929 год годом великого перелома: был взят курс на формирование темпов коллективизации и индустриализации. В июне 1929 года началась **массовая коллективизация сельского хозяйства**. Была объявлена политика ликвидации кулачества как класса, которая нанесла серьёзный удар по экономике сельского хозяйства. Коллективизация проходила с нарушением принципа добровольности, были репрессированы тысячи кулаков, середняков и членов их семей. К осени 1929 года заготовительная кампания приняла насильственный характер, а **рыночные механизмы были сломаны**. На всей территории страны в сёлах и деревнях а) преобладающей **формой хозяйствования** была признана сельскохозяйственная артель, б) основной **формой организации труда** была бригада, в) **формой оплаты труда** стал трудодень. Вводились обязательные нормы выработки, весьма высокие.

Усиливается центральное **плановое руководство** экономикой страны. Главным инструментом управления экономикой стало **планирование**. Если в начале 20-х годов планирование осуществлялось для отдельных отраслей народного хозяйства, то к середине 20-х годов были разработаны контрольные показатели для народного хозяйства в целом. В 1929 году был принят **Первый пятилетний план развития**. Рыночную экономику заменила административно-командная система.

5 декабря 1936 года VIII Чрезвычайным съездом Советов СССР была утверждена новая **Конституция СССР,** которая с некоторыми изменениями и дополнениями действовала до принятия Конституции 1977 года.

Провозглашалось, что Конституция закрепила победу в СССР социалистических общественных отношений и создание таких основ социализма, как

- ликвидация эксплуататорских классов;
- господство социалистической собственности;
- наличие дружественных классов – рабочих, крестьян и народной интеллигенции;
- наличие всеобщего избирательного права и др.

Конституция состояла из 13 глав, включающих 146 статей.

Глава I рассматривала вопросы общественного устройства. В ней декларировалось наличие в обществе дружественных классов рабочих и крестьян. Провозглашалось, что государственное руководство обществом осуществляет рабочий класс как передовой класс. **Политической основой** СССР являлись Советы депутатов трудящихся (то есть Конституция СССР 1936 года преобразовала Советы рабочих, крестьянских и солдатских депутатов в Советы депутатов трудящихся). **Экономической основой СССР** объявлялась социалистическая система хозяйства и социалистическая собственность на орудия и средства производства.

Социалистическая собственность имела форму либо государственной собственности (всенародное достояние), либо колхозно-кооперативной собственности. К государственной собственности относились земля, недра, воды, леса, заводы, транспорт, банки, средства связи и др.

Конституция закрепила важнейший социалистический принцип распределения: «От каждого – по способности, каждому – по труду» и установила правило «Кто не работает, тот не ест».

В главе II отражались принципы советского социалистического федерализма, добровольность объединения равноправных советских союзных республик, закреплялся суверенитет союзных республик. Конституция определяла перечень вопросов, относящихся исключительно к компетенции Союза ССР: представительство Союза в международных сношениях, заключение и ратификация договоров с другими государствами, вопросы войны и мира, принятие в состав СССР новых республик, утверждение изменений границ между республиками, руководство вооружёнными силами, внешняя торговля на основе государственной монополии, охрана государственной безопасности, установление бюджета СССР, системы налогов и доходов и многое другое. Чётко прослеживалась тенденция на расширение прав Союза, центра.

В главах III – VIII рассматривались организация, система и порядок деятельности высших органов власти и управления СССР, союзных и автономных республик, местных органов власти.

В главе IX закреплялась дальнейшая демократизация избирательной системы СССР: замена не вполне равных выборов равными, многостепенных – прямыми, открытого голосования – закрытым. Другими словами, закреплялось всеобщее (было отменено ограничение избирательного права для лиц, которые в прошлом эксплуатировали чужой труд), равное и прямое избирательное право при тайном голосовании. Избирательное право предоставлялось гражданам, достигшим 18-летнего возраста. Каждый гражданин имел один голос. Женщины пользовались правом избирать и быть избранными наравне с мужчинами.

В главе X декларировались основные демократические права и свободы граждан СССР: право на труд, отдых, материальное обеспечение в старости, право на образование, свобода совести, слова, печати, митингов и собраний, уличных шествий и демонстраций и др. В ст. 126 закреплялась руководящая роль в стране ВКП(б). Необходимо отметить, что декларация прав в конституции и практика реальной жизни не совпадали. Так, например, преследовались служители всех религиозных конфессий, закрывались культовые сооружения, не было свободы слова, печати, митингов, демонстраций.

В главе XI были закреплены принципы организации и деятельности органов суда и прокуратуры: обеспечение обвиняемому права на защиту, рассмотрение дел с участием народных заседателей, принцип независимости судей и подчинения их только закону (который на практике нередко грубо нарушался) и др. Принижалась на практике и роль прокурорских органов. Из-под контроля органов прокуратуры были фактически выведены органы НКВД, широко используемые тогда для незаконных репрессий. Многие работники прокуратуры, которые честно выполняли свой долг, стараясь помешать незаконным репрессиям, сами подчас подвергались этим репрессиям и гибли в неравной борьбе.

Глава XII была посвящена вопросам о гербе, флаге и столице СССР.

В главе XIII устанавливался порядок изменения Конституции СССР.

Сегодня в литературе по-разному оценивают Конституцию СССР 1936 года. Некоторые пишут, что это была самая демократическая конституция в мире в тот период. Другие считают, что демократическая по форме, она была бездействующим Основным законом, что в реальной практике многие её положения перечёркивались чрезвычайными мерами и не находили воплощения в реальной жизни.

Задание 76. Ответьте на вопросы.

1. Какая система власти сложилась в СССР на рубеже 20–30-х годов?
2. Каковы были предпосылки появления тоталитарной власти?
3. В какие годы сложился культ личности Сталина?
4. Что понимается под административно-командной системой управления?
5. Почему 1929 год был назван годом великого перелома?
6. Что стало главным инструментом управления экономикой в конце 20-х годов?
7. Кем была утверждена Конституция 1936 года?
8. Какой класс был закреплён конституцией как передовой?
9. Что является политической и экономической основой СССР в соответствии с конституцией?
10. Какие формы социалистической собственности были провозглашены конституцией?
11. Какой социалистический принцип распределения был закреплён конституцией?

12. Какой вид избирательного права был заявлен в конституции?

13. Какие права и свободы граждан СССР декларировались в конституции?

14. Совпадали ли декларация прав в конституции и практика реальной жизни?

15. Совпадали ли декларируемые принципы деятельности органов суда и прокуратуры и практика реальной жизни?

16. Каким образом принижалась на практике роль прокурорских органов?

17. Возможно ли считать Конституцию 1936 года демократической?

Задание 77. Прочитайте предложения о Конституциях 1918 и 1936 годов. Передайте смысл выделенных фрагментов синонимичными конструкциями (в случае необходимости обращайтесь к тексту).

1. В главе XI **декларировались** принципы организации и деятельности органов суда и прокуратуры.
2. В советской судебной практике **грубо нарушался** принцип презумпции невиновности.
3. В главе XIII **закреплялся** порядок изменения Конституции СССР.
4. Каждый гражданин **обладал правом** одного голоса.
5. **Государственной собственностью являлись** земля, недра, воды, леса, заводы, транспорт, банки, средства связи и др.
6. В главе II закреплялась **независимость** союзных республик.
7. В соответствии с Конституцией 1936 года **подвергались гонениям** служители всех религиозных конфессий, закрывались культовые сооружения и т. д.

Задание 78. Составьте план текста.

Задание 79. Опираясь на план текста, расскажите о структуре Конституции 1936 года.

Задание 80. а) Вспомните прилагательные, которые часто используются с термином ***орган***.

Орган (*какой*?) →
- высший
- законодательный
- исполнительный
- судебный
- контролирующий
- центральный
- местный

а) Орган (*чего*?) →
- власти
- управления

б) Орган (*чего*?) → печати

б) Опираясь на материал ***Задания 80. а)*** и на информацию текстов о Конституции 1918 года и Конституции 1936 года, ответьте на вопросы.

1. В каком разделе Конституции 1918 года характеризовалась система органов власти и управления?

2. Что было высшим органом власти в соответствии с Конституцией 1918 года?

3. Под контролем каких органов действовали государственные и хозяйственные органы в 30-е годы?

4. Какие органы в 30-х годах были выведены из-под контроля партийных и государственных органов?

5. Какие внесудебные органы создавались в 30-х годах?

6. В каких главах Конституции 1936 года рассматривались организация, система и порядок деятельности высших органов власти и управления СССР?

7. В какой главе Конституции 1936 года были закреплены принципы организации и деятельности органов суда и прокуратуры?

8. Какой орган декларировался в качестве высшего законодательного, распорядительного и контролирующего органа в соответствии с Конституцией 1918 года?

9. Какие органы власти на местах были закреплены в Конституции 1918 года?

Задание 81. а) Трансформируйте глагольные словосочетания в именные.

-енuj-

внести поправки → внесение поправки

обновить конституцию (в → вл) → …
включить раздел в конституцию → …
закрепить права человека/принцип верховенства (п → пл) → …
определить основы устройства общества → …
стремиться к созданию правового государства (м → мл) → …

-нuj-

создать правовое государство → …

б) Опираясь на материал ***Задания а),*** дополните предложения.

1. Процесс … правового государства предполагает формирование системы политических, юридических и иных гарантий, которые обеспечивали бы реальность следующих конституционных положений: равенство всех перед законом и судом, взаимную ответственность государства и личности.

2. В Армении предполагается … конституции на 80 процентов.

3. В имеющих конституции государствах учреждение конституции в основном подразумевает … поправок и толкование конституции.

4. Особый раздел о правах граждан был … в Конституцию 1936 года в качестве одной из последних глав.

5. К числу отличительных признаков правового государства в современном понимании относятся: конституционное признание и защита прав и свобод человека и гражданина; конституционное … принципа верховенства правового закона в системе действующего права.

6. В принципе верховенства конституции отражается утверждение в России конституционного строя, … к созданию правового государства.

Задание 82. а) Скажите, от каких глаголов образованы слова:

пересмотр, поправка, ломка, продажа, смена, разработка, принятие.

б) Составьте все возможные словосочетания с отглагольными существительными, используя слова, данные справа.

Пересмотр	старая экономическая система
Поправка	земельные участки
Ломка	основной закон
Продажа	конституция
Разработка	законодательные акты
Принятие	проект

Задание 83. Прочитайте текст. Выделите незнакомые слова, запишите их на полях, определив значение этих слов по словарю.

Конституция Российской Федерации 1993 года

Жизнедеятельность общества и государства приводит к постоянному конституционному развитию. При определённых обстоятельствах оно получает вид конституционной реформы. После августа 1991 года в России сложилась новая внутриполитическая обстановка. Распался Советский Союз, рухнул тоталитарный режим, началась ломка старой экономической системы общества.

Нельзя было уничтожить прежнюю правовую систему общества сразу. В ней происходили лишь принципиальные изменения. Наглядным свидетельством являются те изменения и дополнения, которые вносились в Конституцию РСФСР 1978 года. В частности, было внесено дополнение о продаже земельных участков, то есть была признана частная собственность на землю, но не пахотную. Подобная судьба постигла многие статьи Конституции 1978 года, которые уже не соответствовали новым реалиям, сложившимся в Российской Федерации.

Но как бы не обновлялась Конституция РСФСР 1978 года, она всё же ни по структуре, ни по содержанию не могла служить юридической базой тех коренных преобразований, которые осуществлялись в России. Требовался новый базовый закон государства, отражающий сложившиеся в стране принципиально иные общественные отношения по сравнению с теми, которые навязала обществу Советская власть. В результате съездом народных депутатов Российской Федерации было принято постановление о подготовке проекта новой конституции.

В то же время существовал психологический барьер в сознании граждан, привыкших за многие годы советской власти к определённой форме правления и плохо понимавших, зачем её менять. В условиях кризиса экономики, обострившихся социальных и национальных противоречий в обществе, мирная смена конституции оказалась невозможной и развитие событий привело к вооружённому противостоянию в октябре 1993 года. Верховный Совет РСФСР был распущен, и 12 декабря 1993 года всенародным голосованием была принята новая Конституция России. Это была первая конституция действительно суверенного государства.

Таким образом, принятие Конституции РФ 1993 года было объективным требованием времени.

Для первых советских конституций России было характерно несовершенство их структуры с юридической точки зрения. Группировка норм не была в должной мере систематизирована и логически объяснима. Так, например, в первых конституциях отсутствовал особый раздел о правах граждан, который затем был включён в Конституцию 1936 года в качестве одной из последних глав.

При разработке проекта Конституции 1993 года предполагалось начать базовый закон именно с раздела о правах и свободах человека и гражданина. Однако начинать конституцию с закрепления прав человека без определения общих основ устройства того общества, членом которого человек является, посчитали нелогичным. Но конституция не отодвинула проблему прав и свобод человека и гражданина: уже во второй статье она закрепила их в качестве высшей ценности и одной из важнейших основ конституционного строя России.

По своей структуре Конституция 1993 года состоит из преамбулы и двух разделов. Первый раздел состоит из девяти глав:

1. Основы конституционного строя.
2. Права и свободы человека и гражданина.
3. Федеративное устройство.
4. Президент Российской Федерации.
5. Федеральное собрание.
6. Правительство Российской Федерации.
7. Судебная власть.
8. Местное самоуправление.
9. Конституционные поправки и пересмотр конституции.

Второй раздел носит название «Заключительные и переходные положения».

Такая структура Конституции России существенно отличает её от предшествующей. В Конституции 1978 года выделялись преамбула, одиннадцать разделов, и в качестве приложения включался Федеративный договор. В структуре новой Конституции России чётко прослеживаются те концептуальные идеи, на которых она основана.

Итак, Конституции РФ 1993 года присущи следующие особенности:

1. В ней впервые получил конституционное закрепление принцип верховенства Конституции Российской Федерации. В статье XV Конституции закрепляется, что она имеет высшую юридическую силу, прямое действие и применяется на всей территории России. Высшая юридическая сила Конституции означает, что законы и иные правовые акты, принимаемые в стране, не должны противоречить Конституции России и что органы государственной власти, органы местного самоуправления, должностные лица, граждане обязаны соблюдать Конституцию РФ и законы. В этом принципе прежде всего отражается утверждение в нашей стране конституционного строя, стремление к созданию правового государства.

В принципе верховенства конституции отражается и федеративный характер нашего государства.

Верховенство федеральной конституции утверждается на всей территории России, в том числе и на территории республик, которые также имеют свои конституции.

2. Конституция является ядром правовой системы России. Её принципы и положения играют направляющую роль для всей системы законодательства. Именно конституция определяет сам процесс правотворчества – устанавливает, какие основные акты принимаются различными органами, их наименования, юридическую силу, порядок и процедуру принятия законов.

3. К юридическим свойствам конституции относится её особая охрана. В этом задействована вся система органов государственной власти, осуществляющих охрану в различных формах.

Статья 80 конституции декларирует, что Президент России является гарантом конституции: он обязуется соблюдать и защищать её. Важную роль в охране Конституции РФ играет Федеральный конституционный суд. Он рассматривает дела о соответствии Конституции РФ законов и иных нормативных актов.

4. Конституцию отличает и особый, усложнённый порядок её пересмотра и внесения в неё поправок.

Задание 84. а) Найдите в тексте и запишите существительные, которые имеют следующие значения:

1. вступительная часть любого правового акта, либо декларации или международного договора, в которой излагаются цели издания соответствующего акта, его принципиальные положения – …

2. физическое или юридическое лицо, а также государство, дающее гарантию в чём-либо – …

3. деятельность государственных органов, направленная на совершенствование законодательства путём создания новых нормативных актов, изменения и отмены устаревших норм – …

б) Опираясь на материал ***Задания 84. а)***, дополните предложения.

1. Одним из принципов … является научность, поскольку в процессе подготовки нормативных актов важно изучать социально-экономическую, политическую ситуацию, объективные потребности развития общества.

2. Госдума обсуждала текст … к закону «О защите прав потребителей».

3. Президент Российской Федерации является … Конституции Российской Федерации.

Задание 85. Дополните предложения, употребив соответствующую форму причастия от глаголов, данных в скобках.

1. Требовался новый базовый закон государства, … (отражать) сложившиеся в стране принципиально иные общественные отношения по сравнению с теми, которые навязала обществу Советская власть. 2. Однако существовал психологический барьер в сознании граждан, … (привыкнуть) за многие годы советской власти к определённой форме правления и плохо … (понимать), зачем её менять. 3. В условиях кризиса экономики, … (обостриться) социальных и национальных противоречий в обществе, мирная смена конституции оказалась невозможной и развитие событий привело к вооружённому противостоянию в октябре 1993 года.

Задание 86. Прослушайте высказывания. Выразите согласие или несогласие с ними (Да/Нет).

1. Принятие Конституции 1993 года было связано с изменившейся внутриполитической обстановкой в стране.

2. С изменением внутриполитической обстановки в России после августа 1991 года прежняя правовая система общества была мгновенно уничтожена.

3. Барьером, перед которым начали останавливаться реформы в начале 90-х, было всевластие Советов, закреплённое в Конституции 1978 года.

4. В условиях кризиса экономики, обострившихся социальных и национальных противоречий в обществе в 90-е годы, мирная смена конституции оказалась невозможной.

5. Первые советские конституции России были совершенны с точки зрения их структуры.

6. Особый раздел о правах граждан появился впервые в Конституции РСФСР 1918 года.

7. Конституция 1993 года начинается с раздела о правах и свободах человека и гражданина.

8. По своей структуре Конституция 1993 года состоит из преамбулы и двух разделов.

9. Впервые принцип верховенства конституции был закреплён в Конституции 1978 года.

10. В принципе верховенства конституции отражается федеративный характер государства.

11. Последнюю Конституцию отличает упрощённый порядок её пересмотра и внесения в неё поправок.

Задание 87. Ответьте на вопросы.

1. Что привело к необходимости принятия новой Конституции в 1993 году?
2. Почему в Конституцию РСФСР 1978 года начали вносить изменения? Какие изменения вам известны?
3. Кем было принято постановление о подготовке проекта новой конституции?
4. Чем объясняется неготовность основной массы граждан к принятию новой конституции?
5. Почему мирная смена конституции оказалась невозможной?
6. Каким образом происходило принятие новой конституции?
7. Почему первые советские конституции были несовершенны с точки зрения своей структуры?
8. Почему посчитали нелогичным начинать конституцию с раздела о правах человека?
9. Какова структура Конституции 1993 года?
10. В чём основное отличие Конституции 1993 года от Конституции 1978 года?
11. Какой принцип впервые получил закрепление в новой конституции?
12. Почему конституция является ядром правовой системы России?
13. В чём проявляется особая охрана конституции?

Задание 88. а) Как вы думаете, почему при разработке проекта Конституции 1993 года предполагалось начать базовый закон именно с раздела о правах и свободах человека и гражданина. Обоснуйте свой ответ.

б) Объясните, почему Конституция 1993 года начинается не с раздела о правах и свободах граждан.

Задание 89. а) Составьте назывной план текста.

б) Расскажите о причинах принятия Конституции 1993 года и о её особенностях. Опираясь на назывной план текста, используйте:

- вводные слова: *во-первых, во-вторых, в-третьих;*
- конструкции: *Важной чертой Конституции 1993 года является то, что ...; Отличительной особенностью Конституции 1993 года является то, что ...; Специфика Конституции 1993 года состоит в том, что ... .*

Задание 90. Прочитайте микротекст.

Конституционной истории России известны пять основных законов:

- Конституция РСФСР 1918 года, провозгласившая государство диктатуры пролетариата, республику Советов;
- Конституция РСФСР 1925 года (Конституция СССР была принята в 1924 году) – первая конституция России, учредителя и члена СССР;
- Конституция РСФСР 1937 года (Конституция СССР была принята в 1936 году), объявившая Россию социалистическим государством рабочих и крестьян, политическую основу которой составили Советы депутатов трудящихся;
- Конституция РСФСР 1978 года (Конституция СССР была принята в 1977 году), провозгласившая построение «общенародного государства» и «развитого социализма»;
- Конституция Российской Федерации 1993 года, провозгласившая Россию правовым государством.

Сроки их действия составляют соответственно 7, 12, свыше 40 и 15 лет, что показывает относительную стабильность строя. Принятие каждой из них знаменовало существенные изменения в жизни общества, подводило итог предшествующему развитию.

Первые четыре конституции РСФСР были по своему типу советскими, социалистическими. Несмотря на особенности, присущие каждой из них, они развивались в соответствии с принципами преемственности, отражающей сохранение социалистических ценностей, утверждение советской власти, и носили классовый характер. Всем конституциям советского типа был присущ в значительной мере фиктивный характер, то есть они провозглашали принципы, которые фактически не осуществлялись в жизни и для реализации которых не создавались соответствующие механизмы.

Задание 91. Ответьте на вопросы.

1. Сколько конституций насчитывается в истории Российской Федерации?
2. С чем было связано принятие каждой из конституций?
3. Какая конституция провозгласила республику Советов?
4. В какой конституции отражён факт вхождения РСФСР в Союз ССР?
5. Какая из конституций отразила новый этап – этап «развитого социализма», означавший превращение советского государства из диктатуры пролетариата в общенародное?
6. Какая конституция провозгласила Россию правовым государством?

Задание 92. а). Познакомьтесь с краткими характеристиками конституций

	Конституция РСФСР 1918 года
Структура	**Состоит из 6 разделов:** 1. Декларация прав трудящегося и эксплуатируемого народа 2. Общие положения Конституции РСФСР 3. Конструкция Советской власти 4. Активное и пассивное избирательное право 5. Бюджетное право. 6. О гербе и флаге РСФСР
Политическая основа государства	Система Советов рабочих, солдатских и крестьянских депутатов
Государственное устройство	Федеративный принцип
Избирательное право	Многоступенчатая и непрямая система выборов в Советы. В выборах участвовали представители только трудящихся социальных групп.
Юридические свойства	С юридической точки зрения была в значительной части несовершенной.
Особенности конституций	1. Впервые определяла основы устройства общества на конституционном уровне. 2. Из всех советских конституций была в наибольшей степени идеологизированной, носила открыто классовый характер. В ней полностью отрицалась общедемократическая концепция о народе как носителе и источнике суверенитета государства. Утверждала диктатуру пролетариата. 3. Открыто признавалась возможность и целесообразность применения насилия в целях утверждения принципов нового социалистического строя.

1918, 1936 и 1993 годов.

Конституция СССР 1936 года	Конституция РФ 1993 года
Состоит из 13 глав: Глава I. Общественное устройство Глава II. Государственное устройство Глава III. Высшие органы государственной власти СССР Глава IV. Высшие органы государственной власти союзных республик Глава V. Органы государственного управления СССР Глава VI. Органы государственного управления союзных республик Глава VII. Высшие органы государственной власти автономных советских социалистических республик Глава VIII. Местные органы государственной власти Глава IX. Суд и прокуратура Глава X. Основные права и обязанности граждан Глава XI. Избирательная система Глава XII. Герб, флаг, столица Глава XIII. Порядок изменения Конституции	**Состоит из преамбулы и двух разделов. Первый раздел состоит из 9 глав:** 1. Основы конституционного строя. 2. Права и свободы человека и гражданина. 3. Федеративное устройство. 4. Президент Российской Федерации. 5. Федеральное собрание. 6. Правительство Российской Федерации. 7. Судебная власть. 8. Местное самоуправление. 9. Конституционные поправки и пересмотр Конституции. Второй раздел носит название «Заключительные и переходные положения».
Советы депутатов трудящихся	Носителем суверенитета и единственным источником власти в Российской Федерации является её многонациональный народ.
Федеративный принцип	Федеративный принцип
Граждане СССР участвуют в выборах на основе всеобщего, равного и прямого избирательного права при тайном голосовании.	Граждане РФ участвуют в выборах на основе всеобщего, равного и прямого избирательного права при тайном голосовании.
С юридической стороны приобрела более совершенный вид.	1. К юридическим свойствам конституции относится её особая охрана. 2. Конституцию отличает и особый, усложнённый порядок её пересмотра и внесения в неё поправок.
1. Сохраняется классовая сущность. 2. Вводятся главы об основных правах и обязанностях граждан. 3. Закрепляется руководящая роль коммунистической партии. 4. Впервые утверждалась как конституция «построенного социализма».	1. Россия провозглашается правовым государством. 2. В ней впервые получил конституционное закрепление принцип верховенства Конституции Российской Федерации. 3. Во второй статье декларируются и гарантируются права и свободы человека и гражданина, согласно общепризнанным принципам и нормам международного права. 4. Конституция является ядром правовой системы России. Её принципы и положения играют направляющую роль для всей системы законодательства.

б) На основе ***Задания 92. а)*** напишите текст доклада на тему «Сопоставление трёх конституций России», используя конструкции *с одной стороны, с другой стороны* и языковые средства со значением:

- сравнения: *по сравнению с чем; как…, так и; подобно тому как;*
- сопоставления: *а, же, если …, то; в отличие от чего; в противоположность чему.*

Часть 3. История зарубежного государства и права

Понятие «права человека»

Работаем над терминами!

Задание 93. а) Прочитайте четыре микротекста, вспомните различные значения термина *право*.

1. **Правом** называют социально-правовые притязания людей. Например, право человека на жизнь, право народов на самоопределение и т. п. Эти притязания обусловлены природой человека и общества и считаются естественными правами.

2. Под **правом** понимается система юридичсских норм. Это право в объективном смысле, поскольку нормы права создаются и действуют независимо от воли отдельных лиц. Данный смысл вкладывается в термин «право» в словосочетаниях «трудовое право», «уголовное право», «международное право» и т. д.

3. Термином **право** обозначают официально признанные возможности, которыми располагает физическое или юридическое лицо, организация. Так, граждане имеют право на труд, отдых, охрану здоровья, имущество и т. д.; организации располагают правами на имущество, на деятельность в определённой сфере государственной и общественной жизни и т. п. Во всех этих случаях речь идёт о праве в субъективном смысле, то есть о праве, принадлежащем отдельному лицу – субъекту права.

4. Термин **право** используется для обозначения системы всех правовых явлений, включая естественное право, право в объективном и субъективном смысле. Здесь его синонимом выступает термин «правовая система». Например, существуют такие правовые системы, как англосаксонское право, романо-германское право, национальные правовые системы и т. д.

б) Прочитайте предложения, включающие термин *право* в разных значениях. Опираясь на материал ***Задания 93. а)***, определите, в каких значениях оно выступает.

1. **Гражданское право** – отрасль права, регулирующая имущественные и связанные с ними личные неимущественные отношения участников гражданского оборота: граждан между собой, граждан и организаций и организаций между собой.

2. Нормы **международного права** регулируют отношения государств в условиях и в сфере сотрудничества и борьбы.

3. **Естественные права** составляют суть человека, они неотчуждаемы как от него, так и друг от друга.

4. По данным исследования ВЦИОМ (Всероссийский центр цзучения общественного мнения), в 2002 году свыше 70% россиян считают самыми важными и ущемляемыми правами именно социальные и экономические права: **право на социальную защиту, право на труд, право владеть собственностью**.

5. Изучение **римского права** способствует более глубокому познанию, осмыслению и овладению основами юридической техники.

6. Дети имеют **право на жизнь** в мирных, безопасных и достойных условиях.

Задание 94. а) Прочитайте текст. Выделите незнакомые слова, запишите их на полях, определив значение этих слов по словарю. Скажите, в каких значениях употреблено понятие *право* в тексте.

Что такое «права человека»

Права человека – это система норм поведения; существуют они на стыке морали и права.

С философской точки зрения права человека – это универсальные моральные права.

Обычные моральные права в отличие от универсальных моральных прав порождены конкретной жизненной ситуацией, в которой находится человек, его статусом, положением в системе отношений между людьми. Например, глава семейства имеет моральное право знать, что происходит в его доме.

Универсальные моральные права не зависят от конкретных обстоятельств и присущи любому человеку в любой ситуации как необходимые и минимальные компоненты человеческого достоинства. Эти права проистекают из самой природы человека, и поэтому их ещё называют естественными правами. Человек обладает естественными правами от рождения и независимо от того, признаются ли они непосредственным окружением данного человека и охраняются ли государством.

Представления о различных правах и свободах зарождались в разных культурах и в различные эпохи как этические суждения. Со временем эти представления находили отражение в правовых документах – кодексах, декларациях, конституциях. В развитых современных обществах права человека являются основой действующего законодательства.

В этом плане различают естественное и позитивное право. Естественное право есть нравственный минимум, который необходим для сохранения общества. Позитивное право выражено в действующем законодательстве. Требования естественного и позитивного права могут не совпадать. Достаточно вспомнить законы гитлеровского и сталинского режимов, когда были совершены многочисленные преступления против человечности. В этих условиях возникает конфликт естественного и позитивного права: чему подчиняться – законам писаным или законам высшим?

В современном мире важно понятие «метаправа». Метаправо – это общие правила для установления правовых систем, другими словами, это право для права. Таким образом, права человека становятся метаправом.

Права человека выражены в основном законе государства и международных соглашениях: конкретные законы внутри страны и административная практика должны соответствовать принципам прав человека. Таким образом, права человека – это система норм, отражающих современные представления об оптимальном общественном устройстве.

В современном мире существуют разные типы культур. В одних культурах права человека являются основой жизни и потому бдительно охраняются гражданами. В других культурах, наоборот, эта идея людям мало знакома, и идеал порядка связан, скорее, с тиранией. В некоторых странах (например, в России) наблюдается конфликт различных взглядов и традиций. Уровень реализации прав человека в каждом типе культур соответствующий.

Однако в наше время права человека перестали быть внутренним делом государства. Важная характеристика статуса прав человека – международная система их защиты. Гражданин, исчерпавший возможности защиты своих прав на родине, может обратиться в Международный суд по правам человека. Государство, не соблюдающее права человека, подвергается политическому и экономическому давлению, вплоть до вооружённого вмешательства (процедуры такого контроля установлены международным правом).

Права человека частично отражены в действующем законодательстве, частично – нет. То есть принцип охраны прав властью государства реализуется не полностью. Какова в этом случае функция этих норм? Права человека – это вектор, указывающий направление общественного развития.

С одной стороны, это критерий оценки законодательства. В самом начале было сказано, что права человека – это основа формирования правовых систем. Если мы обращаемся к любому правовому документу – региональному, национальному или международному, – мы прежде всего анализируем, насколько он соответствует принципам прав человека. В той мере, в какой закон соответствует правам человека, можно пользоваться законом. При расхождении надо руководствоваться высшим принципом, то есть правами человека. Если раньше это было сложно, то теперь права человека выражены в Конституции Российской Федерации, которая обладает прямым действием. То есть можно апеллировать не к моральному идеалу, а к Основному закону страны.

С другой стороны, формулировки прав человека, признанные в международном масштабе, являются инструментом реализации права. Человек может бороться за конкретное право вопреки ближайшему окружению, если знает, что эти требования признаны в мире.

В целом надо заметить, что права человека сами по себе не обеспечивают благоденствия, благосостояния и т. п. Они дают лишь необходимую защиту от насилия, произвола, унижения – прежде всего со стороны самого сильного из возможных субъектов – государства. Это не достаточное, а необходимое условие для нормальной жизни.

б) Выберите все варианты продолжения фразы, соответствующие содержанию текста.

1. Права человека – это … .	А. понятие, которое характеризует правовой статус человека по отношению к государству, его возможности в социальной, экономической, политической и культурной сферах Б. система норм поведения В. то, что человеку разрешено делать в его каждодневной жизни
2. Обычные моральные права порождены … .	А. конкретной жизненной ситуацией, в которой находится человек Б. положением человека в системе отношений между людьми В. религией
3. Универсальные моральные права … .	А. есть у человека с рождения Б. определяют бытовое поведение человека и не работают в экстремальных ситуациях. В. присущи любому человеку в любой ситуации
4. Естественные права определяются … .	А. конституцией государства Б. самой природой человека В. религиозными устоями
5. Позитивное право выражено в … .	А. действующем законодательстве Б. религии В. воспитании
6. Требования естественного и позитивного права … .	А. всегда совпадают Б. могут не совпадать В. никогда не совпадают

7. Права личности защищаются … .	А. только властью государства. Б. только действиями международного сообщества В. и властью самого государства, и действиями международного сообщества
8. Основной документ, в котором декларируется отношение государства к правам человека это … .	А. Декларация прав человека 1948 года Б. конституция государства В. уголовно-процессуальный и административный кодексы

в) Составьте план текста.

Задание 95. Объясните, что вы понимаете под правами человека.

Задание 96. Сформулируйте разницу между обычными моральными правами и универсальными моральными правами.

Задание 97. Приведите известные вам примеры из истории, когда требования естественного и позитивного права не совпадали. При необходимости обращайтесь к тексту из ***Задания 92. а)***.

Задание 98. а) Прочитайте основные характеристики прав человека.

1. Права человека носят естественный характер, то есть принадлежат человеку от рождения, в силу принадлежности к человеческому роду.

2. Права человека носят неотъемлемый, неотчуждаемый характер, то есть их существование не зависит от того, признаёт данное государство эти права или нет.

3. Права человека носят универсальный характер, что означает:

а) эти права принадлежат всем людям,

б) они выступают в качестве критерия оценки деятельности государства, деятельности власти.

б) Всесторонне охарактеризуйте права человека, используя:

- вводные слова: *во-первых, во-вторых, в-третьих;*
- конструкции: *Важной чертой прав человека является то, что …; Отличительной особенностью прав человека является то, что …; Специфика прав человека состоит в том, что … .*

Задание 99. а) Слушайте глагольные словосочетания и трансформируйте их в именные.

-ниј-

признавать достоинство/права → …
понимать характер прав и свобод → …

-ениј-

угнетать человека → …
соблюдать права человека/основные свободы/требования → …
выполнять обязательства/декларацию/религиозные обряды → …
просвещать людей → …
пренебрегать правами человека (г→ж) → …
стремиться к улучшению условий жизни (м → мл) → …

б) Составьте все возможные словосочетания с отглагольными существительными, используя слова, данные справа.

Угнетение
Просвещение
Признание
Понимание
Выполнение
Соблюдение
(чего?)
Стремление *(к чему?)*
Пренебрежение *(чем?)*

права
свободы
народ
обязательства
требования
достоинство
условия жизни
человек
обязанности
правила поведения
независимость

Задание 100. а) Прочитайте микротекст «Права человека в современном мире». Сформулируйте его основную идею.

Поворотным пунктом в истории прав человека явилась Вторая мировая война. Преступления против человечности показали миру необходимость юридического обеспечения и защиты прав человека. Мир увидел, что происходит при отрицании естественных и неотъемлемых прав человека. Устав ООН и Всеобщая декларация прав человека – документальные свидетельства скачка общественного сознания. В этих документах права человека фигурируют уже не только в качестве морального идеала, но и в качестве принципа международной политики и нового мирового порядка. Итак, права человека зафиксированы в международно-правовых документах. Это прежде всего Международный Билль о правах человека, который состоит из следующих документов: Всеобщей декларации прав человека (1948 года), Международного пакта об экономических, социальных и культурных правах, Международного пакта о гражданских и политических правах. Кроме того, права человека закреплены во внутреннем законодательстве каждой страны. Обычно это делается в конституции, которая декларирует основные права и свободы человека.

б) Ответьте на вопросы.

1. Почему Вторая мировая война явилась поворотным пунктом в истории прав человека?
2. Какие документы свидетельствуют о скачке общественного сознания в отношении прав человека?
3. В каких документах права человека зафиксированы в качестве принципа международной политики и мирового порядка?
4. Какой документ внутреннего законодательства каждой страны декларирует права человека?

Всеобщая декларация прав человека

Задание 101. а) Прочитайте микротекст и выпишите определения терминов *конвенция* и *декларация*.

Чем отличается конвенция от декларации?

Слово *конвенция* пришло к нам из латинского языка и означает «договор, соглашение». Декларация – это заявление о намерениях. Так, например, Генеральная ассамблея ООН провозгласила Всеобщую декларацию прав человека как задачу, к выполнению которой должны стремится все народы и все государства. Для принятия декларации нужно простое большинство голосов стран – участниц международной организации. Принципиально отличаются от деклараций другие международные документы: конвенции, пакты, договоры. Эти документы не голосуются, а открываются для подписания. Любая страна – участница международного союза может присоединиться к такому документу, подписав его. Но уж если документ подписан, то в отличие от декларации он обязателен для исполнения.

б) Расскажите об отличиях конвенции и декларации.

Задание 102. а) Познакомьтесь с фрагментом преамбулы Всеобщей декларации прав человека.

Принимая во внимание, что признание достоинства, присущего всем членам человеческой семьи, и равных и неотъемлемых прав их является основой свободы, справедливости и всеобщего мира;

принимая во внимание, что пренебрежение и презрение к правам человека привели к варварским актам, которые возмущают совесть человечества, и что создание такого мира, в котором люди будут иметь свободу слова и убеждений и будут свободны от страха и нужды, провозглашая как высокое стремление людей;

принимая во внимание, что необходимо, чтобы права человека охранялись властью закона в целях обеспечения того, чтобы человек не был вынужден прибегать, в качестве последнего средства, к восстанию против тирании и угнетения; <…>

принимая во внимание, что народы Объединённых Наций подтвердили в уставе свою веру в основные права человека, в достоинство и ценность человеческой личности и в равноправие мужчин и женщин и решили содействовать социальному прогрессу и улучшению условий жизни при большей свободе; <…>

ГЕНЕРАЛЬНАЯ АССАМБЛЕЯ провозглашает настоящую **ВСЕОБЩУЮ ДЕКЛАРАЦИЮ ПРАВ ЧЕЛОВЕКА**

в качестве задачи, к выполнению которой должны стремиться все народы и все государства с тем, чтобы каждый человек и каждый орган общества, постоянно имея в виду настоящую Декларацию, стремились путём просвещения и образования содействовать уважению этих прав и свобод и обеспечению, путём национальных и международных прогрессивных мероприятий, всеобщего и эффективного признания и осуществления их как среди народов государств – членов Организации, так и среди народов территорий, находящихся под их юрисдикцией.

б) Ответьте на вопросы.

1. Что в соответствии с Декларацией прав человека является основой свободы, справедливости и всеобщего мира?
2. К чему в истории человечества приводило пренебрежение к правам человека? Приведите известные вам примеры.
3. Каким образом должны охраняться права человека?
4. С какой целью была провозглашена Всеобщая декларация прав человека?

Задание 103. а) Найдите в тексте существительные, которые имеют следующие значения.

1. правление, основанное на произволе и насилии – …
2. равенство в правах – …

б) Опираясь на материал ***Задания 103. а)***, дополните предложения.

1. Ничем не ограниченная власть, отличающаяся особой жестокостью и произволом называется … .
2. Член городского совета начала борьбу за … полов.

Задание 104. а) Трансформируйте глагольные словосочетания в именные.

-ениj-

нарушить права → …
совершить деяние → …
восстановить в правах (в → вл) → …

б) Опираясь на материал ***Задания 104. а)***, дополните предложения.

1. Необходимо обеспечить … пострадавших от репрессий.
2. Комиссия ООН осудила … человека.
3. Основанием уголовной ответственности является … , содержащего все признаки состава преступления, предусмотренного Уголовным кодексом.

Задание 105. а) Познакомьтесь с сочетаемостью глаголов *подвергать* и *подвергаться*.

1. подвергать(-ся) – подвергнуть(-ся) *(чему?)* → пыткам; → наказанию; → жестокому обращению

Активная конструкция	*Пассивная конструкция*
1. Находящийся в заключении журналист и правозащитник прислал сообщение о том, что его **подвергали пыткам**.	1. 25 тыс. заключённых **подвергались пыткам.**
2. Террористы задержали и **подвергли наказаниям** 76 мужчин.	2. Работники, нарушившие настоящие правила, **подвергаются наказаниям** в административном и судебном порядке.
3. Уполномоченный по правам человека посетил тюрьму строгого режима и пришёл к выводам, что один из руководящих сотрудников администрации тюрьмы **подвергал жестокому обращению** 10 заключённых.	3. Каждая пятая российская женщина регулярно **подвергается жестокому обращению** со стороны мужа.

2. подвергаться – подвергнуться → вмешательству в личную жизнь
→ ограничениям
→ посягательствам на честь и репутацию

Активная конструкция	*Пассивная конструкция*
нет	1. Никто не может **подвергаться** произвольному **вмешательству в** его **личную** и семейную **жизнь.** 2. Лица, ищущие убежища, не должны **подвергаться ограничениям** в своих передвижениях. 3. Никто не должен **подвергаться** противоправным **посягательствам на честь и репутацию.**

б) Опираясь на материал ***Задания 105. а),*** дополните предложения. Где возможно, предложите варианты.

1. Эти люди … со стороны сотрудников полиции.
2. Виновного следует … справедливому … .
3. Он … их … с целью выбить из них необходимые показания.
4. Тележурналисты, арестованные по обвинению в шпионаже, … .
5. Диктатор сажал в тюрьмы и … своих политических оппонентов.

Задание 106. а) Прочитайте первые пятнадцать статей Всеобщей декларации прав человека. Найдите ответ на вопрос, что присуще каждому человеку от рождения.

СТАТЬЯ 1

Все люди рождаются свободными и равными в своём достоинстве и правах. Они наделены разумом и совестью и должны поступать в отношении друг друга в духе братства.

СТАТЬЯ 2

Каждый человек должен обладать всеми правами и всеми свободами, провозглашёнными настоящей Декларацией, без какого бы то ни было различия, как то в отношении расы, цвета кожи, пола, языка, религии, политических или иных убеждений, национального или социального происхождения, имущественного, сословного или иного положения.

Кроме того, не должно проводиться никакого различия на основе политического, правового или международного статуса страны или территории, к которой человек принадлежит, независимо от того, является ли эта территория независимой, подопечной, несамоуправляющейся или как-либо иначе ограниченной в своём суверенитете.

СТАТЬЯ 3

Каждый человек имеет право на жизнь, на свободу и на личную неприкосновенность.

СТАТЬЯ 4

Никто не должен содержаться в рабстве или в подневольном состоянии; рабство и работорговля запрещаются во всех видах.

СТАТЬЯ 5

Никто не должен подвергаться пыткам или жестоким, бесчеловечным или унижающим его достоинство обращению и наказанию.

СТАТЬЯ 6

Каждый человек, где бы он ни находился, имеет право на признание его правосубъектности.

СТАТЬЯ 7

Все люди равны перед законом и имеют право, без всякого различия, на равную защиту закона. Все люди имеют право на равную защиту от какой бы то ни было дискриминации, нарушающей настоящую Декларацию, и от какого бы то ни было подстрекательства к такой дискриминации.

СТАТЬЯ 8

Каждый человек имеет право на эффективное восстановление в правах компетентными национальными судами в случаях нарушения его основных прав, предоставленных ему конституцией или законом.

СТАТЬЯ 9

Никто не может быть подвергнут произвольному аресту, задержанию или изгнанию.

СТАТЬЯ 10

Каждый человек, для определения его прав и обязанностей и для установления обоснованности предъявленного ему уголовного обвинения, имеет право, на основе полного равенства, на то, чтобы его дело было рассмотрено гласно и с соблюдением всех требований справедливости независимым и беспристрастным судом.

СТАТЬЯ 11

1. Каждый человек, обвиняемый в совершении преступления, имеет право считаться невиновным до тех пор, пока его виновность не будет установлена законным порядком путём гласного судебного разбирательства, при котором ему обеспечиваются все возможности для защиты.

2. Никто не может быть осуждён за преступление на основании совершения какого-либо деяния или за бездействие, которые во время их совершения не составляли преступления по национальным законам или по международному праву. Не может также налагаться наказание более тяжёлое, нежели то, которое могло быть применено в то время, когда преступление было совершено.

СТАТЬЯ 12

Никто не может подвергаться произвольному вмешательству в его личную и семейную жизнь, произвольным посягательствам на неприкосновенность его жилища, тайну его корреспонденции или на его честь и репутацию. Каждый человек имеет право на защиту закона от такого вмешательства или таких посягательств.

СТАТЬЯ 13

1. Человек имеет право свободно передвигаться и выбирать себе местожительство в пределах каждого государства.

2. Каждый человек имеет право покидать любую страну, включая свою собственную, и возвращаться в свою страну.

СТАТЬЯ 14

1. Каждый человек имеет право искать убежище от преследования в других странах и пользоваться этим убежищем.

2. Это право не может быть использовано в случае преследования, в действительности основанного на совершении неполитического преступления, или деяния, противоречащего целям и принципам Организации Объединённых Наций.

СТАТЬЯ 15

1. Каждый человек имеет право на гражданство.

2. Никто не может быть произвольно лишён гражданства или права изменить своё гражданство.

б) Ответьте на вопросы.

1. Какие права и свободы провозглашены в первых пятнадцати статьях декларации?

2. Где человек может требовать восстановления в правах в случаях нарушения его основных прав, предоставленных ему конституцией или законом?

3. Может ли человек понести наказание более тяжёлое, чем то, которое могло быть применено в то время, когда преступление было совершено?

4. В каком случае человек не имеет права искать убежище от преследования в других странах?

Задание 107. а) Найдите в тексте (***Задание 106. а***) существительные, которые имеют следующие значения:

1. Право гражданина на государственную охрану и защиту от противоправных посягательств – …

2. Способность иметь и осуществлять непосредственно или через представителя свои права и юридические обязанности – …

3. Незаконное ограничение в правах, лишение равноправия – …

4. Призыв к вредным, опасным или преступным действиям – …
5. Незаконная попытка сделать что-либо – …

б) Опираясь на материал ***Задания 107. а)***, дополните предложения.

1. Конвенция защищает неприкосновенность мирного населения во время внутренних вооружённых конфликтов и отдельно запрещает … на жизнь защищённых лиц.

2. Парламентская … является привилегией, которая в определённой мере ставит парламентариев вне закона по сравнению с рядовыми гражданами.

3. ООН стремится ликвидировать все формы расовой … .

4. Проповедник приговорён к 5 годам тюрьмы за … к мятежу.

5. Обычно международная … проявляется в наличии прав и обязанностей, устанавливаемых нормами международного права.

Задание 108. Вспомните, как в юриспруденции называется положение, согласно которому обвиняемый не считается виновным, пока его вина не будет доказана в установленном законом порядке. Найдите в тексте (***Задание 102. а***) статью, в которой провозглашается данный принцип.

Задание 109. Расскажите, на что имеет право каждый человек в соответствии с первыми пятнадцатью статьями декларации.

Задание 110. а) Трансформируйте глагольные словосочетания в именные.

-ниj-

состоять в браке → состояние в браке

поддержать здоровье/благосостояние → …

-ениj-

заключать брак → заключение брака

выражать убеждения → …
распространять информацию → …
обеспечивать свободу голосования → …
ограничивать рабочий день → …
удовлетворять требования → …
предоставлять права → …
осуществлять права и свободы → …
вступать в брак (п → пл) → …
расторгать брак (г → ж) → …

б) Составьте все возможные словосочетания с отглагольными существительными, используя слова, данные справа.

Заключение Удовлетворение Предоставление Осуществление Распространение Обеспечение *(чего?)* Поддержание Выражение Ограничение Расторжение Вступление *(во что?)*	брак договор права свободы соглашение безопасность союз защита прав человека выполнение правил поведения информация голосование рабочий день требование здоровье благосостояние достойное существование признание и уважение прав и свобод

Задание 111. Прочитайте последние пятнадцать статей Всеобщей декларации прав человека. Найдите ответ на вопрос, кто имеет право приоритета в выборе вида образования для детей?

СТАТЬЯ 16

1. Мужчины и женщины, достигшие совершеннолетия, имеют право без всяких ограничений по признаку расы, национальности или религии вступать в брак и основывать семью. Они пользуются одинаковыми правами в отношении вступления в брак, во время состояния в браке и во время его расторжения.

2. Брак может быть заключён только при свободном и полном согласии обеих вступающих в брак сторон.

3. Семья является естественной и основной ячейкой общества и имеет право на защиту со стороны общества и государства.

СТАТЬЯ 17

1. Каждый человек имеет право владеть имуществом как единолично, так и совместно с другими.

2. Никто не должен быть произвольно лишён своего имущества.

СТАТЬЯ 18

Каждый человек имеет право на свободу мысли, совести и религии; это право включает свободу менять свою религию или убеждения и свободу исповедовать свою религию или убеждения как единолично, так и сообща с другими, публичным или частным порядком, в учении, богослужении и выполнении религиозных и ритуальных обрядов.

СТАТЬЯ 19

Каждый человек имеет право на свободу убеждений и на свободное выражение их; это право включает свободу беспрепятственно придерживаться своих убеждений и свободу искать, получать и распространять информацию и идеи любыми средствами и независимо от государственных границ.

СТАТЬЯ 20

1. Каждый человек имеет право на свободу мирных собраний и ассоциаций.

2. Никто не может быть принуждаем вступать в какую-либо ассоциацию.

СТАТЬЯ 21

1. Каждый человек имеет право принимать участие в управлении своей страной непосредственно или через посредство свободно избранных представителей.

2. Каждый человек имеет право равного доступа к государственной службе в своей стране.

3. Воля народа должна быть основой власти правительства; эта воля должна находить себе выражение в периодических и нефальсифицированных выборах, которые должны проводиться при всеобщем и равном избирательном праве, путём тайного голосования или же посредством других равнозначных форм, обеспечивающих свободу голосования.

СТАТЬЯ 22

Каждый человек, как член общества, имеет право на социальное обеспечение и на осуществление необходимых для поддержания его достоинства и для свободного развития его личности прав в экономической, социальной и культурной областях через посредство национальных усилий и международного сотрудничества и в соответствии со структурой и ресурсами каждого государства.

СТАТЬЯ 23

1. Каждый человек имеет право на труд, на свободный выбор работы, на справедливые и благоприятные условия труда и на защиту от безработицы.

2. Каждый человек, без какой-либо дискриминации, имеет право на равную оплату за равный труд.

3. Каждый работающий имеет право на справедливое и удовлетворительное вознаграждение, обеспечивающее достойное человека существование для него самого и его семьи, и дополняемое, при необходимости, другими средствами социального обеспечения.

4. Каждый человек имеет право создавать профессиональные союзы и входить в профессиональные союзы для защиты своих интересов.

СТАТЬЯ 24

Каждый человек имеет право на отдых и досуг, включая право на разумное ограничение рабочего дня и на оплачиваемый периодический отпуск.

СТАТЬЯ 25

1. Каждый человек имеет право на такой жизненный уровень, включая пищу, одежду, жилище, медицинский уход и необходимое социальное обслуживание, который необходим для поддержания здоровья и благосостояния его самого и его семьи, и право на обеспечение на случай безработицы, болезни, инвалидности, вдовства, наступления старости или иного случая утраты средств к существованию по независимым от него обстоятельствам.

2. Материнство и младенчество дают право на особое попечение и помощь. Все дети, родившиеся в браке или вне брака, должны пользоваться одинаковой социальной защитой.

СТАТЬЯ 26

1. Каждый человек имеет право на образование. Образование должно быть бесплатным по меньшей мере в том, что касается начального и общего образования. Начальное образование должно быть обязательным. Техническое и профессиональное образование должно быть общедоступным и высшее образование должно быть одинаково доступным для всех на основе способностей каждого.

2. Образование должно быть направлено к полному развитию человеческой личности и к увеличению уважения к правам человека и основным свободам. Образование должно содействовать взаимопониманию, терпимости и дружбе между народами, расовыми или религиозными группами и должно содействовать деятельности Организации Объединённых Наций по поддержанию мира.

3. Родители имеют право приоритета в выборе вида образования для своих малолетних детей.

СТАТЬЯ 27

1. Каждый человек имеет право свободно участвовать в культурной жизни общества, наслаждаться искусством, участвовать в научном прогрессе и пользоваться его благами.

2. Каждый человек имеет право на защиту его моральных и материальных интересов, являющихся результатом научных, литературных или художественных трудов, автором которых он является.

СТАТЬЯ 28

Каждый человек имеет право на социальный и международный порядок, при котором права и свободы, изложенные в настоящей Декларации, могут быть полностью осуществлены.

СТАТЬЯ 29

1. Каждый человек имеет обязанности перед обществом, в котором только и возможно свободное и полное развитие его личности.

2. При осуществлении своих прав и свобод каждый человек должен подвергаться только таким ограничениям, какие установлены законом исключительно с целью обеспечения должного признания и уважения прав и свобод других и удовлетворения справедливых требований морали, общественного порядка и общего благосостояния в демократическом обществе.

3. Осуществление этих прав и свобод ни в коем случае не должно противоречить целям и принципам Организации Объединённых Наций.

СТАТЬЯ 30

Ничто в настоящей Декларации не может быть истолковано, как предоставление какому-либо государству, группе лиц или отдельным лицам права заниматься какой-либо деятельностью или совершать действия, направленные к уничтожению прав и свобод, изложенных в настоящей Декларации.

Задание 112. Ответьте на вопросы.

1. При каком условии может быть заключён брак в соответствии с декларацией?
2. Существуют ли какие-либо ограничения при вступлении в брак?
3. Что является естественной и основной ячейкой общества?
4. Какие формы владения имуществом оговариваются в декларации?
5. Что включает в себя право на свободу мысли, совести и религии?
6. Каким образом человек имеет право принимать участие в управлении своей страной?
7. Как вы понимаете положение о всеобщем и равном избирательном праве?
8. На что имеет право человек в случае безработицы, болезни, инвалидности, вдовства, наступления старости?
9. Какое образование должно быть обязательным и бесплатным?
10. Какова цель любого образования?
11. Каким ограничениям может подвергаться человек при осуществлении своих прав и свобод?

Задание 113. а) Найдите в тексте и запишите синонимы для следующих существительных.

1. плата – …
2. первенство – …
3. нетрудоспособность – …

б) Опираясь на материал ***Задания 113 а)***, замените выделенные слова синонимичными.

1. Каждый работающий имеет право на справедливую и удовлетворительную **плату**, обеспечивающее достойное человека существование для него самого и его семьи, и дополняемое, при необходимости, другими средствами социального обеспечения.
2. Родители имеют право **первенства** в выборе вида образования для своих малолетних детей.

3. Каждый человек имеет право на такой жизненный уровень, включая пищу, одежду, жилище, медицинский уход и необходимое социальное обслуживание, который необходим для поддержания здоровья и благосостояния его самого и его семьи, и право на обеспечение на случай безработицы, болезни, **нетрудоспособности**, вдовства, наступления старости или иного случая утраты средств к существованию по независимым от него обстоятельствам.

Задание 114. а) Найдите в тексте и запишите существительные, которые имеют следующие значения.

1. возраст, по достижению которого человек становится дееспособным гражданином – …

2. ранний детский возраст – …

б) Опираясь на материал ***Задания 114 а)***, дополните предложения.

1. Дети, родившиеся в семьях иностранцев в Германии, должны по достижению … принять самостоятельно решение: гражданами какой страны они хотят быть.

2. Согласно принятой периодизации, детство охватывает следующие периоды: … (от рождения до 1 года), раннее детство (1–3 года), дошкольный возраст (3 года–7 лет) и младший школьный возраст (7–11 лет).

Задание 115. Перечитайте последние пятнадцать статей Всеобщей декларации прав человека и расскажите, на что имеет право каждый человек.

Задание 116. а) Подготовьтесь прослушать лекцию известного польского правозащитника, президента Хельсинкского фонда прав человека Марека Новицки. Запишите тему и план лекции.

План

1. Зачем нужны человеку права.

2. Понятие «права человека».

3. Понятие «свобода человека».

4. Способы организации отношений между властью и отдельным человеком.

5. Понятие «правовое государство».

6. Деятельность неправительственных организаций в сфере защиты прав человека.

б) Прослушайте лекцию. Кратко запишите содержание основных понятий, на которых останавливается лектор.

Власть и единица

Добрый день! Моя лекция будет посвящена правам человека. Я расскажу об основных понятиях прав человека и подробно остановлюсь на отношениях между государством и человеком.

Итак, первое, что нужно сделать, – это определить основные понятия. К нам часто приходят журналисты и говорят: «Вроде демократия уже существует, в чём же заключается ваша работа? Зачем нужны права человека?» Они считают, что демократия – это когда управляет большинство. Однако это чистое заблуждение. Такая демократия приводит к тому, что большинство забывает о проблемах отдельных людей – меньшинств. В результате возникают очень серьёзные проблемы с защитой отдельных людей. Что же ограничивает власть большинства? Власть большинства ограничивается составом прав и свобод отдельных людей.

Сегодня существует европейская конвенция по правам и свободам человека. Давайте выясним, что же такое права и свободы. Рассмотрим сначала понятие «право». Например, если я говорю, что у меня есть право на что-то, это значит, что те, у кого есть власть, должны поработать, чтобы сделать это право реальным для меня. Если бы имелось право на работу, то это означало бы, что царь или президент, парламент, министры должны поработать и сделать так, чтобы я нашёл работу по своей специальности недалеко от своего места жительства. Приведу ещё пример. Если говорится, что есть право на обучение, то это значит, что те, у кого есть власть, обязаны организовать систему школ, куда я могу послать своего ребёнка учиться. Это не значит, что все школы будут бесплатные, что государство должно за всё платить. Но правительство ответственно за то, чтобы такая система работала. Таким образом, если у меня есть право на что-то, значит, у власти есть обязанность.

А что же такое свобода? Если у меня есть свобода на что-то, это значит, что в какую-то сферу моей жизни власть не должна вмешиваться. Таким образом, моё право – это обязанность власти что-то сделать, моя свобода – это запрет власти действовать в какой-либо области.

Рассмотрим ещё один важный вопрос: «Какие проблемы относятся к проблемам прав человека?» Часто к нам приходят люди и говорят: «Вы занимаетесь правами человека, помогите мне, меня жена бьёт, или – погода плохая, или – денег у меня нет». Это не проблемы прав человека. Права человека – это только то, что происходит между властью и единицей, это не проблемы отношений между отдельными единицами: мной и моей женой, соседом, ребёнком.

О правах человека можно говорить только тогда, когда отношения неравноправны: с одной стороны – власть, а с другой – человек, подчинённый этой власти. В каком-то смысле можно употреблять язык прав человека в отношениях между школьником и директором, родителем и ребёнком, потому что здесь тоже есть определённая власть, но отношения между равноправными партнёрами не могут быть описаны на языке прав человека.

Таким образом, права человека – это соотношение «человек – власть». История знает три способа, как эти отношения можно организовать. Первый способ: власть дарит определённые права и свободы подчинённым гражданам. Власть – хорошая, добрая, и вот она нам подарила свободу высказывания, свободу совести и т. д. На таком принципе были основаны все коммунистические конституции. Итак, первый тип мышления: наши права – это подарок власти.

Есть и другой подход, связанный с мышлением участников Французской революции. Он появляется в Европе в конце XVIII века. Это – общественный договор между людьми и властью. И люди, и власть говорят: «Давайте договоримся. Я, человек, буду что-то делать для власти. Например, если будет надо, пойду на войну или буду оплачивать налоги. А власть будет делать что-то для меня – гарантировать мои права и защищать мою свободу». И такой договор оптимален и для власти, и для людей. Итак, второй тип мышления – это общественный договор.

Есть ещё и третий тип. Он появляется тоже в конце XVIII века, в США, где люди приходят к выводу, что хорошо было бы организовать государство. У людей есть права и свободы, которые возникают из их человеческого достоинства, потому что люди – это люди. Итак, люди организовывают государство, и чтобы оно могло действовать, они передают ему часть некоторых своих прав и свобод. То есть ограничивают свои права и свободы. К примеру, человек ограничивает своё право на собственность и оплачивает налоги, потому что если у государства не будет денег, оно не сможет действовать. Или приходят к выводу, что если надо будет умирать за родину – пойдут умирать за неё, поскольку страна без защиты существовать не сможет. При этой системе у власти есть столько прав, сколько ей передали люди. В отличие от первого типа мышления, где у людей было столько прав и свобод, сколько царь им дал.

Ещё одно очень важное понятие для прав человека – это понятие «правовое государство». Я знаю около 70 определений правового государства. Самое простое определение правового государства следующее. Правовое государство – это такое государство, в котором человек может с большой вероятностью сказать, как ответит государство на его действия. То есть если я сделаю что-то, то ответ государства будет именно таким, а не каким-либо ещё. Следовательно, законы взаимодействия государства и единицы понятны и однозначны.

Я часто использую простой пример из истории Индии. Англичане запретили жителям Индии варить соль. И тогда на берегу сели 10 индусов и стали, не скрываясь, варить соль. Пришли полицейские, взяли их за уши и отвели в тюрьму. Через день на берегу океана сели 100 индусов и стали варить соль. Пришли полицейские и отвели их в тюрьму. На следующий день на берегу сели 10 000 индусов и стали варить соль. И англичане отменили закон. Почему? Потому что невозможно посадить такое количество людей в тюрьму. И они все варили соль, поэтому нельзя было одного посадить в тюрьму, а другого не посадить. Значит, такой закон действовать не может, потому что это нарушает принцип правового государства, а Великобритания была правовым государством. А как это произошло бы в коммунистической стране? В первый день, когда сидели 10 индусов, пришли бы милиционеры, всех избили, шестерых посадили бы в тюрьму, а четырёх отправили домой, и все бы думали: «Почему они их отпустили?!» А ещё дополнительно посадили бы в тюрьму трёх человек, которых вообще не было на берегу океана, чтобы все боялись. Неизвестно, варю я соль или нет, если власть захочет – посадит, не захочет – не посадит. Потому что коммунистическая страна – не правовое государство.

У нас в Польше в 90-е годы тоже были очень странные законы. Например, кто-то собирал деньги, чтобы поехать в Германию и купить себе машину. Наконец-то собрал, поехал, купил машину, приехал на границу и здесь узнал, что таможенный налог вчера стал в 10 раз больше. Что делать этому человеку? Ему проще выбросить эту машину, чем платить. Это тоже не правовое государство – человек не знает, что сделает власть, что произойдёт в будущем. Проблема правового государства касается не только полиции и уголовного законодательства, но ещё и ежедневной жизни. Мы должны знать законы и верить, что государство будет их соблюдать.

В странах, где демократия действует уже долго, люди заметили, что гораздо легче бороться, если они действуют вместе. Я наблюдал это в Норвегии. Статистический норвежец является членом 22 или 23 неправительственных организаций. Это огромное количество организаций – от тех, которые катаются на лыжах, и до тех, которые борются с магазинами, где продают водку. И очень важно, чтобы законодательство помогало организациям такого типа. Иногда используют такой образ: «активность корней трав». Все знают, что корни у травы слабые, их легко разорвать, но если неправительственных организаций очень много, то они могут объединиться и получится нечто, что защищает человека и от большинства, и от правительства, которое представляет это большинство. Таким образом, чем больше организаций такого типа, тем лучше защищены наши права.

в) Расскажите, на каких понятиях теории прав человека останавливается лектор. Раскройте содержание этих понятий.

г) Выберите все варианты продолжения фразы, соответствующие содержанию текста.

1. Права человека начинаются там, где существуют отношения между … .	А. властью и единицей Б. отдельными единицами В. разными ветвями власти
2. Свобода человека – это … .	А. невозможность власти вмешиваться в определённые сферы жизни человека Б. вседозволенность в определённых сферах деятельности человека В. абстрактное понятие, описывающее общение человека и общества
3. Возможно употреблять язык прав человека в отношениях между … .	А. мужем и женой Б. школьником и директором В. родителем и ребёнком
4. Наличие у человека прав подразумевает, что те, у кого есть власть, должны … .	А. обеспечить соблюдение этих прав Б. уважать личность человека
5. Все коммунистические конституции были основаны на принципе	А. общественного договора Б. права человека – это подарок власти В. у власти есть столько прав, сколько ей передали люди
6. Коммунистическая страна – не правовое государство, потому что … .	А. человек не знает, как ответит государство на его действия Б. основой коммунистической идеологии является диктатура пролетариата. В. только демократические страны защищают свободу своих граждан
7. Под активностью «корней трав» Марек Новицки понимает … .	А. деятельность большого числа неправительственных правозащитных организаций, защищающих людей от произвола большинства Б. любую правозащитную деятельность В. деятельность малых правозащитных групп

Задание 117. Ответьте на вопросы.

1. Что, с точки зрения Марека Новицки, ограничивает власть большинства?
2. Какие действия со стороны государства предполагает наличие у человека права на образование?
3. Почему взаимоотношения соседей не являются проблемой прав человека?
4. Какие способы организации отношений между властью и человеком знает история?
5. Как вы думаете, какой тип взаимоотношений власти и человека Марек Новицки считает наилучшим?
6. Как определяет Марек Новицки правовое государство?
7. Какой пример правового поведения из истории Индии приводит Марек Новицки?
8. Почему коммунистическая страна, с точки зрения Марека Новицки, не является правовым государством?
9. Почему важно, чтобы законодательство помогало неправительственным правозащитным организациям?

Задание 118. Прослушайте высказывания. Выразите согласие или несогласие с утверждениями (Да/Нет).

1. Демократия представляет собой управление большинства.
2. Права и свободы отдельных людей ограничивают власть большинства.
3. Если у человека есть право на что-либо, то у власти есть обязанность данное право обеспечить.
4. Под свободой понимается такая сфера жизни человека, в которую власть вмешиваться не имеет права.
5. Права человека лежат в сфере отношений между разными ветвями власти.
6. Отношения между равноправными партнёрами могут быть описаны на языке прав человека.
7. История знает единственный способ, каким можно организовать отношения между властью и единицей.
8. Правовое государство – это такое государство, в котором человек может с большой вероятностью сказать, как ответит государство на его действия.
9. В Норвегии общественные организации, занимающиеся защитой прав человека, не поддерживаются законодательно.

Задание 119. Прослушайте высказывания, повторите их и закончите.

1. Демократия, в которой управляет большинство, приводит к тому, что … .
2. Власть большинства ограничивают … .

3. Если у человека есть право на что-либо, это значит, что те, у кого есть власть, должны … .

4. Право человека – это обязанность власти данное право обеспечить, свобода человека – это … .

5. Права человека это не проблемы отношений между … .

6. Проблема правового государства касается не только полиции и уголовного законодательства, но ещё … .

7. В странах со зрелой демократией люди заметили, что гораздо легче бороться, если … .

Задание 120. Прослушайте лекцию Марека Новицки ещё раз и сокращённо запишите главную информацию текста в соответствии с планом (***Задание 117***).

Задание 121. Используя конспект (***Задание 120***), выскажите и аргументируйте свою точку зрения.

1. Сформулируйте, зачем нужны права человека.

2. Какой тип взаимоотношений государства и человека вы считаете оптимальным?

3. Насколько эффективна деятельность неправительственных организаций в области защиты прав человека? Что вы знаете о деятельности таких организаций?

Задание 122. Подготовьте выступление на семинарском занятии по теме «Права человека в моей стране».

Готовимся к зачёту!

Задание 123. Проверьте, как вы ориентируетесь по темам «Правонарушение и юридическая ответственность», «Конституции России 1918, 1936 и 1993 годов», «Понятие прав человека». Укажите лишний термин. Объясните свой выбор.

1.	ограничение свободы арест исправительные работы содержание в дисциплинарной воинской части лишение свободы на определённый срок пожизненное лишение свободы

2.	замечание выговор увольнение смертная казнь понижение в должности

3.	арест возмещение убытков уплата неустойки компенсация морального вреда	4.	российское право трудовое право романо-германское право изобретательское право международное право
5.	договор декларация соглашение конвенция пакт	6.	индустриализация коллективизация конфискация национализация

Задание 124. Выберите правильный вариант: соотнесите термины с определениями.

I.

1. Вина – … .	А. мера государственного принуждения, назначаемая по приговору суда
2. Проступок – … .	Б. виновное, противоправное деяние, которое характеризуется меньшей по сравнению с преступлениями степенью общественной опасности и которое влечёт за собой применение не уголовно-правовых санкций, а мер административного, дисциплинарного или гражданско-правового воздействия
3. Наказание – … .	В. внутреннее отношение дееспособного лица к своему неправомерному поведению и его результатам

II.

1. Права человека – … .	А. отражение правовой действительности в сознании человека
2. Дисциплина – … .	Б. понятие, которое характеризует правовой статус человека по отношению к государству, его возможности в социальной, экономической, политической и культурной сферах
3. Правосознание – … .	В. самый строгий вид ответственности, основанием применения которого является только преступление
4. Уголовная ответственность – … .	Г. система общественных отношений, которая складывается в учреждениях, организациях, на предприятиях и в других общественных местах в соответствии с нормами права, правилами внутреннего распорядка и другими социальными нормами, способствующими достижению социально-значимых результатов

Задание 125. Сделайте правильный выбор:

1. Умышленная порча или утрата документа, удостоверяющего личность, влечёт … в виде штрафа.	А. наказанием Б. наказание В. наказанию
2. В результате реформ большая часть населения лишилась … .	А. льгот Б. о льготах В. льготы
3. Лица, уличённые в хищении или самовольном использовании электро- и теплоэнергии или природного газа, подвергаются … в виде лишения свободы на срок от 1 до 2 лет.	А. наказание Б. наказанию В. наказания
4. Каждый человек должен обладать всеми …, провозглашёнными Всеобщей декларацией прав человека.	А. права и свободы Б. правами и свободами В. прав и свобод
5. На заместителя председателя Региональной энергетической комиссии дополнительно возложены … представителя главы правительства.	А. обязанности Б. обязанностями В. обязанностям
6. Государство должно оказывать … на бизнес.	А. влияние Б. влиянию В. о влиянии
7. Средства массовой информации должны быть независимы и выражать … .	А. общественное мнение Б. общественного мнения В. общественным мнением

СЛОВАРЬ ТЕРМИНОВ

А

Арте́ль – объединение группы лиц для совместной работы с определённым по договору участием в доходах и общей ответственностью.

Б

Бенефи́ций – ранняя форма земельной собственности в Германии, которую жаловали кому-либо в пожизненное пользование на условии несения военной или административной службы без права передачи по наследству.

Бланке́тная но́рма пра́ва – это норма, отсылающая к правилам, установленным в других актах.

В

Ви́на – внутреннее отношение дееспособного лица к своему неправомерному поведению и его результатам.

Во́тчина – древнейший вид земельной собственности в России, представляемый при условии службы, прежде всего военной.

Временна́я но́рма, или **но́рма временно́го де́йствия** – норма, в которой (или для которой) установлено время действия.

Г

Гипо́теза – часть правовой нормы, указывающая на конкретные условия, при которых данная норма реализуется, вступает в силу.

Госуда́рственное устро́йство – внутренняя национально-территориальная организация государственной власти, деление территории на те или иные составные части, их правовое положение, взаимоотношения государства в целом и его составных частей.

Госуда́рственность – сложнейший комплекс элементов, структур, институтов публичной власти, а также компонентов неполитического характера, обусловленных спецификой (самобытностью) экономических, политических, духовно-нравственных условий жизнедеятельности народа (или объединения народов) на определённом этапе развития общества.

Госуда́рственный аппара́т – система государственных органов, при помощи (с помощью) которых обеспечивается выполнение внутренних и внешних функций государства.

Госуда́рственный о́рган – относительно самостоятельная, структурно обособленная часть государственного аппарата, наделённая соответствующей компетенцией и опирающаяся в процессе реализации своих функций на организационную, материальную и принудительную силу государства.

Госуда́рство – суверенная универсальная организация политической власти, призванная обеспечить нормальную жизнедеятельность людей, имеющая свою территорию, аппарат принуждения и взимающая налоги, необходимые для осуществления внутренних и внешних функций. Сущность государства – организация политической власти в обществе.

Гражда́нское (циви́льное) пра́во – отрасль права, то есть система правовых норм, регулирующая имущественные и связанные с ними неимущественные отношения.

Д

Дееспосо́бность – способность гражданина своими действиями приобретать и осуществлять гражданские права, создавать для себя гражданские обязанности и исполнять их (гражданская дееспособность). Возникает в полном объёме с наступлением совершеннолетия, то есть по достижении восемнадцатилетнего возраста.

Декре́т – в ряде государств нормативный акт, изданный главой государства или правительства.

Делега́т – выборный или назначенный представитель, уполномоченный какой-либо организацией.

Дея́ние – акт поведения лица, выражающийся в действии или бездействии

Диспозити́вная но́рма – это норма с относительно, не абсолютно определённой диспозицией.

Диспози́ция – это часть, содержащая само правило поведения либо формулирующая признаки неправомерного поведения.

Е

Есте́ственное пра́во – совокупность основных принципов и прав, обусловленных природой человека, имеющих естественный (производный от естественной природы) характер и не зависящих от социальных условий, государства и действующих в нём норм.

З

Зако́н – это нормативно-правовой акт, принятый в особом порядке, обладающий после Конституции наибольшей юридической силой и регулирующий наиболее важные общественные отношения.

Зако́ны субъе́ктов Федера́ции – нормативно-правовые акты, принимаемые законодательным органом субъекта Федерации в соответствии с Конституцией РФ и федеральными законами, Конституцией субъекта РФ.

За́купы – обедневшие смерды, взявшие в долг у князя *купу*, то есть какое-либо имущество (например, орудия труда) и обязавшиеся отработать свой долг.

Запреща́ющая но́рма пра́ва – это норма, обязывающая субъекта воздерживаться от совершения противоправных действий.

И

Императи́вная но́рма пра́ва – норма, точно определяющая права и обязанности субъектов.

Импе́рия – насильственно создаваемое сложное монархическое государство.

Иму́щество – вещи и материальные ценности, принадлежащие физическому или юридическому лицу, находящиеся в его собственности.

Индустриализа́ция – процесс создания крупного машинного производства и на этой основе переход от аграрного к индустриальному обществу.

Институ́т пра́ва – это совокупность норм права, регулирующих определённый вид общественных отношений.

Иск – обращение истца (потерпевшего) в суд с просьбой о рассмотрении и решении материально-правового спора с ответчиком.

Исте́ц – лицо, обращающееся в суд за защитой своих нарушенных прав.

Исто́чники пра́ва: в первом значении – формы, в которых выражаются и закрепляются правовые нормы; во втором – условия, которые способствуют возникновению норм права.

К

Коллективиза́ция – объединение мелких единоличных крестьянских хозяйств в крупные коллективные хозяйства.

Комисса́р – руководящее лицо с общественно-политическими или административными обязанностями.

Конститу́ция – это нормативно-правовой акт, принимаемый высшими органами законодательной власти, либо народом на референдуме; имеющий высшую юридическую силу и регулирующий основы организации государства и общества: важнейшие принципы законодательной, исполнительной, судебной власти; принципы избирательной системы; основы взаимодействия государства и гражданина.

Конститу́ция РФ – основной правовой акт РФ, закрепляющий права, свободы и обязанности граждан, основы общественно-экономического строя, устанавливающий правопорядок и законность.

Конфедера́ция – объединение государств, которые сохраняют свою независимость, имеют собственные органы государственной власти и управления и при этом создают специальные объединённые органы для координации действий в определённых целях (военных, внешнеполитических, экономических и др.).

Конфиска́ция – мера юридической ответственности, в соответствии с которой собственник по решению суда лишается прав на определённое имущество, а право собственности переходит к государству.

Кула́чество – название состоятельного слоя сельского населения, использующего наёмный труд.

Л

Лен – форма земельной собственности, которая в отличие от бенефиция (см. бенефиций) могла передаваться по наследству.

М

Мона́рхия – форма правления, при которой верховная государственная власть формально (полностью или частично) сосредоточена в руках единоличного главы государства. Абсолютная монархия – вся полнота власти сосредоточена в руках монарха. Ограниченная монархия – власть монарха ограничена каким-либо представительным органом.

Мора́ль – система норм, оценок, которые выражаются в поступках людей и опираются на их представления о добре и зле.

Н

Наказа́ние – мера государственного принуждения, назначаемая по приговору суда лицу, виновному в совершении преступления; наказание заключается в лишении или ограничении прав и свобод этого лица, в уплате штрафа.

Насле́дственное пра́во – 1) раздел гражданского права; 2) совокупность норм права, устанавливающих порядок перехода прав и обязанностей умершего лица по праву наследования.

Насле́дство – имущество, переходящее в порядке наследования от умершего (наследователя) к наследникам.

Но́рма пра́ва ме́стного де́йствия – норма, действующая на части территории, определённой местности, указанной в самом акте.

Нормати́вно-правово́й акт – это решение компетентных государственных органов, выраженное в письменной форме, в котором содержатся нормы права.

Нормати́вный или **правово́й догово́р** – это соглашение нескольких субъектов права, содержащее юридические нормы.

Но́рмы пра́ва – общеобязательные правила поведения, установленные государством, обеспеченные государственными органами принуждения и закреплённые в официальных письменных документах.

О

О́бщая но́рма пра́ва – норма, относящаяся ко всем юридическим лицам или ко всем гражданам.

Обы́чай (правово́й) – сложившееся в результате длительного повторения неписаное правило поведения, которое закрепилось как устойчивая норма.

Обы́чная но́рма, или **но́рма постоя́нного де́йствия**, – это норма, которая действует до её официальной отмены.

Обы́чное пра́во – система правил поведения, основывающихся на неписаных обычаях, не установленных органами государственной власти, а выработанных обществом за долгое время и получивших юридическое значение в результате признания государством их роли в правовом регулировании.

Обя́зывающая но́рма пра́ва – это норма, обязывающая субъекта права совершать определённые положительные действия.

Отве́тчик – лицо, которое привлекается к делу в связи с предъявленным иском.

П

Пе́ня – санкция в виде денежного штрафа, накладываемого за несвоевременное выполнение денежных обязательств. Пеня начисляется за каждый календарный день просрочки исполнения обязательств.

Подзако́нный правово́й акт – это нормативно-правовой акт, изданный государственным органом исполнительной власти в соответствии с законом, либо на его основе и во исполнение закона.

Позити́вное пра́во – реально действующее право как совокупность нормативно-правовых актов. Позитивное право иногда так и называют – действующее право.

Полити́ческая систе́ма о́бщества – система всех государственных органов, коммерческих организаций, общественных объединений и отдельных граждан, принимающих участие в политической жизни общества.

Полити́ческий (госуда́рственно-правово́й) режи́м – совокупность приёмов, методов и способов, с помощью которых осуществляется государственная власть. Виды политических режимов – демократический и антидемократический (авторитарный, тоталитарный, фашистский).

Помéстье – это вид земельной собственности в России, предоставляемой государством на условиях несения военной или административной службы, но только на время службы.

Потерпéвший – гражданин, которому в процессе преступления причинён моральный, физический или имущественный вред.

Пра́во (ед. ч.) – совокупность норм и правил, регулирующих отношения между людьми, устанавливаемые и охраняемые государством.

Пра́во (обычно во мн. ч. **права́**) – предоставляемая гражданину законами государства свобода совершать что-либо.

Пра́во со́бственности – 1) совокупность норм права, которые закрепляют, регулируют и охраняют принадлежность материальных благ конкретным лицам; 2) право конкретного лица (субъекта) владеть, пользоваться и распоряжаться принадлежащим ему имуществом в своих интересах в пределах закона.

Правова́я но́рма – это общее правило поведения, рассчитанное на регулирование общественных отношений, установленное государством и охраняемое от нарушений с помощью органов принуждения.

Правово́й обы́чай – это общеобязательное правило поведения, соблюдаемое по традиции и обеспечиваемое мерами государственного принуждения.

Правонарушéние – способность гражданина своими действиями приобретать и осуществлять гражданские права, создавать для себя гражданские обязанности и исполнять их (гражданская дееспособность). Возникает в полном объёме с наступлением совершеннолетия, то есть по достижении восемнадцатилетнего возраста.

Правоотношéние – урегулированное нормами права общественное отношение, участники которого имеют определённые субъективные права и несут установленные законами обязанности.

Правопоря́док – система общественных отношений, при которой все субъекты права должны строго следовать предписаниям правовых норм.

Правосозна́ние – отражение правовой действительности в сознании человека.

Правоспосо́бность – способность иметь гражданские права и нести обязанности. Правоспособность приобретается с момента рождения и прекращается со смертью.

Правосубъéктность – способность иметь и осуществлять непосредственно или через представителя свои права и юридические обязанности.

Правотво́рчество – деятельность государственных органов, направленная на совершенствование законодательства путём создания новых нормативных актов, изменения и отмены устаревших норм.

Презу́мпция невино́вности – в праве положение, согласно которому обвиняемый (подсудимый) считается невиновным, пока его вина не будет доказана в установленном законом порядке.

Преступлéние – запрещённое уголовным законом общественно опасное, виновное деяние, наносящее существенный вред общественным отношениям и сложившемуся в обществе правопорядку.

Прецедéнт – это решение судебного органа по конкретному делу, которое становится образцом для решения аналогичных дел.

Простýпок – виновное, противоправное деяние, которое характеризуется меньшей по сравнению с преступлениями степенью общественной опасности и которое влечёт за собой применение не уголовно-правовых санкций, а мер административного, дисциплинарного или гражданско-правового воздействия.

Р

Репрéссия – карательная мера, исходящая от государственных органов.

Респýблика – форма правления, при которой высшие органы государственной власти избираются либо формируются особыми представительными учреждениями. Президентская республика – президент является одновременно главой государства и главой исполнительной власти. Парламентская (парламентарная) республика – правительство формируется партиями, обладающими большинством в парламенте и несёт перед парламентом политическую ответственность. Смешанная республика – содержит в себе элементы президентской и парламентской республики.

Ри́мское право – это право Древнего Рима, наиболее развитая система права рабовладельческого общества.

С

Сáнкция – часть нормы, где указаны правовые последствия: негативные либо позитивные.

Середня́к – крестьяне, занимавшие среднее экономическое положение между бедняками и состоятельным крестьянством. Обрабатывали землю сами и с помощью членов семьи.

Систéма наказáний – это установленный в уголовном законе перечень наказаний, которые может назначить суд за совершение отдельных преступлений.

Смéрды – крестьяне, владевшие своим имуществом (например, домом), но жившие на земле князя и отбывавшие за это феодальные повинности (барщину, оброк).

Смéшанный инститýт прáва – институт, включающий нормы нескольких отраслей права.

Сóбственность – 1) как юридическая категория собственность означает *принадлежность* имущества определённым лицам (индивидам или коллективам) на определённых условиях и в определённых формах (*передать землю в собственность частному лицу, кооперативу*); 2) как конкретно-материальная категория собственность – это само *имущество*, принадлежащее какому-либо субъекту на правах собственности (*этот дом – моя собственность)*.

Состáв преступлéния – совокупность установленных уголовным законом объективных и субъективных признаков, характеризующих преступление. Состав преступления структурно состоит из четырёх элементов: 1) объект преступления,

2) объективная сторона преступления, 3) субъект преступления, 4) субъективная сторона преступления.

Спéциальная нóрма прáва – норма права, действующая только в отношении определённой категории субъектов (например, пенсионеров, военнослужащих).

Субъекти́вное прáво – второе значение термина «гражданское право» означает право гражданина или юридического лица, основанное на нормах гражданского права.

Субъéкты прáва – лица, которым адресованы правовые нормы.

Съезд – собрание представителей организаций, групп населения.

Т

Трудодéнь – единица учёта труда колхозников, предусматривающая как норму дневной выработки, так и качество работы.

У

Уголóвное прáво – совокупность норм права, которые устанавливают, какие деяния являются преступлениями и какие наказания применяются к лицам, совершившим преступления.

Управомóчивающая нóрма – это норма, определяющая правомочия субъектов права, то есть возможность (право) действовать определённым образом.

Ф

Федеральный закóн – это нормативно-правовой акт, принятый Государственной думой и Советом Федерации в установленном порядке.

Федерáльные конституциóнные закóны – законы, принимаемые по вопросам, прямо указанным в Конституции.

Федерáция – сложное (союзное) государство, состоящее из государственных образований, обладающих юридически определённой самостоятельностью.

Фóрма госудáрства – единство трёх её основных элементов: формы правления, формы государственного устройства и политического (государственно-правового) режима.

Фóрма правлéния – организация верховной государственной власти, порядок образования её органов и их взаимоотношения с населением.

Х

Холóпы – бесправное население (рабы). Источник холопства – плен, рождение от рабыни, банкротство, самопродажа.

Ш

Штраф – денежное взыскание, назначаемое в пределах, предусмотренных федеральными законами, и в размере, соответствующем определённому количеству минимальных размеров оплаты труда, установленных законодательством РФ на момент назначения наказания, либо в размере заработной платы или иного дохода осуждённого за определённый период.

Ю

Юриди́ческая отвéтственность – реакция государства на нарушение правовых норм, то есть на совершение правонарушения.

КЛЮЧИ

Урок первый

Задание 65. 1 – нет; 2 – да; 3 – да; 4 – да; 5 – да.

Задание 73. а) Правопорядок; языковые нормы; уголовное право; функциональный метод; совокупность способов, с помощью которых изучается предмет науки; теория государства и права; родовая община.

Задание 73. б) 1 – Б; 2 – В; 3 – В; 4 – Б; 5 – А; 6 – Б; 7 – Б; 8 – В; 9 – Б; 10 – Б; 11 – Г; 12 – В; 13 – В; 14 – В; 15 – В.

Задание 73. в) 1 – Б; 2 – Б; 3 – В; 4 – В; 5 – Б; 6 – В; 7 – Б; 8 – В.

Урок второй

Задание 20. 1 – да; 2 – нет; 3 – да; 4 – нет; 5 – да; 6 – нет; 7 – да.

Задание 57. а) 1 – государство; 2 – рабовладельческий строй; 3 – первобытнообщинный строй; 4 – государство; 5 – аппарат управления; 6 – публичная власть; 7 – буржуазное государство; 8 – демократическое государство.

Задание 57. б) 1 – Б; 2 – А; 3 – Г; 4 – В.

Задание 58. 1 – В; 2 – Д; 3 – Г; 4 – Б; 5 – А.

Задание 59. 1 – закупы; 2 – наследство; 3 – ответчик; 4 – потерпевший; 5 – смерды; 6 – форма правления; 7 – холопы.

Задание 60. 1 – Г; 2 – Б; 3 – Д; 4 – В; 5 – А.

Урок третий

Задание 11. в) 1 – важнейших/наиболее важных; сложнейших/наиболее сложных; 2 – важнейших/наиболее важных; эффективнейшим/наиболее эффективным; 3 – самых общих; наиболее абстрактный; 4 – наиболее удачным; наиболее эффективным; 5 – наиболее ярким; 6 – лучшее; 7 – самом широком; 8 – наиболее распространённый; 9 – наиболее известным; 10 – худший; 11 – наиболее крупными.

Задание 12. б) 1 – А; 2 – Б; 3 – В; 4 – В; 5 – А.

Задание 47. а) 1. гипотеза, диспозиция; 2. гипотеза, диспозиция; 3. гипотеза, диспозиция; 4. гипотеза, диспозиция; 5. санкция, диспозиция; 6. гипотеза, диспозиция, санкция.

Задание 47. б) 1. бланкетный способ; 2. прямой способ; 3. бланкетный способ; 4. прямой способ; 5. прямой способ; 6. отсылочный способ.

Задание 56. *Аннотация*. Лекция посвящена классификации норм права на разных основаниях, подчёркивая, что только в своей совокупности они позволяют увидеть нормы права в их системе.

Задание 71. б) 1 – А; 2 – А; 3 – В; 4 – Б; 5 – Б; 6 – В; 7 – А; 8 – Б; 9 – В; 10 – А.

Задание 74. а) 1. – А; 2. – А; 3. – А; 4. – В; 5. – В.

Задание 81. в) Вотчина – бенефиций Поместье – лен

Задание 115. а) 1. субъективное право; 2. институт прокуратуры; 3. государственное принуждение; 4. правовой обычай; 5. императивная норма; 6. министерство; 7. указ; 8. кодекс.

Задание 116. 1 – В; 2 – Б; 3 – А; 4 – Б; 5 – А; 6 – В; 7 – В; 8 – А; 9 – Б; 10 – Б; 11 – А; 12 – В; 13 – Б; 14 – А; 15 – В; 16 – Б; 17 – А; 18 – В; 19 – В; 20 – А; 21 – Б; 22 – В; 23 – А; 24 – Б; 25 – Б; 26 – В; 27 – А.

Задание 117. а) Институт прокуратуры; церковный суд; лен; бессословность суда.

Задание 117. б) 1 – Б; 2 – А; 3 – В; 4 – В; 5 – А; 6 – Б; 7 – А; 8 – А; 9 – А; 10 – В; 11 – В; 12 – Б; 13 – Б; 14 – А; 15 – Б; 16 – В; 17 – Б; 18 – А; 19 – А; 20 – В; 21 – В; 22 – Б; 23 – В; 24 – Б.

Задание 118. а) 1 – Б; 2 – А; 3 – В; 4 – Б; 5 – В; 6 – А.

Задание 118. б) 7 – Г; 8 – Б; 9 – А.

Задание 118. в) 10 – Г; 11 – В; 12 – Б; 13 – Г; 14 – В; 15 – Б; 16 – Б; 17 – Г.

Задание 118. г) 18 – Б; 19 – А; 20 – В; 21 – А; 22 – В; 23 – Б; 24 – Б; 25 – В; 26 – А.

Урок четвёртый

Задание 3. б) 1 – Б; 2 – А; 3 – В; 4 – А; 5 – Б, В; 6 –А, В; 7 – А.

Задание 11. б) 1 – да; 2 – да; 3 – нет; 4 – да; 5 – нет; 6 – нет; 7 – нет.

Задание 19. в) 1 – А; 2 – А; 3 – Б; 4 – А; 5 – Б; 6 – Б; 7 – А; 8 – А.

Задание 21. (1) существенный вред общественным отношениям и сложившемуся в обществе правопорядку.

(2) меньшей по сравнению с преступлениями степенью общественной опасности.

(3) а мер административного, дисциплинарного или гражданско-правового воздействия.

(4) значительные ограничения на поведение и правовой статус лиц, виновных в их свершении.

(5) конфискация имущества, штраф. А всего наказаний в УК – 13.

(6) мер административного, дисциплинарного или гражданско-правового воздействия.

(7) преступления – это запрещённые уголовным законом общественно опасные, виновные деяния, наносящие существенный вред общественным отношениям и сложившемуся в обществе правопорядку, а вот проступки представляют собой виновные, противоправные деяния, которые характеризуются меньшей по сравнению с преступлениями степенью общественной опасности.

(8) В уголовную.

(9) Ну, например, можно представить себе вот такую ситуацию. У моего друга нет наличных рублей. На перемене я поменял ему десять долларов на рубли, чтобы он смог купить себе обед. В этой ситуации я просто помог другу. А вот если бы я обменивал деньги с целью собственного обогащения, то в этом случае можно говорить о незаконной валютной операции.

(10) Футбольные хулиганы, в отличие от законопослушных болельщиков, нарушают правила поведения, предписанные нормативными правовыми актами. Они устраивают беспорядки: бьют стёкла, поджигают машины, устраивают драки.

(11) Сложный вопрос! Почти риторический. Я думаю, что патриотизм – это любовь к родине, к своему народу. А о национализме можно говорить в том случае, если человек противопоставляет свою страну и свой народ другим нациям, проповедует идеи превосходства одной нации над другой. Граница между патриотизмом и национализмом нечёткая, и её, к сожалению, очень легко переступить.

Задание 27. в) 1 – да; 2 – да; 3 – нет; 4 – нет; 5 – нет; 6 – да; 7 – нет; 8 – да; 9 – нет; 10 – да.

Задание 34. (1) Правонарушение – это действие, противоречащее закону, нарушающее нормы права.

(2) Признаков правонарушения несколько. Во-первых, это его общественная вредность, во-вторых, противоправность, затем характер деяния (действие или бездействие), в-четвёртых, дееспособность совершившего деяние лица и, наконец, виновность лица, совершающего правонарушение.

(3) действие или бездействие.

(4) акт поведения лица, выражающийся в действии или бездействии.

(5) активное поведение, нарушающее правовые предписания.

(6) Убийство, дача взятки, клевета и другие.

(7) в воздержании от правомерных действий, в невыполнении предписанной законом обязанности.

(8) непредставление налоговой декларации, просрочка в поставке товара, проезд без билета в общественном транспорте.

(9) Конечно! Так как оба признака относятся к личности правонарушителя.

(10) Такое понимание вины характерно и для административного, и для налогового права, где ответственность носит карательный, штрафной характер.

(11) В гражданском праве в большинстве случаев вина характеризуется несколько иначе – как неосуществление лицом всех возможных мер для надлежащего исполнения обязательства при той степени заботливости и осмотрительности, какая от него требовалась по характеру обязательства и условиям оборота. Иными словами, лицо признаётся виновным в совершении гражданского правонарушения, когда не принимает всех объективно возможных мер по недопущению негативных последствий своего поведения.

(12) Это связано с тем, что различны характер и степень общественной вредности правонарушений, а также тяжесть причинённых ими последствий. Кроме того, неодинаковы порядок привлечения виновного лица к ответственности и сами меры принуждения, применяемые к правонарушителю.

(13) Традиционно выделяют два крупных вида юридической ответственности. Это карательная или штрафная ответственность и правовосстановительная ответственность.

(14) за уголовные преступления, административные и дисциплинарные проступки, налоговые правонарушения. Её основная цель – наказание виновного и предупреждение правонарушений.

(15) Я не очень хорошо знаком с уголовными кодексами других стран, но точно помню, что в УК России самое большое количество наказаний – тринадцать. В других странах применяются два-четыре основных наказания, например лишение свободы, штраф, смертная казнь.

(16) Насколько я помню, основные наказания применяются только самостоятельно, они не могут назначаться дополнительно к другим видам наказаний и сочетаться друг с другом. А вот дополнительные наказания самостоятельно применяться не могут. Они всегда присоединяются к основному наказанию.

(17) правоохранительными органами возбуждается уголовное дело, затем принимаются меры по обнаружению виновных лиц, осуществляются следственные действия по сбору и исследованию доказательств. Затем уголовное дело поступает в суд, так как только по приговору суда обвиняемое лицо может быть признано

виновным в совершении преступления и подвергнуто уголовному наказанию. Если в деянии подсудимого нет состава преступления, выносится оправдательный приговор. Если в процессе судебного следствия будет доказана виновность подсудимого в совершении преступления, суд выносит обвинительный приговор и назначает правонарушителю наказание.

(18) Я могу вспомнить ещё шесть. Во-первых, это конфискация предмета, который явился орудием совершения или непосредственным объектом административного правонарушения. Во-вторых, такой предмет могут изъять с последующим возвратом. В-третьих, лишение специального права. Например, права управления транспортными средствами, права охоты. Это также могут быть исправительные работы, административный арест и, наконец, административное выдворение за пределы России иностранного гражданина или лица без гражданства.

(19) По отношению к нарушителям трудовой, служебной, учебной дисциплины.

(20) Разумеется, по отношению к лицам, которые совершили налоговое правонарушение.

(21) Правовосстановительная юридическая ответственность направлена не столько на формальное наказание правонарушителя, сколько на восстановление нарушенных законных прав и интересов других лиц, устранение вреда, причинённого нормальным общественным отношениям. В таких случаях на правонарушителя возлагается обязанность возместить вред, причинённый пострадавшему лицу. Насколько я помню, в отличие от карательной, правовосстановительная ответственность может быть реализована без вмешательства органов государственной власти или уполномоченных должностных лиц. Правонарушитель может добровольно исполнить свои обязанности по компенсации вреда, который он причинил.

(22) гражданско-правовая ответственность, которая применяется за гражданско-правовые нарушения и материальная ответственность работников, которая наступает в случае причинения ими ущерба имуществу работодателя.

Задание 42. б) 1 – нет; 2 – нет; 3 – нет; 4 – да; 5 – да.

Задание 45. б) 1 – Б; 2 – А; 3 – А; 4 – Б, В; 5 – В; 6 –А,Б; 7 – А.

Задание 49. б) 1 – нет; 2 – да; 3 – да; 4 – нет; 5 – нет; 6 – нет.

Задание 53. 1 – да; 2 – нет; 3 – да; 4 – да; 5 – да; 6 – нет; 7 – да.

Задание 58. б) 1 – А; 2 – Б; 3 – В; 4 – А, Б; 5 – Б, Г; 6 – А, Б; 7 – Б; 8 –А.

Задание 59. а) 1 – суверенитет; 2 – легитимность; 3 – военная хунта; 4 – референдум; 5 – компромисс.

Задание 84. а) 1 – преамбула; 2 – гарант; 3 – правотворчество.

Задание 86. 1 – да; 2 – нет; 3 – да; 4 – да; 5 – нет; 6 – нет; 7 – нет; 8 – да; 9 – нет; 10 – да; 11 – нет.

Задание 94. б) 1 – Б; 2 – А; 3 – А, В; 4 – Б; 5 – А; 6 – Б; 7 – В; 8 – Б.

Задание 103. а) 1 – тирания; 2 – равноправие.

Задание 107. а) 1 – посягательство; 2 – неприкосновенность; 3 – дискриминация; 4 – подстрекательство; 5 – правосубъектность.

Задание 113. а) 1 – оплата; 2 – приоритет; 3 – инвалидность.

Задание 114. а) 1 – совершеннолетие; 2 – младенчество.

Задание 116. г) 1 – А; 2 – А; 3 – Б, В; 4 – А; 5 – Б; 6 – А; 7 – А.

Задание 123. 1 – исправительные работы; 2 – смертная казнь; 3 – арест; 4 – романо-германское право; 5 – декларация; 6 – конфискация.

Задание 124. I. 1 – В; 2 – Б; 3 – А. II. 1 – Б; 2 – Г; 3 – А; 4 – В.

Учебное издание

Вавулина Анастасия Владимировна
Клобукова Любовь Павловна
Судиловская Ольга Ивановна
Чекалина Валерия Львовна

Русский язык для юристов

Учебное пособие по русскому языку
для иностранных учащихся первого курса
юридических вузов и факультетов России

Редактор *М.А. Кастрикина*
Корректор *В.К. Ячковская*
Компьютерная верстка *Н.Г. Исаева, Н.М. Чебуняева*

Подписано в печать 28.08.2015 г. Формат 70x100/16
Объем 22,5 п.л. Тираж 600 экз. Зак. 407

Издательство ООО «Русский язык». Курсы.
125047, Москва, 1-я Тверская-Ямская ул., д. 18.
Тел./факс: +7(499) 251-08-45; тел.: +7(499) 250-48-68
e-mail: russky_yazyk@mail.ru; ruskursy@mail.ru;
ruskursy@gmail.com; rkursy@gmail.com
www.rus-lang.ru

Отпечатано с готового оригинал-макета издательства в типографии ФГБНУ «Росинформагротех»
141261, пос. Правдинский Московской обл., ул. Лесная, д. 60
Тел.: (495) 933-44-04